V&R

Willy Christian Kriz / Brigitta Nöbauer

Teamkompetenz

Konzepte, Trainingsmethoden, Praxis

Mit einer Materialsammlung zu Teamübungen,
Planspielen und Reflexionstechniken

Mit Illustrationen von Ulrike Rohrhofer,
15 Abbildungen und 4 Tabellen

2. Auflage

Vandenhoeck & Ruprecht

Bibliografische Information Der Deutschen Bibliothek

Die Deutsche Bibliothek verzeichnet diese Publikation in der Deutschen Nationalbibliografie; detaillierte bibliografische Daten sind im Internet über <http://dnb.ddb.de> abrufbar.

ISBN 3-525-46162-3

Umschlagabbildung: Eve Aschheim, *Filter*, 1996,
Graphit, Öl auf Leinwand, 36 × 25 cm.
© Eve Aschheim / Weidle Verlag (Foto: Tom Powel)

Satz: Satzspiegel, Nörten-Hardenberg
Druck- und Bindearbeiten: Hubert & Co., Göttingen

Inhalt

Teamkompetenz ist notwendig

Teamarbeit ist in den letzten Jahren geradezu in Mode gekommen und verspricht wahre Wunder zu bewirken (Schneider u. Knebel 1995). Teams scheinen der Garant für Spitzenleistungen zu sein, da einerseits Motivation, Leistung und Arbeitsqualität ganz allgemein steigen sollen, andererseits werden konkret verbesserte Arbeitsabläufe, Innovationen, intensivierte Kundenorientierung, organisationales Lernen erwartet. Diese hohen Erwartungen sind sicherlich überzogen und müssen relativiert werden. »Teams sind nicht die Lösung für jedermanns gegenwärtige und künftige organisatorische Bedürfnisse. Sie können nicht jedes Problem lösen, die Arbeitsergebnisse jeder Gruppe verbessern oder dem Top-Management helfen, an alle Leistungsanforderungen heranzugehen. Wenn sie falsch eingesetzt werden, können sie sogar kostspielig und störend wirken. Nichtsdestotrotz leisten Teams üblicherweise mehr als andere Gruppen oder Einzelpersonen. Sie sind eines der besten Mittel zur Unterstützung der umfassenden Veränderungen, die auf dem Weg zur Hochleistungsorganisation nötig sind« (Katzenbach u. Smith 1993, S. 45). Beim adäquaten Einsatz von Teams können erhebliche Qualitätssteigerungen und Wettbewerbsvorteile entstehen (Stürzl 1993). Insbesondere bei geglückter gemeinsamer Zielbildung und Kooperation von Personen, die in Teamarbeit erfahren sind, zeigen sich gesteigerte Gruppen- und Einzelleistungen (Ortiz et al. 1996).

Ebenso häufig wie Erfolgsstorys in der Literatur sind in der betrieblichen Realität jedoch enttäuschte Erwartungen (z. B. Rückgang der Produktivität), nicht intendierte Konsequenzen der Einführung gruppenbezogener Arbeitsformen (z. B. ein Sinken der Arbeitszufriedenheit, Forderungen nach mehr Information) und unverhoffte Schwierigkeiten (fehlende Verantwortungsübernahme) anzutreffen. Initiatoren, Entscheidungsträger und Berater führen dies meist auf »mangelnde Teamfähigkeit der Mitglieder« zurück – eine ebenso einfache wie reduktionistische Erklärung. In Wirklichkeit ist das Gelingen von Teamarbeit von zahlreichen Faktoren abhängig, die nicht nur in individuellen Fähigkeiten der Mitglieder liegen. Teamarbeit ist bei weitem voraussetzungsvoller als Initiatoren und Teammitglieder es wahrhaben wollen.

Schwerpunkte des Kapitels »Bedingungsfaktoren und Kennzeichen von

Teamkompetenz« sind daher die Bedingungen für gelingende Teamarbeit. Dabei diskutieren wir sowohl notwendige arbeitsorganisatorische und personelle Voraussetzungen als auch die relevanten unterstützenden Instrumente für Teamarbeit. Im Mittelpunkt stehen aber Aspekte der unmittelbaren Zusammenarbeit zwischen den Teammitgliedern: Die Normen und Spielregeln, die in einem Team wirksam werden, die Gestaltung der Rollen und Beziehungen, die spezifischen Aufgaben von Führung, die Bedeutung gemeinsam getragener Ziele oder auch der Umgang mit Unterschiedlichkeit und Konflikten. In diesem Zusammenhang gebrauchen wir auch den Begriff »Teamkompetenz«. Darunter verstehen wir die *Fähigkeit eines Teams*, die genannten Aspekte so zu gestalten, daß Leistungsziele erfüllt werden (Sachaspekt), aber auch eine weitere zufriedenstellende Zusammenarbeit möglich ist. Teamfähigkeit ist für uns nicht die Fähigkeit eines einzelnen Menschen. Es bedarf zwar gewisser individueller Fähigkeiten und Fertigkeiten (z. B. Formulieren von Feedback, Moderationskenntnisse usw.), aber dies sind keine hinreichenden Bedingungen für Teamkompetenz. Daher genügt es eben auch nicht, eine Handvoll »teamfähiger Personen« zusammenzuwürfeln um ein Team funktionsfähig zu machen. Dies setzt eine andere Qualität voraus, die in der situationsadäquaten Gestaltung von Rollen und Beziehungen des jeweils spezifischen Teams liegt. Folgende Metapher kann dieses Verständnis veranschaulichen:

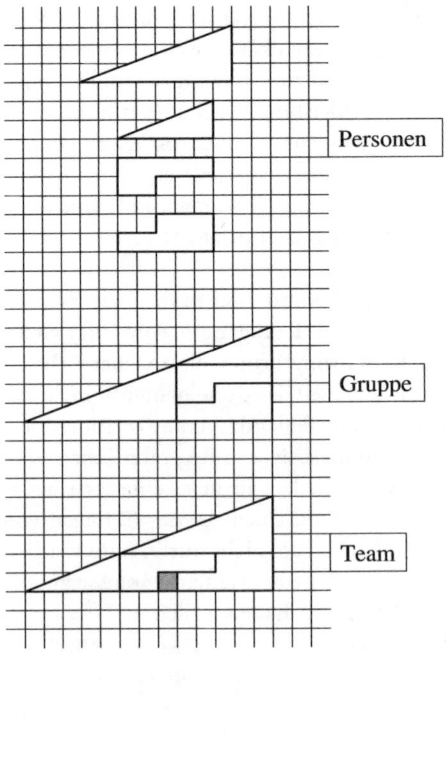

Abbildung 1: Personen, Gruppe und Team

Die verschiedenen Figuren symbolisieren »Personen« mit jeweils unterschiedlichen Fähigkeiten und Erfahrungen. Als »Gruppe« formen diese Personen nun im direkten Kontakt miteinander eine eigenständige Figur, die nur mehr teilweise Ähnlichkeit mit den Formen der einzelnen Menschen aufweist, obwohl diese unverzichtbarer Bestandteil der neuen Figur sind. Im »Team« dagegen entsteht ein »Mehr« in Form des grauen Quadrats, obwohl es aus den gleichen »Personen« gebildet wurde. Dieser Synergieeffekt entsteht aus einer neuen Gruppierung der Elemente, also aus neuen Beziehungen der Elemente zueinander. »Teamkompetenz«, verstanden als Rollen- und Beziehungsgestaltung, ermöglicht in dieser Metapher die Hervorbringung einer neuen Ganzheit, die mehr ist als nur die Summe ihrer Einzelteile.

Teamkompetenz steht auch in engem Zusammenhang mit dem Begriff der Systemkompetenz. Systemkompetenz beinhaltet Grundhaltungen, Wissen, Handlungs- und Methodenkompetenz, über das Wirksamwerden von Prinzipien der Systemwissenschaften (z. B. Rückkopplung, Nichtlinearität, Selbstorganisation usw.) in verschiedenen Lebenswelten. Bei der aktiven Gestaltung menschlicher Lebenswelten schließt systemkompetentes Wissen und Handeln insbesondere einen nachhaltigen Umgang des Menschen mit seinem Körper, seiner Psyche (kognitive und emotionale Fähigkeiten), seiner sozialen, technischen und natürlichen Umwelt mit ein (W. C. Kriz 2000b). Teamkompetenz wird in diesem Kontext als spezielle Teilkomponente von Systemkompetenz verstanden, nämlich als Kompetenz der nachhaltigen Gestaltung sozialer Systeme durch soziale Systeme. Dabei spielen insbesondere Kommunikations- und Handlungsprozesse im Team eine zentrale Rolle.

Die beiden folgenden Kapitel widmen sich im wesentlichen der Planspielmethode und ihrem Einsatz für die Förderung von Teamkompetenz. Wir verwenden den Überbegriff Planspielmethode für zahlreiche erfahrungsorientierte Lernformen wie zum Beispiel Rollenspiele, Improvisationen, Unternehmenstheater, Lernspiele, Computersimulationen, (Unternehmens-)Planspiele im engeren Sinne sowie für Teamübungen, die einen besonderen Schwerpunkt in diesem Buch einnehmen. Gemeinsam ist diesen Methoden die Vorgabe komplexer Probleme, die in einer Gruppe von Personen gemeinsam gelöst werden müssen. Folgende Merkmale der Planspielmethode, die im dritten Kapitel genauer dargestellt wird, sind dabei für die Entwicklung von Teams und von Teamkompetenz wichtig:

1. Relevante Faktoren und Dynamiken spezifischer Umwelten können mittels Planspielen und Teamübungen konkret erlebbar gemacht werden. Das zugrundeliegende erfahrungsorientierte Lernkonzept (Kolb 1984) korrespondiert in seinen Phasen mit den Möglichkeiten, die Planspiele bieten: Aktives Experimentieren – Erfahrungen sammeln – Reflexion über sachliche und gruppendynamische Aspekte des Erlebten – Generalisierung und Formulierung von Konsequenzen. Die Phasen dieser Lernzyklen, damit verbundene

Blockaden und Resultate können mittels Planspielen optimal veranschaulicht werden.
2. Planspiele ermöglichen Probehandeln (Bandura 1977), also das Planen sinnvoller Handlungsstrategien, ihre Ausführung und Optimierung. Probehandeln ist eines der zentralen Elemente für das Gelingen von Lernprozessen und damit auch für das Funktionieren selbstorganisierter Teamarbeit.
3. Die Planspielmethode entspricht einer sozial-konstruktivistischen Sicht von Lernen. Wissen entsteht nicht nur in einer einfachen kognitiven Verarbeitung äußerer Reize, sondern als aktive Konstruktion, die innerhalb einer Gruppe vollzogen wird. Im Planspiel und in der Teamübung und deren Reflexion wird die soziale Konstruktionen von Wissen anschaulich gemacht, Perspektiven werden ausgetauscht und die Teilnehmer öffnen sich für Veränderungen.
4. Die Fähigkeit zu organisationalem Lernen wird nach Senge et al. (1997) sowohl von individuellen Kompetenzen und Werthaltungen, aber auch von neuen Leitgedanken, Konzepten und Methoden sowie neuen Organisationsstrukturen beeinflußt. Die Hervorbringung, Kommunikation, Repräsentation und Nutzung von Wissen vollzieht sich maßgeblich in Teams. Im Planspiel werden diese Zusammenhänge wirksam und erlebbar gemacht.

Wesentliche Kompetenzen (z. B. in Führungs-, Team- und Problemlösungsprozessen), die als sogenannte Schlüsselqualifikationen heute und in Zukunft verstärkt in Organisationen und am Arbeitsmarkt gefordert werden, können mit den vorgestellten Trainingsmethoden im bewußt doppeldeutigen Sinne des Wortes »spielend erlernt« werden. Ebenso wesentlich wie das Planspiel und die erfahrungsorientierte Übung selbst ist die Aufarbeitung und Reflexion der gemachten Erfahrungen (Debrief). Dafür bietet das Buch im vierten Kapitel nicht nur eine umfassende theoretische Einführung, sondern auch konkrete Anleitungen und eine Fülle spezieller Methoden und Techniken, die eine lebendige Gestaltung dieser Phase erlauben.

Das fünfte Kapitel ist der konkreten Anwendung gewidmet. Es enthält zwei Planspiele sowie sieben Warming-up-Übungen, neun Energizer, 18 Teamübungen und ein Lernspiel, die in Schule und Jugendarbeit, aber auch in der beruflichen Aus- und Weiterbildung eingesetzt werden können. Es war uns wichtig, auch unsere Erfahrungen mit diesen Spielen und ihrer Reflexion weiterzugeben. Illustrationen bei manchen Übungen sollen helfen, sich eine Ausgangs- oder Spielsituation besser vorstellen zu können.

Abschließend möchten wir schon in dieser kurzen Einführung einige Überlegungen zum Verhältnis von Spiel und Realität anstellen, weil Spiele häufig der Lebensrealität entgegengesetzt werden: »Erst die Arbeit, dann das Spiel!« Dieser Ausdruck ist uns nur allzu geläufig. Oder Teilnehmer distanzieren sich von schmerzhaften Lernerfahrungen oft mit der Feststellung: »Das hat doch nichts mit der Realität zu tun!«. Dennoch ist ein Spiel nichts dem menschlichen Leben Entgegengesetztes, sondern wesentlicher Bestandteil der individuellen Entwicklung und des menschlichen Zusammenlebens.

Huizinga (1997) charakterisiert den Menschen als »Homo ludens« und betrachtet das Spiel als fundamentale menschliche Errungenschaft. Der Entwicklungspsychologe Piaget (1969) sieht im Spiel ein wesentliches Element, das dem Kind hilft, sich in der Welt zu orientieren und seine Lebensrolle zu finden. Von manchen Psychologen und Sozialwissenschaftern werden soziale Interaktionen und Prozesse als Spiele begriffen und analysiert (Neuberger 1988; Czarniawska 1998; Bruner 1990).

Die in diesem Buch beschriebenen Übungen und Spiele wollen nicht platte Wiederholungen der Realität sein. Es sind Zeichen und Symbole, die eine Bedeutung haben, in denen die Realität abstrahiert und verdichtet ist. Das folgende Zitat von Dörner (1989, S. 309) verdeutlicht die Funktion solcher Spiele für das Handeln in komplexen sozialen Systemen:

»Fehler sind wichtig. Irrtümer sind ein notwendiges Durchgangsstadium zur Erkenntnis. Beim Umgang mit ›wahren‹ komplexen, vernetzten Systemen haben wir es aber schwer, unsere Irrtümer festzustellen ... Das Zeitraffersystem eines Simulationsspiels bringt hier Abhilfe ... Den Umgang mit verschiedenen Situationen, die verschiedene Anforderungen an uns stellen, kann man lernen ... Wir haben heute die Möglichkeit, solche Lernprozesse in Gang zu setzen. Spielen war immer eine wichtige Methode zur Vorbereitung auf den Ernstfall. Man sollte es in gezielter Weise verwenden. Wir haben heute viel bessere Möglichkeiten, als früher. Wir sollten sie nutzen! Ist das eine frivole Forderung? Spielen, um Ernst zu machen? Nun: Wer Spiel nur als Spiel und Ernst nur als Ernst betrachtet, hat beides nicht verstanden!«

Bedingungsfaktoren und Kennzeichen von Teamkompetenz

Gruppen, Teams und Organisationen

Die Bedeutung von Gruppen

Die bekannte, von Aristoteles stammende Definition des Menschen als »Zoon politicon«, als Wesen, das darauf angewiesen ist, Gesellschaften zu bilden, zeigt, daß der Mensch immer schon als Teil sozialer Systeme gesehen wurde. Die besondere Bedeutung der Eingebundenheit des einzelnen Menschen in die sozialen Prozesse einer Gruppe läßt sich aus unterschiedlichen Blickwinkeln her verstehen.

Wenn man etwa die Entwicklungsgeschichte der Menschheit betrachtet, so wird deutlich, daß sich die Neandertaler nur deshalb in den widrigen klimatischen Umständen des eiszeitlichen Europa behaupten konnten, weil sie als organisierte Gruppen auftraten, die verschiedene Aufgaben (u. a. Jagen, Sammeln, Feuer hüten, Kinder und Verletzte beaufsichtigen) untereinander aufteilten. Als Einzelkämpfer hätte der Neandertaler kaum Jahrtausende überlebt. Aber auch das Aussterben der Neandertaler und die Tatsache des sich zugleich (etwa um 30.000 vor Chr.) durchsetzenden Cro-Magnon-Menschen kann unter anderem auch auf Gruppenprozesse zurückgeführt werden (Johnson u. Johnson 1996). Der Cro-Magnon-Mensch zeichnete sich nämlich auch durch eine noch spezialisiertere Arbeitsteilung aus (z. B. die Tätigkeit des Handelns auch über weite Distanzen zu betreiben, um Materialien für bessere Waffen und Kleidung zu gewinnen). Somit werden Arbeitsteilung, Teamarbeit und aufeinander bezogene Kooperation im weitesten Sinne zur Voraussetzung für die menschliche Weiterentwicklung.

Verschiedene psychologische und soziologische Ansätze zur Entwicklung des Menschen gehen davon aus, daß sich der einzelne erst durch die Eingebundenheit in eine soziale Gemeinschaft zu einem vollständigen Individuum entwickeln kann (Bruner 1990). Die Untersuchung der Entwicklung des Kleinkinds ergibt ebenfalls eindeutige Hinweise auf die zentrale Bedeutung der Gruppe für das menschliche Leben (Oerter u. Montada 1995). Von Anfang an ist der Säugling in die menschliche Gesellschaft hineingeboren. Die Anregungen aus der unmittelbaren sozialen Lebenswelt, die Teilnahme an der Kommunikation einer Gruppe und der Austausch mit Bezugspersonen sichert nicht nur das physische Überleben, die Kommunikation in der Gruppe ist auch für die weitere kognitive Entwicklung hin zu einem abstrakt denkenden, reflektierenden und sich selbst bewußten Menschen von entscheidender Bedeutung. Am Beginn steht hier die nicht-verbale Kommunikation, die Mimik, die als wichtige Informationsquelle genutzt wird, Nachahmungsprozesse werden zum zentralen Lernmedium. So können Säuglinge schon mit etwa sechs Wochen unterscheiden, ob ihnen eine Person freundlich oder feindlich gesinnt ist und auf freundliche Personen mit dem »sozialen Widerlächeln« reagieren (Rauh 1995). So wird die soziale Umwelt, die Gruppe zum zentralen »Ort« für Lernprozesse und für die Entwicklung der menschlichen Individualität (Thomas 1992). Auch die psychische Gesundheit des Menschen – wie etwa Entwicklung von Selbstvertrauen, Schutz vor dem Auftreten von Depressionen – ist unter anderem davon abhängig, ob Menschen in funktionierenden Beziehungen leben und innerhalb von sozialen Gruppen wertgeschätzt werden (Seligman 1988).

Das Individuum entwickelt sich – um einen Ansatz exemplarisch zu nennen – auch in der auf Mead (1968) zurückgehenden soziologischen Handlungstheorie des »symbolischen Interaktionismus« erst in der Interaktion mit anderen Menschen. Die psychischen Inhalte des einzelnen, wie beispielsweise Wertvorstellungen, Motive, Einstellungen, die die Grundlage sozialen Handelns bilden, und die Handlungsmuster selbst sind teilweise Ergebnis des Sozialisationsprozesses. Besonders der Spracherwerb, der in der Familie als primäre Gruppe stattfindet, schafft die Grundlage für menschliche Weiterentwicklung, sowohl auf individueller, als auch auf sozialer Ebene. Auch ein stabiles Selbstbild kann sich erst durch die Beziehung zu anderen Menschen entwickeln. »Der Prozeß, aus dem heraus sich die Identität entwickelt, ist ein gesellschaftlicher Prozeß, der die gegenseitige Beeinflussung der Mitglieder der Gruppe ... voraussetzt. Er setzt auch gewisse kooperative Tätigkeiten voraus, in die die einzelnen Mitglieder der Gruppe eingeschaltet sind. Außerdem muß sich aus diesem Prozeß später wieder eine kompliziertere Organisation entwickeln können« (Mead 1968, S. 207). Die Gruppe oder die Zugehörigkeit zu verschiedenen Gruppen kann daher als Konstante im menschlichen Leben betrachtet werden. Erst über die verbale und nonverbale Kommunikation und das kooperative Handeln baut eine Gemeinschaft von Menschen eine spezifische soziale und materielle Kultur auf. Auch Zysno (1998) schreibt Gruppen in diesem Sinne folgende Funktionen zu:

- die Gruppe als Hort des persönlichen Bestands und der individual-sozialen Entfaltung,
- die Gruppe als organisches, nach innen und außen funktionsfähiges Sozialsystem,

– die Gruppe als Funktionseinheit zur Erreichung gemeinschaftlicher Sachziele.

Definition und Erscheinungsformen von Gruppen

Im Alltagssprachgebrauch verwenden wir den Begriff »Gruppe« recht allgemein für größere oder kleinere Menschenansammlungen mit gleichen Merkmalen, etwa für die Gruppe der Arbeiter oder der Angestellten, für Reisegruppen, aber auch für Ansammlungen von Menschen, die einem Straßenkünstler zusehen. Wenn in diesem Buch von Gruppe die Rede ist, wird der Begriff jedoch in einem spezifischeren Sinne gebraucht.

Dazu ist es notwendig, in einem ersten Schritt »Gruppen« von »sozialen Aggregaten« (Titscher 1992) zu unterscheiden. Diese sind durch bestimmte gemeinsame Merkmale charakterisiert, wie Arbeitslose, alleinerziehende Mütter, Arbeiter oder Angestellte (rechtlicher Status) oder die Mitarbeiter eines Unternehmens, die sich in der Kantine zum Essen anstellen. Sobald alle an unterschiedlichen Plätzen essen, würde niemand mehr auf die Idee kommen, von einer Gruppe zu sprechen. Nach einer systemischen Sichtweise entwickeln sich Schulklassen, Arbeitslose, die Mitarbeiter einer Abteilung oder die Wartenden erst dann zu Gruppen, wenn über eine gewisse Dauer Interaktionen zwischen den Personen entstehen. Diese Unmittelbarkeit der Beziehung, die direkten Interaktionen können als Mindestanforderung an jegliche Form von Gruppe im hier gemeinten Sinne betrachtet werden (Girgensohn-Marchand 1994; Wiswede 1992). In den letzten Jahren haben auch Großgruppen hinsichtlich der Nutzung des in ihnen enthaltenen kreativen Potential vermehrt Interesse gefunden. Dazu sind vor allem Methoden der Moderation von Großgruppen (Zukunftswerkstatt, »Open Space«) entwickelt worden (Burow 2000; Maleh 2000; Witthaus u. Wittwer 2000; Königswieser 2001). Hier soll jedoch das Augenmerk auf der Kleingruppe liegen.

Eine *Kleingruppe* wird nach Johnson und Johnson (1996) und v. Rosenstiel (1995) definiert durch *zwei oder mehr Individuen*, die

a) *miteinander interagieren* (direkte Kommunikation von Angesicht zu Angesicht und/oder gemeinsames Handeln ist möglich),
b) *voneinander abhängig sind* und sich gegenseitig beeinflussen (die Abhängigkeit kann verschiedene Grade annehmen, zentral ist es aber, daß Veränderungen an einer Stelle auch alle anderen Beteiligte in irgend einer Weise betreffen),
c) von den Gruppenmitgliedern und auch Außenstehenden *als Gruppe wahrgenommen werden*, wodurch in der Gruppe ein Wir-Gefühl entsteht (ein Aspekt aus der konstruktivistischen Position, in der die Existenz einer Gruppe davon abhängt, ob sich die Gruppe selbst als Gruppe definiert),

d) *gemeinsame Normen und Rollen ausbilden* (um ihre Gruppenprozesse zu ordnen und zu strukturieren und um aufeinander bezogenes arbeitsteiliges Handeln zu ermöglichen),
e) *gemeinsam gegenseitige Bedürfnisse befriedigen* (z. B. das Bedürfnis nach Sicherheit, Anerkennung, es findet also ein für alle Beteiligen nutzenbringender Austausch von Geben und Nehmen statt) und
f) *gemeinsame definierte Ziele anstreben* (dies ist u. a. wieder mit den Bedürfnissen verbunden; nur durch Kooperation können komplexe Ziele verwirklicht werden, die ein einzelnes Individuum nicht erreichen könnte).

Es existiert eine Vielfalt von verschiedenen Gruppen, die die genannten Kriterien erfüllen. Häufig wird grob zwischen formellen Gruppen, die durch die Organisationsstruktur vorgegeben sind, und informellen Gruppen unterschieden. Letztere sind nicht von außen (z. B. vom Arbeitgeber) festgelegt, sondern entstehen spontan und freiwillig (z. B. aufgrund von Freundschaften) in einer Organisation (Robbins 1996). Die Erscheinungsvielfalt von Kleingruppen stellt Titscher (1992) dar (Abb. 2).

Primärgruppen Familie, Peers, »informelle Gruppen«		
»Expeditionen«		
Arbeitsgruppen	Temporäre Arbeitsgruppen	– »Natürliche Gruppen« (»Task force«): Teams, Projektgruppen, Interaktionssysteme – Vom Berater kreierte Gruppen: Experimentalgruppe, T-Gruppe
	Permanente Arbeitsgruppen	– Untergeordnete Gruppen – Selbststeuernde Gruppen

Abbildung 2: Arten von Kleingruppen, in Anlehnung an Titscher (1992)

- *Primärgruppen* beeinflussen als erste die Identitätsentwicklung. Sie stellen einen Raum dar für Intimität und Spontaneität, bieten Entlastung und soziale Orientierung und sind gleichzeitig auch Quelle sozialer Kontrolle. Üblicherweise nehmen Familien und Gleichaltrige (Peers) diese Funktionen wahr, im Arbeitsleben sind es sogenannte informelle Gruppen.
- Als *Expeditionen* bezeichnet Titscher jene zeitlich begrenzten Kleingruppen, die durch Sondersituationen gekennzeichnet sind, wie etwa Teilnehmer von Sommerlagern oder Besatzungen von Raumschiffen.
- Bei *Arbeitsgruppen* differenziert Titscher nach *permanenten und temporären Arbeitsgruppen*. Erstere sind grundsätzlich auf Dauer angelegt, sowohl was die

Arbeitsaufgaben als auch die Mitglieder betrifft. Eine neu dazukommende Aufgabe oder der Wechsel eines Mitgliedes berührt den Bestand der Gruppe im Normalfall nicht, obwohl sich die Beziehungsstruktur innerhalb der Gruppe ändert.
Nach dem Grad der Autonomie kann weiter in *untergeordnete Gruppen* und *selbststeuernde Arbeitsgruppen* differenziert werden. Bei den temporären Arbeitsgruppen sind in unserem Zusammenhang nur »natürliche Gruppen« von Bedeutung, nicht jedoch »experimentelle Gruppen«.
Teams und Projektgruppen bearbeiten über einen Zeitraum bestimmte Aufgaben, ihre Mitglieder gehören aber unterschiedlichen Abteilungen an. Eine Abgrenzung zwischen beiden wird üblicherweise über den Neuigkeitsgrad der Aufgabe getroffen, der für Projekte charakteristisch ist. Unter *Interaktionssystemen* versteht Titscher zum Beispiel Sitzungen und Arbeitstagungen. Als eigene Kategorie sind sie nur dann sinnvoll, wenn sie nicht im Rahmen von Projektarbeit, Gruppenarbeit oder anderen Formen auftreten – also Interaktionen von relativ kurzer Dauer darstellen.

Die folgenden Kapitel werden sich in erster Linie auf die von Titscher als permanente oder temporäre Arbeitsgruppen bezeichneten Formen beziehen. Sie teilen gewisse Gemeinsamkeiten mit Organisationen als Gebilde, die komplexe Aufgabenstellungen und Zielsetzungen bearbeitbar machen, sind aber dennoch von ihnen unterscheidbar. Darüber hinaus können sie innerhalb von Organisationen unterschiedliche Funktionen erfüllen.

Gruppen und Organisationen

Es zeichnet den Menschen aus, durch Kooperation und Arbeitsteilung Organisationen zu schaffen, in denen planmäßig, durch gemeinsamen Kräfteeinsatz komplexe Ziele angestrebt und verwirklicht werden, die dem einzelnen die Teilnahme an sozialen Prozessen und den Gebrauch materieller Gegenstände erlaubt, die er allein nicht herstellen könnte (Schuler 1995). Eine Organisation ist nach Gebert (1978), von Rosenstiel (1995) und Kieser und Kubicek (1992):

- ein gegenüber der Umwelt offenes System,
- das zeitlich überdauernd existiert (also von konkreten Personen unabhängig ist und nicht mit der Erfüllung einer bestimmten Aufgabe endet),
- das spezifische Ziele verfolgt, die nicht zwangsläufig mit den individuellen Zielen ihrer Mitglieder identisch sind,
- das sich aus verschiedenen Individuen und Gruppen zusammensetzt, also ein soziales Gebilde ist, und
- eine bestimmte Struktur aufweist, die meist durch Arbeitsteilung und eine Hierarchie von Verantwortung gekennzeichnet ist.

Diese Definition zeigt, daß Gruppen und Organisationen über gewisse Merkmale verbunden sind, dennoch aber wesentliche Unterschiede aufweisen (Fürnkranz 1998; Buchinger 1999). Gemeinsam ist ihnen, daß ihre Leistungsfähigkeit und Qualität mehr ist als die Summe ihrer Teile und daß jede Organisation und jede Gruppe eine jeweils eigene Kultur darstellt. Zu unterscheiden sind sie jedoch vor allem in folgenden Punkten:

Organisationen definieren sich in erster Linie über formale Strukturen, während in Gruppen die persönlichen Beziehungen der Mitglieder stärker im Vordergrund stehen. In Gruppen dominieren Kontakte auf einer emotionalen Ebene zwischen den Mitgliedern, während in Organisationen funktionale Bezüge vorherrschen. Einzelne Mitglieder haben für eine Organisation vor allem über ihre Funktion für das System Bedeutung. Organisationen weisen ein hohes Maß an interner Strukturierung auf und sind damit personenunabhängiger, obwohl jeder Wechsel von Personen zu einer Veränderung des Beziehungsgefüges führt. In Gruppen dagegen verursacht das Ausscheiden eines Mitglieds in der Regel tiefgreifende Veränderungen für die gesamte Gruppe. Die interne Strukturierung beinhaltet insbesondere auch eine klar definierte Führungsfunktion. Gruppen definieren sich über die direkte Kommunikation ihrer Mitglieder. Daher ist auch die funktionale Größe einer Gruppe nach oben hin begrenzt. Dagegen sind der Größe einer Organisation nach oben hin keine Schranken gesetzt, wenn sie intern entsprechend strukturiert ist. Gleichzeitig sind Gruppen immer auch zentrale Bestandteile von Organisationen.

Aus diesen Unterschieden heraus ist auch das Forschungsinteresse zum Thema Gruppe im Kontext wirtschaftlicher Organisationen zu verstehen. Es erlebte in den dreißiger Jahren des zwanzigsten Jahrhunderts seinen ersten Höhepunkt. Die Thematik ist untrennbar mit der Human-Relations-Bewegung sowie mit der von Kurt Lewin entwickelten Gruppendynamik verbunden. Im Kontext der Human-Relations-Bewegung wurden Gruppen als Gegenpol zu den Organisationsprinzipien der damaligen Organisationen verstanden. Sie sollten die soziale Integration von Mitarbeitern angesichts der Anonymität der Gesamtorganisation gewährleisten und einen emotionalen Bezug herstellen, der in klassisch hierarchischen Strukturen nicht vorgesehen war.

Die Beschäftigung mit der Kleingruppe kann so als Antwort auf die industrielle Organisation am Beginn des zwanzigsten Jahrhunderts verstanden werden, die im Taylorismus und Fordismus Arbeitsteilung und technische Optimierung von Arbeitsabläufen auf die Spitze trieb. Zwar konnten dadurch erhebliche Produktivitätszuwächse verzeichnet werden, sie vernachlässigten jedoch die zwischenmenschlichen Komponenten. Die Hauptergebnisse der sogenannten Hawthorne-Experimente von Elton Mayo, die sich mit Einstellungsveränderungen der Arbeiter und ihrer Produktivität beschäftigten, zogen eine umfangreiche anwendungsbezogene Industrieforschung nach sich (Walter-Busch 1989). Daraus entstand die Entdeckung der Bedeutung von informellen Prozessen in Kleingruppen und die vielfältigen Untersuchungen darüber, wie sich Einstellungen in Gruppen bilden und wie Entscheidungen in Gruppen gefällt werden.

Heute haben sich die Argumente für gruppenbezogenes Arbeiten verändert. Gruppenbezogene Arbeitsformen sind nicht länger partizipative Geschenke, die rigide Strukturen und Hierarchien erträglich machen sollen. Im Gegenteil, gruppenbezogenes Arbeiten wird als eine von mehreren Alternativen der Dezentralisierung von Unternehmen verstanden. In diesem Zusammenhang werden Gruppen im Rahmen der Verschlankung von Unternehmen installiert. Dadurch erhofft man sich Leistungsvorteile, Produktivitätszuwächse sowie motivationale Wirkungen auf die Mitarbeiter. Gruppen werden aber auch als wesentliche Elemente organisationalen Lernens betrachtet (Senge 1990; Grap u. Mühlbradt 1995; Fürnkranz 1998). Innerhalb von und zwischen Gruppen wird nicht nur neues Wissen generiert, sondern auch vorhandenes Wissen vernetzt und zur Verfügung gestellt.

Die mit diesen Absichten implementierten Kleingruppen weisen eine Sonderstellung zwischen Organisation und Gruppe auf. In der Literatur werden diese sozialen Gebilde als »Teams« bezeichnet, weil sie sich von Gruppen im oben beschriebenen Sinne unterscheiden. In den letzten Jahren hat sich in Organisationen eine wahre Teameuphorie entwickelt und jedes überschaubare soziale Gebilde, jede Zusammenkunft und Zusammenarbeit auch von nur zwei Personen wird als Team etikettiert. Daß in Unternehmen, Non-Profit-Organisationen, in Schulen und anderen Institutionen »(Projekt-)Teams« verschiedenster Art installiert werden, daß »Teamentwicklung im Klassenraum« initiiert wird, daß die »Teamfähigkeit« von Mitarbeitern beurteilt wird, ändert wenig an der Tatsache, daß es zahlreiche Mißverständnisse um die zumeist synonym gebrauchten Begriffe Gruppe und Team gibt.

Definition und Erscheinungsformen von Teams

Team und Gruppe werden in der Literatur häufig gleichgesetzt. Verschiedene Autoren haben sich bemüht, Kriterien zu definieren, die ein Team charakterisieren. Um die Frage nach der Unterscheidung von Teams und Gruppen weiter zu diskutieren sollen als erste Annäherung zunächst drei Erklärungsversuche zum Teambegriff zitiert werden. Einige der dort aufgeführten Kennzeichen sind zwar nicht ausschließlich für Teams charakteristisch, ihre Verwirklichung ist allerdings wichtig und notwendig, um funktionierende Teams zu bilden.

Beschreibungen von Teammerkmalen

Greif (1996c, S. 164) nennt sieben Merkmale:
- die Mitglieder schätzen sich gegenseitig,
- über die Hauptziele und Werte kann Einigkeit erreicht werden,
- Konflikte bestehen nur kurz und werden aus Sicht der Beteiligten konstruktiv gelöst,
- die Hauptziele werden gemeinsam engagiert vertreten,
- die Zusammenarbeit ist kooperativ,
- die Gruppe hat gelernt, effizient selbstorganisiert zu arbeiten (die Regeln erfolgreicher Zusammenarbeit werden genauso beherrscht, wie die technische Maschinenbedienung),
- die Gruppe sieht sich selbst als »gutes Team«

Im Rahmen einer Definition, die dem Begriff Team einige weitere Kennzeichen hinzufügt, haben Born und Eiselin (1996, S. 17) fünf Merkmale von Teams angeführt:
- Ein ausgeprägtes Maß an innerem Zusammenhalt und Engagement für die Team-Leistungsziele aufgrund einer gemeinsamen Aufgabenorientierung und eines spezifischen Existenzzwecks, den das Team im Rahmen der Vorgaben selbst definiert;
- ein gemeinsamer Arbeitsansatz und eine Kontrolle des Arbeitsablaufs;
- die Aufhebung der Trennung zwischen denjenigen, die denken und entscheiden, und denen, die arbeiten und ausführen, dank ganzheitlicher Arbeitszuschnitte und Mechanismen der kollektiven Selbstregulation;
- ein gleichberechtigtes Nebeneinander von individueller und wechselseitiger Verantwortung;
- das Erschließen von Synergien, das heißt das Team schafft etwas, das über die Summe der Beiträge der einzelnen Mitglieder hinausgeht.

Als letztes Beispiel einer Liste von Definitionsbestandteilen folgt die Sichtweise von Johnson und Johnson (1996, S. 25):
- Gemeinsame, von allen Teammitgliedern geteilte Ziele werden entwickelt. Dies ist Voraussetzung für kooperative Zusammenarbeit.
- Die Teammitglieder bringen ihre Ideen und Gefühle klar, deutlich und ehrlich zum Ausdruck.
- Aufgaben, Führungsfunktionen und Verantwortung für die gemeinsame Arbeit werden geteilt. Alle Teilnehmer partizipieren aktiv an der Teamarbeit. Führungspositionen werden je nach Bedarf besetzt und ausgetauscht.
- Das Team besitzt Entscheidungsstrategien und die Flexibilität, diese Strategien den sich verändernden Situationsbedingungen anzupassen.
- Konflikte sind erlaubt und werden konstruktiv gelöst.

- Macht über Regeldefinitionen und Ressourcen werden im Team möglichst gleichmäßig verteilt.
- Der Gruppenzusammenhalt ist hoch. Es existiert ein Wir-Gefühl und gegenseitige Akzeptanz und Sympathie.
- Dem Team stehen angemessene Problemlösungsstrategien zur Verfügung.
- Es existieren gut funktionierende Beziehungen und selbstorganisierte Kommunikationsmuster.

Aus diesen Auflistungen geht zwar keine einheitliche Abgrenzung zwischen Team und Gruppe hervor (die auch in der Literatur nicht eindeutig existiert), es zeigt sich aber, daß insbesondere verschiedene Kompetenzen erforderlich sind, um zu guten Resultaten von Teamarbeit zu gelangen. Teamarbeit vollzieht sich sinnvoller Weise auf der Basis von entsprechenden Rahmenbedingungen, die eine vermehrte Flexibilität, Selbststeuerung, Autonomie und Eigenverantwortung erlauben. Das Team hat die Planung, Durchführung von Entscheidungen und Handlungen, Verantwortung und Kontrolle weitgehend in eigener Hand und ist somit in der Lage, selbstorganisiert Handlungsmuster für die Erfüllung der spezifischen Gruppenaufgaben zu entwickeln und zu verändern. Mit der Einführung von Teamarbeit in Unternehmen verändert sich daher die gesamte Organisationsstruktur (z. B. werden Führungshierarchien flacher).

In Übereinstimmung mit dieser Tendenz zu mehr Selbstorganisation und Selbstmanagement von Arbeitsgruppen in modernen Unternehmen entwickelte Antoni (1994) seine Typologie von Arbeitsgruppen in Anlehnung an das Handlungsspielraum-Konzept von Ulich (1991), das von drei Dimensionen der Arbeitsorganisation ausgeht: Die erste Dimension der »Variabilität« bezeichnet Art und Umfang oder die Vielfältigkeit der Arbeitsaufgaben einer

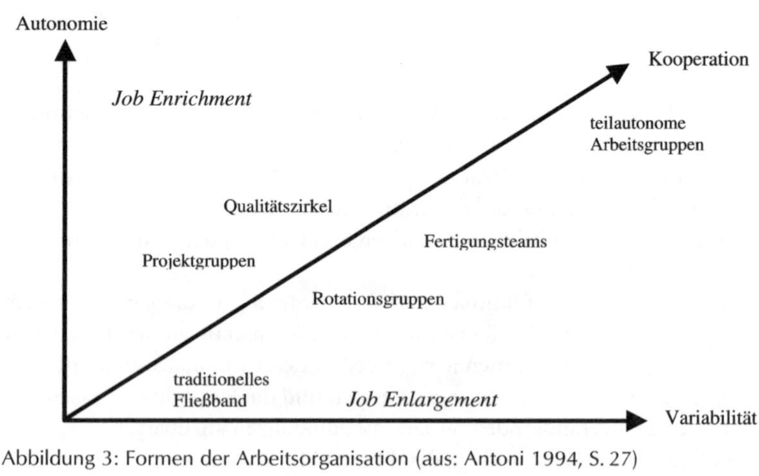

Abbildung 3: Formen der Arbeitsorganisation (aus: Antoni 1994, S. 27)

Gruppe. Die zweite Dimension »Autonomie« umfaßt die Entscheidungsmöglichkeiten, die eine Gruppe bei der Ausführung ihrer Aufgaben besitzt. Die dritte Dimension »Kooperation« bezieht sich auf das Ausmaß der aufgabenbedingten Interaktion und Zusammenarbeit. Abbildung 3 zeigt unterschiedliche Formen gruppenbezogenen Arbeitens im Hinblick auf ihre Ausprägungen auf diesen drei Dimensionen.

Es ist zu sehen, daß die »teilautonome Arbeitsgruppe« auf allen drei Dimensionen hohe Ausprägungen besitzt. Dem gegenüber haben etwa »Rotationsgruppen« eine eingeschränkte Autonomie, und Kooperation ist nicht zwangsläufig konstitutives Element dieser Arbeitsform. Relevant ist diese Unterscheidung im Hinblick auf notwendige Steuerungsmechanismen der Gruppe und ihre Beziehung zur Umwelt (z. B. Einbettung in die Hierarchie, Kommunikationsbeziehungen und Schnittstellen nach außen).

Teamdefinition und Abgrenzung von Team und Gruppe

Was aber sind nun wesentliche *Unterschiede* zwischen Arbeitsgruppen und Arbeitsteams? Obwohl es keine übereinstimmende Abgrenzung gibt, lassen sich doch einige wenige Faktoren nennen, die immer wieder als Differenzierungskriterien genannt werden (vgl. Robbins 1996; Johnson u. Johnson 1996; Furnham 1997; Pohl u. Witt, 2000):

- *Ziel:* Arbeitsgruppen werden in erster Linie zum Austausch von Information geschaffen. Ihre Interaktion dient dazu, daß die Mitglieder des Arbeitsteams Wissen miteinander teilen und neue Informationen und Wissen erarbeiten. Arbeitsgruppen haben auch das Ziel, auf der Basis von Informationen Entscheidungen zu treffen, die es den Mitgliedern dann ermöglichen, in ihrem eigenen Arbeitsbereich effizienter zu arbeiten. Im Gegensatz dazu tauschen Teams nicht nur Informationen aus, sondern neben der Kooperation und der Kommunikation arbeiten und handeln die Teammitglieder auch gemeinsam. Entscheidungen werden getroffen, die es den Mitgliedern ermöglichen, in einem gemeinsamen Arbeitsbereich effizienter zusammenzuarbeiten und konkrete Produkte oder Dienstleistungen gemeinsam herzustellen. Insgesamt ist im Team die funktionale Aufgaben- und Zielorientiertheit stärker ausgeprägt als in Arbeitsgruppen. Diese Interpretation wird schon durch die Ableitung des Begriffs Team vom altenglischen Wort für »Tiergespann« deutlich. Es geht um eine Gruppe von Gleichen, die für die Erfüllung eines speziellen Zwecks »eingespannt« oder »zusammengespannt« werden (Schneider 1995). Diese Auffassung teilt auch Buchinger (1999, S. 9), der aus einer gruppendynamischen Perspektive argumentiert: »Als Gruppe bezeichne ich den personenbezogenen Sozialkörper mit seiner spezifischen, in der Gruppendynamik und Kleingruppenforschung gut erfaßten Eigendynamik.

Als Team bezeichne ich den um ein Tätigkeitsziel herum gebildeten Sozialkörper Gruppe (Also nicht jede Gruppe ist ein Team, aber jedes Team ist eine Gruppe.).« Arbeitsteams haben spezifische, sehr exakt definierte Arbeitsziele, Arbeitsgruppen dagegen eher allgemeine, global formulierte Ziele.

- *Synergieeffekte:* Als wichtiges Merkmal für die Existenz eines Teams wird häufig metaphorisch angeführt, ein Team sei mehr als nur die Summe seiner Teile. Damit ist gemeint, daß das Team in seinen Leistungen positive Synergieeffekte zeigt (Scherm 1998). In der Arbeitsgruppe hingegen kann es auch vorkommen, daß es gar keine positiven Effekte (u. a. höhere Arbeitsleistung, größere Arbeitszufriedenheit usw.) gibt, sondern bestenfalls neutrale oder sogar negative Auswirkungen der Zusammenarbeit auftreten. Diese negativen Effekte können durch die Wirksamkeit gewisser gruppendynamischer Prozesse wie etwa »Groupthink« erklärt werden. Beim Team wird davon ausgegangen, daß es die durchaus vorhandenen gruppendynamischen Gefahren in der Gruppenarbeit rechtzeitig erkennt, diesen wirksam entgegensteuert und bewußt mit entsprechenden teamkompetenten Entscheidungs- und Handlungsprozessen effektive Ergebnisse in der gemeinsamen Zusammenarbeit sicherstellt. Dieses Kriterium ist zum Teil deshalb problematisch, weil das Vorliegen eines Synergieeffekts ja nicht a priori feststeht, sondern immer nur a posteriori beurteilt werden kann. Sollte kein entsprechender Effekt wahrgenommen werden, war das Team dann kein Team? Sinnvoll ist hier die weitere Differenzierung in verschiedene Teamarten mit unterschiedlicher Arbeitsqualität. Pohl und Witt (2000) sprechen hier von einem Kontinuum, angefangen von der »Arbeitsgruppe«, gefolgt vom »potentiellen Team«, über das »echte Team« zum »Hochleistungsteam«. Ein Synergieeffekt kann daher nicht als allgemeine Voraussetzung für jedes Team gelten, sondern wäre in dieser Terminologie dann nur noch Kennzeichen eines Hochleistungsteams.
- *Fähigkeiten der Team- und Gruppenmitglieder:* Bei der Arbeitsgruppe sind die Kompetenzen und das Wissen der Gruppenmitglieder nicht unbedingt aufeinander abgestimmt. Im Arbeitsteam hingegen ist es essentiell, daß sich die Fähigkeiten und das Fachwissen der Teammitglieder einander ergänzen, um das Arbeitsziel erfüllen zu können. Interdisziplinarität sowie Perspektiven- und Kompetenzvielfalt spielen im Team eine größere Rolle als in der Arbeitsgruppe. Dies schließt in der Vorbereitung von Teamarbeit eine genaue Analyse mit ein, welche Personen überhaupt ein Team bilden sollen.
- *Verantwortung:* Im Arbeitsteam wird Verantwortung geteilt. Das Verhalten der Teammitglieder bei Entscheidungen ist partnerschaftlich, es werden partizipative Entscheidungsprozesse durchgeführt, es gibt keine Trennung zwischen den Personen die arbeiten, und jenen, die entscheiden. Auch Führungsaufgaben werden miteinander geteilt, Führungsrollen abgewechselt.

Die Teammitglieder sind zwar auch individuell für Fehler und Arbeitsergebnisse mit verantwortlich, jedoch ist eine Atmosphäre gegeben, die in erster Linie eine gemeinsame Verantwortung aller Mitglieder für die Arbeit ins Zentrum stellt (man kann nur gemeinsam gewinnen oder verlieren). Aus diesem Grund existieren in Organisationen zumeist neben individuellen auch teambezogene Entlohnungsstrukturen. In der Arbeitsgruppe hingegen werden Führungsaufgaben nicht notwendiger Weise geteilt, klare Hierarchie- und Machtstrukturen sind weiterhin gegeben. Es besteht in Arbeitsgruppen stärker (oder ausschließlich) eine persönliche Verantwortung für Arbeitsergebnisse und auch vorwiegend eine individuelle Entlohnung für die Arbeit des einzelnen.

– *Selbstorganisation:* In Arbeitsgruppen bestehen stärkere Einschränkungen in der Autonomie der Gruppen im Vergleich mit echten Teams. Das Team besitzt Freiheiten, was die Teamstrukturen, Methoden zur Zielerreichung oder den Arbeitsstil angeht. Die Entscheidungsfindung und Problemlösung und die Kontrolle, Reflexion und Koordination der Arbeitsprozesse wird vom Team selbst gesteuert (Haug 1994). Selbstorganisierte Teams sind mit einer viel größeren Entscheidungskompetenz ausgestattet als Arbeitsgruppen. Die Teilnehmer von Teams sind bevollmächtigt, operative Entscheidungen darüber zu treffen, wie sie ihre eigene Arbeit am effizientesten ausführen können.

Somit ist nicht jede Gruppe, die vom Management einer Organisation Team genannt wird, wirklich ein Team im Sinne der gegebenen Beschreibung. Zugleich ist aber jedes Team eine Gruppe (mit den genannten Merkmalen und den in diesem Abschnitt zusätzlich erwähnten Kennzeichen). Kurz zusammengefaßt paßt auf das dargestellte Verständnis von Team weitestgehend (bis auf das Kriterium Selbstorganisation) die Definition von Katzenbach und Smith (1993, S. 70): »Ein Team ist eine kleine Gruppe von Personen, deren Fähigkeiten einander ergänzen und die sich für eine gemeinsame Sache, gemeinsame Leistungsziele und einen gemeinsamen Arbeitsansatz engagieren und gegenseitig zur Verantwortung ziehen.«

Wir verwenden im weiteren die Begriffe Gruppe und Team synonym, meinen damit aber Arbeitsteams im herausgearbeiteten Sinn, wenngleich die hier vorgestellten Methoden der Teamentwicklung auch für die Entwicklung anderer Gruppen (z. B. einer Familie, einer Schulklasse usw.) sinnvoll eingesetzt werden können.

Typen von Teams

Bei der Differenzierung verschiedener Erscheinungsformen von Teams werden weitere Facetten relevant, etwa wenn die Integration dispositiver Tätigkeiten (Planung, Entscheidungen) in den Arbeitsablauf als Merkmal bedeutend wird (Born u. Eiselin 1996). Es lohnt sich daher, einen Blick auf unterschiedliche Formen von Teams zu werfen. Allerdings ergibt sich bei diesen Teamtypologien zumeist wieder eine Vermischung der Begriffe Team und Gruppe. So werden beispielsweise Abteilungsteams und funktionsübergreifende Teams unterschieden, in denen die Teammitglieder aus verschiedenen Abteilungen und Hierarchieebenen einer Organisation zusammen gesetzt werden. Clutterbuck (1999) entwickelte eine Typologie für Teams, die nach Mitgliedschaft und Aufgabentypus differenziert. Seine Unterscheidung steht primär in Zusammenhang mit der spezifischen Dynamik des Lernens in unterschiedlichen Arbeitsteams.

stabile Aufgaben	Konstante Mitgliedschaft		wechselnde Aufgaben
	Stabile Teams	Projektteams	
	Cabin Crew	Evolutionäre Teams	
	Wechselnde Mitgliedschaft		

Abbildung 4: Typologie von Teams (in Anlehnung an Clutterbuck 1999)

- *Stabile Teams* entsprechen den von Titscher (1992) definierten »permanenten Arbeitsgruppen« mit unterschiedlichen Autonomiegraden. Diese Arbeitsgruppen sind grundsätzlich sowohl hinsichtlich ihrer Aufgaben als auch ihrer Mitglieder auf Konstanz angelegt.
- *Projektteams* sind nach Clutterbuck dadurch charakterisiert, daß stabile Gruppen jeweils neuartige Aufgaben bearbeiten. Hier soll angemerkt werden, daß demgegenüber von anderen Autoren der Begriff Projektteam eher für Gruppen mit Problemlösungsaufgaben (daher auch »Problemlösungsteams« genannt) verwendet wird, die keine konstante, sondern je nach Projekt wechselnde Mitgliedschaft aufweisen (Moran 1997).
- Die sogenannte *Cabin Crew* dient dazu, die gleichen Aufgaben in unterschiedlicher Zusammensetzung zu bewältigen. Diesem Typus entsprechen beispielsweise Flugzeugbesatzungen (daher auch der Name), es könnten aber auch Berater- oder Lehrerteams (Teamteaching-Modelle) sein, sofern gleichartige Projekte oder Inhalte in unterschiedlicher Zusammensetzung bearbeitet werden.
- Das *evolutionäre Team* steht für langfristige Projektteams, bei denen bestimmte Etappen von größeren Aufgaben jeweils von neuen Mitgliedern in einem

Team bewältigt werden. Es handelt sich um eine Art Staffelprinzip, bei dem je nach Entwicklungsstand des Projekts die Aufgabeninhalte und damit auch die Mitglieder im Team wechseln. Dieser auf den ersten Blick ungewöhnlich anmutende Typus ist etwa im Anlagenbau verbreitet, wo sehr komplexe Projekte abgewickelt werden. Unterschiedliche Aufgaben mit unterschiedlichen Teammitgliedern werden auch in Qualitätszirkeln bearbeitet.

Clutterbuck (1999) versucht mittels dieser Typologie jeweils typische Lernchancen und Hemmnisse zu identifizieren. In stabilen Gruppen unterstützen etwa die Zeit, sich gegenseitig kennenzulernen, sowie die sich entwickelnden dauerhaften Beziehungen das gemeinsame Lernen. Dagegen kann eine aufkommende »Gemütlichkeit« in solchen Gruppen zur Lernbarriere werden. Dies ist auch einer der Gründe, warum im Sinne erhöhter Sicherheit Flugzeugcrews bei jedem Flug immer wieder aus neuen Mitgliedern zusammengesetzt werden. In Projektteams ist seiner Ansicht nach ein starker Bedarf nach Wissenserwerb und dessen Anwendung vorhanden, weil es für den Projekterfolg notwendig ist. Hinderlich ist in dieser Form der Zeitdruck bei der Erfüllung der Aufgaben, der wenig reflektiertes Lernen erlaubt sowie die Tatsache, daß sich das Team immer wieder auflöst, bevor es die Reife entwickelt, gemeinsam zu lernen. Diese Typologie basiert auf wesentlichen Unterscheidungskriterien, deren Relevanz über eine rein begriffliche Differenzierung hinausgeht. Wenn man davon ausgeht, daß Organisationen jeweils spezifische Zielsetzungen mit der Einführung gruppenorientierter Arbeitsformen verfolgen, ist es bedeutsam, sich die Konsequenzen unterschiedlicher Gestaltungsformen im Hinblick auf diese Zielsetzungen zu vergegenwärtigen.

Unabhängig von konkreten Gruppenarbeitsformen ist die Frage bedeutsam, welche Voraussetzungen, Rahmenbedingungen und Vereinbarungen Teamarbeit braucht, damit sie den in sie gesetzten Erwartungen gerecht wird. Man sollte sich daher sehr sorgfältig mit der Frage befassen, unter welchen Bedingungen und zu welchen Zwecken es sinnvoll ist, Teamarbeit einzusetzen.

Überblick zu Bedingungen für effektive Teamarbeit

Damit Gruppenarbeit die an sie gestellten Erwartungen überhaupt erfüllen kann, müssen bereits im Vorfeld und bei ihrer Gestaltung unterschiedliche Parameter berücksichtigt werden. Ausgangspunkt sollte immer eine klare Zielsetzung für die Einführung gruppenbezogener Arbeitsformen sein, etwa eine Steigerung der Produktivität, Weitergabe von Wissen und Qualifikationen oder höhere Identifikation mit dem Produkt.

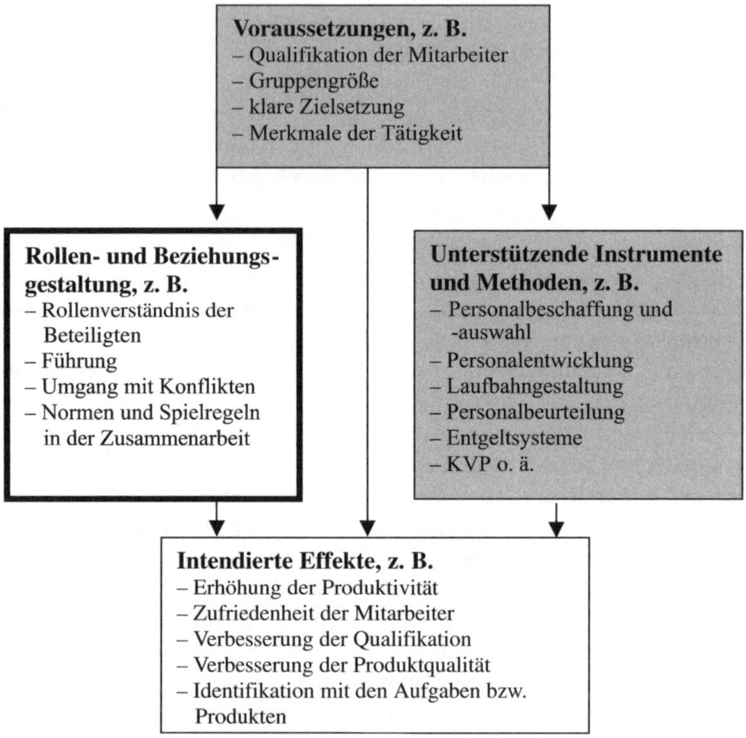

Abbildung 5: Gestaltungsparameter für erfolgreiche Teamarbeit

In der Konzeptionsphase bedarf es zunächst einer Analyse der technischen, arbeitsbezogenen und organisatorischen Voraussetzungen, damit diese Arbeitsform sinnvollerweise ins Auge gefaßt werden kann. Diese liegen im wesentlichen in der Größe der Gruppe, der Qualifikation der Gruppenmitglieder und der Art der Aufgabe. Beispielsweise hat in Schulen eine gewisse Teameuphorie um sich gegriffen und Lehrer tendieren dazu, alle bisher einzeln gelösten Aufgabenstellungen im Team lösen zu lassen. Schüler berichteten etwa, daß ihr Lehrer ihnen Mathematik-Aufgaben in der Gruppe zum Lösen gab, was dazu führte, daß der beste Rechner die Aufgaben löste und die anderen sich in der Zwischenzeit langweilten.

Erst wenn die Voraussetzungen für Teamarbeit auf ihre Eignung und ihre Gestaltbarkeit überprüft worden sind, ist die Einführung überhaupt sinnvoll und erfolgversprechend. Im nächsten Schritt sind dann im Rahmen der Implementierung und laufenden Erfahrungen bestimmte Struktur- und Prozeßvariablen der Gruppenarbeit zu gestalten und weiterzuentwickeln. Bestehende Instrumente und Methoden müssen auf ihre Kompatibilität mit Teamarbeit

Teammerkmale

- Selbststeuerung/Selbstmanagement
- Identifikation mit der Tätigkeit
- Tätigkeit die Zusammenarbeit erfordert
- Identifikation mit den Zielen
- Partizipation bei Entscheidungen
- Teamgröße
- Heterogenität und ergänzende Qualifikation der Teammitglieder
- Präferenz der Teammitglieder für Teamarbeit
- Kommunikation und Kooperation im Team
- gemeinsames Handeln bei der Bearbeitung der Tätigkeit
- Unterstützung von Vorgesetzten
- Teamtraining
- Feedback an das Team

→

Effektivitätskriterien

- Produktivität
- Arbeitszufriedenheit
- Beurteilung durch Vorgesetzte

Abbildung 6: Merkmale effektiver Teams, die mit Arbeitseffektivität zusammenhängen (aus: Campion et al. 1996, S. 431; Übersetzung W. K.).

geprüft und gegebenenfalls angepaßt werden. Abbildung 5 zeigt die kritischen Erfolgsfaktoren im Überblick.

Die Wirksamkeit der verschiedenen in diesem Überblicksmodell angegebenen Faktoren für die Entstehung effektiver Teams und für die Realisierung der intendierten Effekte ist auch empirisch nachgewiesen worden (Sundstrom 1990; Campion 1993). Beispielsweise wurden in einer umfangreichen Untersuchung (60 Teams, mehr als 350 Mitarbeiter, mehr als 90 Manager) einer ganzen Liste von Merkmalen effektiver Teams die Wirksamkeit der genannten Faktoren für gesteigerte Produktivität, erhöhte Zufriedenheit und positive Selbsteinschätzung der Mitglieder und verstärkte positive Einschätzung der vorgesetzten Manager bestätigt (Campion et al. 1996). Diese wirksamen Team-Kriterien sind zusammengefaßt in Abbildung 6 veranschaulicht.

Die Übersicht in Abbildung 5 ist auch als Checkliste zu verstehen, wenn gruppenbezogenes Arbeiten ins Auge gefaßt wird. Bei der Bildung eines Teams ist also zunächst zu überlegen, ob für die Ausführung von spezifischen Aufgaben überhaupt ein Team sinnvoll gebraucht wird. Scheint ein Team die angemessene Form der Arbeitsorganisation zu sein, muß weiter überprüft werden, ob die notwendigen Rahmenbedingungen für erfolgreiche Teamarbeit geschaffen wurden. Born und Eiselin (1996) geben einen Fragenkatalog an, dessen Beantwortung Aufschluß darüber geben soll, ob der Einsatz eines Teams erfolgversprechend ist und wie der Erfolg des Teams gesichert werden kann. Einige dieser Fragen werden in der folgenden Übersicht auszugsweise aufgeführt. Eine weitere nützliche Liste von Kriterien wird von Katzenbach und Smith (1993) angegeben. Diese Fragen beziehen sich explizit auf die Bestandteile ihrer Teamdefinition. Einige dieser Fragen sind ebenfalls ergänzend in zum Teil leicht modifizierter Form in die folgende Übersicht aufgenommen.

Checkliste – Fragen zum Team

a) nach Born und Eiselin (1996, S. 48 f.)

1) Fragen zu den Aufgaben des Teams:
- Ist es für die zu bewältigende Aufgabe notwendig, unterschiedliche Fähigkeiten und Talente zur Problemlösung zusammenzubringen?
- Handelt es sich um Aufgaben, die in Teilaufgaben zergliedert werden können?
- Besitzt das Team einen genügend großen Handlungs- und Entscheidungsfreiraum?
- Sind gemeinsam entwickelte Zielsetzungen klar, realisierbar und zugleich herausfordernd?

2) Fragen zu den Teammitgliedern:
- Sind irgendwelche wichtige, für eine erfolgreiche Teamarbeit unverzichtbare Fähigkeiten oder Eigenschaften noch nicht ausreichend vorhanden?
- Besteht bei den Teammitgliedern die Bereitschaft zu persönlichem Lernen und persönlicher Weiterentwicklung?
- Bringen die Mitglieder genügend Disziplin und Leistungswillen mit?
- Herrscht eine Atmosphäre gegenseitigen Vertrauens und Respekts?
- Fühlen sich die Mitglieder für die Teamresultate kollektiv verantwortlich?

3) Fragen zur Struktur:
- Ist das Team genügend klein, so daß jedes Mitglied mit jedem anderen von Angesicht zu Angesicht interagieren kann?
- Besteht die Möglichkeit zu häufigen Teamzusammenkünften und zu intensiver, wechselseitiger Kommunikation?
- Sind Teamtreffen interessant und prägnant gestaltet und auf konkrete Ergebnisse hin ausgerichtet?

4) Fragen zur Teamführung:
- Wird jedes Teammitglied für Leistungen gelobt?
- Wechseln die Mitglieder sich situativ in der Führung des Teams ab?
- Wird der formelle Vorgesetzte (so dieser existiert) als Führungsperson akzeptiert und zugleich als gleichwertiges Mitglied empfunden?
- Leistet die Führungsperson selbst echte Arbeit?
- Wird die Schuld für Mißerfolge nicht einzelnen Mitgliedern allein gegeben?

5) Weitere Fragen:
- Wird genügend Zeit bei Entscheidungen eingeräumt, damit Lösungen erarbeitet werden können, mit denen sich alle Mitglieder identifizieren?

- Wie ist die Teamarbeit in der Organisation insgesamt integriert?
- Wie werden Teamkonzepte im Kulturkreis akzeptiert?

b) nach Katzenbach und Smith (1993, S. 92–95)

1) Zahl der Mitglieder ist klein genug:
- Kann die Gruppe sich leicht und oft versammeln?
- Können sie mit allen Mitgliedern leicht und häufig kommunizieren?
- Sind die Diskussionen offen, und können sich alle Mitglieder daran beteiligen?
- Versteht jedes Mitglied die Rollen und Fähigkeiten der anderen?
- Benötigt die Gruppe mehr Mitglieder, um ihre Ziele zu erreichen?
- Sind Sub-Teams möglich oder nötig?

2) Adäquates Niveau einander ergänzender Fähigkeiten:
- Sind alle drei Fähigkeitsbereiche tatsächlich oder potentiell im Team vorhanden (funktional/technisch, Problemlösung/Entscheidungsfindung, Umgang miteinander)?
- Verfügt jedes Mitglied in allen drei Bereichen über ausreichend Potential, um seine Fähigkeiten bis zu dem Niveau zu entwickeln, das der Existenzzweck des Teams und der Arbeitsansatz erfordern?
- Sind irgendwelche der für die Teamleistung erforderlichen Fähigkeiten nicht oder nicht ausreichend vorhanden?
- Sind die Mitglieder einzeln und gemeinsam gewillt, die erforderliche Zeit zu investieren, um sich selbst und den anderen dabei zu helfen, die nötigen Fähigkeiten zu erlernen und weiterzuentwickeln?
- Sind sie imstande, bei Bedarf neue oder zusätzliche Fähigkeiten hinzuzufügen?

3) Wirklich sinnvolle Zielsetzung:
- Stellt sie eine weitreichende, über lediglich kurzfristige Ziele hinausgehende Ambition dar?
- Ist es eine Teamzielsetzung, im Gegensatz zu einer für die Gesamtorganisation geltenden oder einer nur individuellen Zielsetzung (z. B. der Führungsperson)?
- Verstehen und beschreiben sie alle Mitglieder gleich? Und tun sie dies ohne auf verschwommene Abstraktionen zurückzugreifen?
- Verfechten sie die Mitglieder in Diskussionen mit Außenstehenden entschieden?
- Nehmen die Mitglieder häufig Bezug darauf und erläutern ihre Implikationen?

- Enthält die Zielsetzung Aspekte, die besonders sinnvermittelnd und bedeutungsvoll sind?
- Haben die Mitglieder das Gefühl, der Zweck sei wichtig oder sogar mitreißend?

4) Spezifisches Ziel oder Ziele:

- Sind sie klar definiert, einfach und meßbar? Sofern sie nicht meßbar sind: Kann ihre Erfüllung überprüft werden?
- Sind sie realistisch und zugleich anspruchsvoll? Ermöglichen sie »Teilsiege«?
- Verlangen sie eine Reihe konkreter Team-Arbeitsprodukte?
- Ist ihre jeweilige Bedeutung und Priorität allen Mitgliedern klar?
- Sind alle Mitglieder einverstanden mit den Zielen, mit ihrer relativen Bedeutung und mit der Art und Weise, in der ihre Verwirklichung gemessen wird?

5) Klarer Arbeitsansatz:

- Ist der Ansatz klar und konkret, wird er von allen Beteiligten verstanden und geteilt? Wird er dazu führen, daß die gesteckten Ziele erreicht werden?
- Nutzt und stärkt er die Fähigkeiten der Mitglieder optimal? Deckt er sich mit anderen Anforderungen der Mitglieder?
- Verlangt er von allen Mitgliedern, echte Arbeit zu gleichen Teilen beizutragen?
- Ermöglicht er offene Interaktion, sachliche Problemlösung und ergebnisorientierte Bewertung?
- Drücken alle Mitglieder den Ansatz auf dieselbe Weise aus?
- Ermöglicht er Modifikationen und Nachbesserungen im Laufe der Zeit?
- Werden systematisch neue Anregungen und Perspektiven gesucht und aufgenommen, etwa durch Information und Analyse, neue Mitglieder und einflußreiche Förderer?

6) Gefühl wechselnder Verantwortlichkeit:

- Sind die Mitglieder individuell und gemeinsam verantwortlich für Existenzzweck, Ziele, Ansatz und Arbeitsergebnisse des Teams?
- Können sie die Fortschritte an den spezifischen Zielen messen und tun sie es?
- Fühlen sich alle Mitglieder für alle Maßnahmen verantwortlich?
- Sind sich die Mitglieder darüber im klaren, wofür sie individuell und wofür sie gemeinsam verantwortlich sind?
- Herrscht die Einschätzung vor, daß alle Beteiligten nur als Team scheitern können?

Die Analyse der Voraussetzungen für Teamarbeit wird einmal rascher erfolgen, wenn etwa im Unterricht ein Projekt durchgeführt werden soll. Wird jedoch die Einführung von Teamarbeit in einer Produktion angestrebt, so bedarf dies bereits im Vorfeld einer sehr detaillierten Machbarkeitsstudie. Aus der Erfahrung erscheint es wesentlich, gerade auf diese Umgebungsbedingungen Rücksicht zu nehmen, deren Gestaltung aber nicht die Aufgabe der Entwicklung eines spezifischen Teams ist. Die angeführten Kriterien können aber in jedem Fall als allgemeine Anhaltspunkte dienen, worauf bei dem Einsatz teamorientierter Arbeitsformen zu achten ist.

Gleichzeitig zeigt die Abbildung 5 auch, wo die eigentliche Teamentwicklung ansetzen kann, nämlich in erster Linie bei den Faktoren der Rollen- und Beziehungsgestaltung. Diese Faktoren sind in den angegebenen beiden Checklisten noch nicht adäquat berücksichtigt. Teamentwicklung allein ist jedoch kein Garant für funktionierende Teamarbeit, weil es eben auch der angegebenen Voraussetzungen und der Adaptierung unterstützender Instrumente und Methoden bedarf.

Voraussetzungen für Teamarbeit

Teamgröße

Die Größe des Teams ist die am häufigsten diskutierte Voraussetzung für gruppenbezogenes Arbeiten. Üblicherweise wird eine Größe von sieben bis 12 Gruppenmitgliedern – je nach Art der Gruppe – als ideal angesehen. Bei kleineren Gruppen werden Synergien kaum wirksam, bei größeren Gruppen leidet der Zusammenhalt, oder es bilden sich Untergruppen, weil die direkte Interaktion nur schwer möglich ist (Grunwald 1996). Zudem werden die Möglichkeiten für jeden einzelnen, aktiv Ideen einzubringen, stark verringert. Teams mit wenigen Mitgliedern sind bei der Ausführung der Arbeit meist schneller als große Teams. Die Entscheidungsfindung bei Problemlösungsprozessen dauert in großen Teams zwar durchschnittlich länger, da mehr Meinungen berücksichtigt werden müssen und ein Konsens nur schwer herstellbar ist, dennoch ist zumeist die Qualität der getroffenen Entscheidungen oder die Güte der festgelegten Strategien in großen Teams besser, weil mehr Ideen und Erfahrungen einfließen. In großen Teams ist außerdem die Gefahr des gruppendynamischen Effektes des »Social loafing« (auch »Ringelmann-Effekt« genannt) in stärkerem Ausmaß gegeben. Damit ist eine Art »Trittbrettfahrer-Phänomen« in dem Sinne gemeint, daß der Arbeitseinsatz des einzelnen in größeren Gruppen nachläßt, da die Verantwortlichkeit des einzelnen in der Gruppe nicht mehr so klar

Tabelle 1: Effekte von verschiedenen Gruppengrößen (aus: Furnham 1997, S. 438)

Dimension	Gruppengröße		
	2–7 Personen	8–12 Personen	13–16 Personen
Notwendigkeit eines Führers	gering	mittel	stark
Koordinationstätigkeit des Führers	gering	mittel	mittel/stark
Gefahr der Dominanz einzelner Teammitglieder	gering	mittel/stark	stark
Formalisierung von Regeln und Prozeduren	gering	mittel	stark
Tendenz für die Entstehung von Subgruppen	gering	mittel/stark	stark
Zeitaufwand für Entscheidungsfindungen	gering	mittel	stark

hervortritt und die Bedeutung des Einzelbeitrags nicht deutlich meßbar und erfahrbar ist. Dadurch sinkt die Arbeitsmotivation und die Leistungsbereitschaft des einzelnen in größeren Gruppen.

Dieser Effekt tritt jedoch kaum auf, wenn sich alle Teammitglieder in direktem Kontakt und in direkter Kommunikation befinden. Dadurch wird jedem Mitglied immer wieder seine eigene Wichtigkeit und Verantwortung bewußt, und jeder weiß, daß die eigene Leistung von den anderen wahrgenommen, bewertet und im besten Fall auch wertgeschätzt wird. Durch direkte Kommunikation und gemeinsames Handeln ist dann sogar ein gegenseitiges motivierendes Aufschaukeln zu verstärktem Arbeitseinsatz jedes beteiligten Mitglieds möglich, das zu den bereits angesprochenen Synergieeffekten von Hochleistungsteams führen kann. Tabelle 1 veranschaulicht die möglichen Auswirkungen unterschiedlicher Gruppengrößen.

Dauer der Mitgliedschaft

Neben der Gruppengröße ist die Dauer der Mitgliedschaft von Bedeutung. Ein häufiger Wechsel von Mitgliedern erschwert die Arbeit im Team, vor allem dann, wenn es sich um permanente Arbeitsteams handelt. Das wäre beispielsweise der Fall, wenn bei Gruppenarbeit in der Fertigung kurzzeitig viele Leihkräfte beschäftigt werden. Natürlich kann es sinnvoll sein, in bestimmten Phasen Teams neu zusammenzusetzen, etwa mit weiteren Spezialisten zu ergänzen, weil die Arbeitsaufgaben Personen mit anderen Kompetenzen erfordern. Dabei muß aber beachtet werden, daß jede personelle Veränderung eines Teams wieder neue Prozesse der Teambildung, der Rollen- und Beziehungsklärung notwendig macht, die zunächst kurz- bis mittelfristig die Arbeitseffizienz (Produktivität) einschränken.

Merkmale der Tätigkeit

Wichtig für die Teamarbeit ist es, daß die Tätigkeit selbst die Arbeit im Team notwendig und sinnvoll macht, denn bestimmte Tätigkeiten können beispielsweise effizienter von einzelnen Individuen ausgeführt werden. Hinweise auf die Frage nach den Merkmalen der Tätigkeit für Teamarbeit werden hier aus unterschiedlichen Forschungszusammenhängen gegeben.

a) Entscheidungsdelegation
Vroom und Yetton (1973) bieten in ihrem Führungsmodell unter anderem Kriterien an, unter denen es geboten scheint, im Rahmen der Wahrnehmung von Führungsaufgaben eine Problemlösung einer Gruppe zu übertragen.[1] Eine Teamentscheidung wird empfohlen,

- wenn die Lösung einer Sachaufgabe komplex ist und die Informationen unterschiedlicher Personen für eine qualitativ hochwertige Lösung erforderlich ist und
- wenn es um gemeinsame Akzeptanz im Arbeitsteam als Bedingung motivierter Durchsetzung einer Entscheidung geht.

Häufig sind dies komplexe, neuartige und schlecht strukturierte Aufgaben. Hier sind Problemstellungen angesprochen, die in den Verantwortungs- und Entscheidungsbereich von Führungskräften fallen und die womöglich eine Partizipation der Mitarbeiter erfordern. Das könnte etwa bedeuten, daß bei Zutreffen der genannten Bedingungen Sitzungen einberufen, Projektgruppen oder Qualitätszirkel installiert werden. Alle diese Maßnahmen ziehen jedoch keine Änderung der Arbeitsorganisation nach sich, sondern werden parallel zu bestehenden Strukturen eingeführt.

b) Aufgabenstruktur
Die meisten Hinweise sind in der Literatur darüber zu finden, welche Aufgabentypen ganz allgemein für eine Bearbeitung in Teams geeignet sind. Die for-

1 Es geht in diesem Modell um die Frage, welche Entscheidungsmöglichkeiten für eine Führungskraft in Abhängigkeit von konkreten Situationen angemessen sind. Eine Führungskraft kann im Extremfall eine Entscheidung allein treffen, im anderen Extrem überträgt sie die Problemlösung einer Gruppe. Die Effizienz der Entscheidung hängt davon ab, wieweit die Entscheidungsmethode den unterschiedlichen Entscheidungssituationen gerecht wird (Jago 1995).

mulierten Anforderungen lassen sich folgendermaßen zusammenfassen (Titscher 1992; Born u. Eiselin 1996; Grunwald 1996):

- Die *Aufgabe muß teilbar sein*, sie muß sich in Teilaufgaben zerlegen lassen, die von unterschiedlichen Personen arbeitsteilig ausgeführt werden können. Das wäre beispielsweise die Bearbeitung des Versands, ein Hausbau, die Verpflegung einer Reisegruppe. Nicht teilbar sind etwa die Bearbeitung einer Rechenaufgabe oder das Lesen eines Buchs.
- Born und Eiselin (1996) formulieren als weitere Anforderung, daß die *Problemlösung verschiedene Fähigkeiten und Qualifikationen erfordern muß*. Sie schließen damit aus, daß nur gleichartige Einzelleistungen addiert werden (z. B. Briefe in Umschläge stecken, Produkte verpacken).
- Auch von Titscher (1992) kommt die Anforderung, daß die Aufgabenstruktur interagierend sein muß. Das bedeutet, daß eine Verschränkung aller Teilleistungen zur Gesamtleistung führt. Ausgeschlossen wären etwa Aufgaben, bei denen mehrere Personen die gleiche Aufgabe bearbeiten und die beste Lösung als Gruppenlösung akzeptiert wird (Grunwald 1996).
- Titscher (1992) führt auch die Attraktivität der Aufgabe als wesentlich an. Die Möglichkeit, eine attraktive Aufgabe auszuwählen ist in Organisationen eher die Ausnahme. Mitarbeiter sehen sich normalerweise mit strikten Vorgaben oder Arbeitsbereichen konfrontiert. Wesentlich ist aber, daß die Beteiligten das Gefühl haben, von der gemeinsamen Problembearbeitung zu profitieren oder daß die Form der Bearbeitung im Team als unterstützend, erleichternd oder abwechslungsreicher als die individuelle Tätigkeit erlebt wird.

c) Technische und organisatorische Voraussetzungen für Gruppen- und Teamarbeit

Eine differenzierte Analyse der Arbeitstätigkeit im Hinblick auf technische und organisatorische Voraussetzungen ermöglichen psychologische Arbeitsanalyse-Instrumente wie VERA (Verfahren zur Ermittlung von Regulationserfordernissen) und RHIA (Regulationshindernisse in der Arbeitstätigkeit; Oesterreich u. Volpert 1991). Sie bieten einen theoretischen Rahmen für Machbarkeitsstudien, die auch vor der Einführung von Gruppenarbeit notwendig sind. Mit Hilfe dieser Kriterien können Hindernisse und Beschränkungen abgeschätzt werden. Die Tätigkeiten und Hindernisse werden dabei personenunabhängig beurteilt. Mit ihrer Hilfe kann die Frage beantwortet werden, ob die technischen und organisatorischen Möglichkeiten und Rahmenbedingungen es zulassen, Aufgaben an Gruppen oder Teams zu übertragen. Dabei wird von einer relativ autonomen Gruppe ausgegangen, »deren Arbeit durch zusammenhängende, sequenziell und hierarchisch vollständige Tätigkeiten gekennzeichnet ist. Die Arbeitsaufgaben müssen also nicht nur rein ausführende Tätigkeiten umfassen, sondern insbesondere auch Koordination, Kooperation und die gemeinsame

Verantwortung der Gruppe für die erzielten Arbeitsergebnisse« (Koeppe u. Grap 2000, S. 91).

Zur Analyse der Eignung von Gruppenarbeit können aus den genannten standardisierten Arbeitsanalyseverfahren folgende Kriterien in bezug auf die Arbeitsaufgabe abgeleitet werden, die sowohl eine Analyse des Ist-Zustands wie auch der Gestaltungspotentiale erfordern.

Aufgabenvollständigkeit: Voraussetzung ist die Bearbeitung einer Aufgabe einschließlich ihrer vor- und nachbereitenden Tätigkeiten. Dadurch wird die Identifikation mit der Aufgabe und die Verantwortung für das Ergebnis wachsen.

Tätigkeitsspielraum: Wesentlich ist, daß es möglich ist, durch Teamarbeit den Tätigkeitsspielraum zu erweitern und zwar in drei Richtungen:
- Handlungsspielraum: Der Mitarbeiter sollte eine Vielfalt von Arbeitsaufgaben, Tätigkeiten und Arbeitsschritten zu verrichten haben und nicht auf wenige Arbeitsschritte eingeschränkt sein.
- Entscheidungs- und Kontrollspielraum: Die Mitarbeiter sollen auch vorgelagerte Planungs- und Entscheidungsaufgaben sowie Kontrollaufgaben übertragen bekommen.
- Der Gestaltungsspielraum bezieht sich schließlich auf die Frage, wieweit die individuellen Bedürfnisse zur Gestaltung der Arbeit berücksichtigt werden, etwa bezogen auf Pausen oder den individuellen Arbeitsstil.

Anforderungsvielfalt: Förderlich für die Einführung von Gruppenarbeit ist, daß häufig Bewegungs- und Anforderungswechsel gegeben sind, damit Monotonie und Leistungsabfall entgegengewirkt wird.

Qualifikation der Gruppenmitglieder: Grundsätzlich müssen auch in teambezogenen Arbeitsformen die Mitglieder so qualifiziert sein, daß sie zur Problemlösung beitragen können. Bei permanenten Arbeitsteams ist häufig Voraussetzung, daß die Mitglieder eine Bandbreite an Tätigkeiten beherrschen, damit Flexibilität zwischen den Arbeitsplätzen gewährleistet werden kann.

Kann auf mehreren dieser Dimensionen keine zufriedenstellende Ausprägung erreicht werden, ist es zweckmäßig, von Teamarbeit abzusehen und eine andere Form der Arbeitsorganisation zu wählen, die den gesetzten Zielen gerecht wird.

Teamziele

Teams benötigen klare und verbindliche Ziele für die gemeinsame Arbeit. Die Zielorientierung von Teams wird in der Literatur als kritischer Erfolgsfaktor für gelingende Teamarbeit genannt (Katzenbach u. Smith 1994; Wagemann 1999; Greif u. Kurtz 1996). Diese Voraussetzung hängt eng mit dem Kriterium des Handlungsspielraums zusammen, da die Formulierung eines Ziels zwar einen Endzustand festlegt, ein echtes Team jedoch die Freiheit besitzt, auch über die Mittel und Wege der Zielerreichung selbst zu bestimmen. Damit ein hohes Ausmaß an Engagement für die gemeinsame Sache entsteht sollten Teams »klare, meßbare, realistische, gleichzeitig auch herausfordernde, inspirierende sowie integrierende und sinnstiftende Leistungsziele« konkretisieren (Born u. Eiselin 1996, S. 37). Nach Johnson und Johnson (1996) sprechen vier Argumente für die Definition von Teamzielen:

- Teamziele geben Orientierung, sie leiten die Aktivitäten des Teams und führen zu koordiniertem und geplantem Handeln;
- Teamziele machen die Definition von effizienten Prozeduren und Arbeitsmethoden notwendig, um das Ziel zu erreichen, dadurch wird die Leistung des Teams gesteigert;
- Teamziele helfen bei der Lösung von Konflikten, denn diese können im Hinblick auf klar festgelegte Ziele einfacher bearbeitet werden;
- Teamziele stärken die Identifikation und Motivation im Team.

Zentrale Bedingungen, die Teamziele erfüllen müssen (nach Haug 1994; Bay 1998)

Teamziele sollten

- von den Teammitgliedern selbst mitbestimmt werden, damit sich alle Teammitglieder für die Erreichung der Ziele mit verantwortlich fühlen;
- eindeutig formuliert sein, damit über ihre Deutung keine Mißverständnisse entstehen können;
- meßbar definiert sein, damit die Zielerreichung und der Erfolg des Teams von den Mitgliedern laufend überprüft werden kann;
- schriftlich und verbindlich festgelegt werden, damit sie allen Mitgliedern jederzeit klar in Erinnerung gerufen werden können;
- die Ableitung von Teilzielen erlauben, weil diese verhindern, daß auf dem langen Weg zur endgültigen Zielerreichung den Mitgliedern die Leistungsmotivation aufgrund mangelnder Erfolgserlebnisse ausgeht;
- so sein, daß verschiedene Teamziele oder Teilziele widerspruchsfrei zu

den anderen Zielen formuliert werden und daß Prioritäten-Rangreihen von (Teil-)Zielen definiert werden;
- auf einen bestimmten Zeitraum oder Zeitrahmen terminiert sein;
- jedem Teammitglied akzeptabel und sogar erstrebenswert erscheinen (sich eventuell mit persönlichen Zielen der Mitglieder überschneiden), damit sie ein hohes persönliches Engagement zur Zielerfüllung rechtfertigen;
- erreichbar sein und einen Einsatz abverlangen, der herausfordernd ist, aber nicht permanent an die Grenzen der Leistungsfähigkeit der Teilnehmer geht, da sonst Belastungs- und Burnout-Phänomene langfristig die Leistung und Zielerreichung gefährden.

Gestaltung unterstützender Instrumente und Methoden für Teamarbeit

Darunter sind bestehende oder erst zu entwickelnde personalwirtschaftliche Instrumentarien zu verstehen wie Personalbeschaffung und -auswahl, Personalentwicklungsmaßnahmen, Personalbeurteilung oder Formen der Entlohnung. Diese müssen gruppenbezogene Arbeitsformen unterstützen, wenn die gewünschten Effekte realisiert werden sollen. Wir möchten nicht im Detail auf die einzelnen Instrumente eingehen, sondern ein Modell vorstellen, mit dem der Zusammenhang zwischen der Ausgestaltung dieser Instrumente und teamorientiertem Arbeiten verdeutlicht wird.

Böhnisch und Putz (1993) unterscheiden in bezug auf die Ausgestaltung personalwirtschaftlicher Instrumente zwei Ebenen, die voneinander unabhängig sind:
- *Standardisierungsgrad:* Er gibt an, ob bestimmte Regelungen für alle Mitarbeiter(-gruppen) einheitlich gelten (Kollektivismus) oder ob ganz unterschiedliche Möglichkeiten gewählt werden können (Individualismus). Diese Ebene betrifft die Gestaltung des Instruments selbst: Wie viele verschiedene Gestaltungsvarianten sieht es vor? Gibt es beispielsweise ein einheitliches Entgeltmodell für alle Mitarbeitergruppen (z. B. Kollektivvertrag) oder unterschiedliche Entlohnungsformen je nach Mitarbeitergruppe? Wird die Personalauswahl für alle einheitlich oder zielgruppenspezifisch durchgeführt? Sind für bestimmte Mitarbeitergruppen fixe Schulungsprogramme vorgesehen oder gibt es bedarfsorientiert individuelle Wahlmöglichkeiten?
- *Ausmaß an Partizipation:* Die zweite Ebene betrifft die Frage, wer Entscheidungen beim Einsatz der Instrumente treffen kann. Bei »Selbstbestimmung«

Tabelle 2: Idealtypische Ausprägungen für den Bereich Mitarbeiter-Beurteilung

	Fremdbestimmung	Selbstbestimmung
Kollektivismus	In der Organisation wird ein allgemeines Beurteilungsschema angewandt, nach dem auch die Teammitglieder vom Vorgesetzten beurteilt werden.	Die Teammitglieder beurteilen sich innerhalb einer vorgegebenen und für alle Mitarbeitergruppen gültigen Beurteilungssystematik gegenseitig.
Individualismus	Die Personalabteilung hat ein auf Teamarbeit zugeschnittenes Beurteilungsverfahren entwickelt, nach dem der Vorgesetzte die Teammitglieder beurteilt.	Die Teammitglieder entwickeln innerhalb eines bestimmten Rahmens selbst Kriterien und einen Beurteilungsmodus, nach dem sie sich wechselseitig beurteilen.

entscheiden die betroffenen Mitarbeiter oder Teams etwa darüber, welche Schulung sie besuchen wollen, welcher neue Mitarbeiter ins Team aufgenommen werden soll, wie die vorgesehene Erfolgsprämie innerhalb der Gruppe verteilt wird. Liegt »Fremdbestimmung« vor, so werden diese Entscheidungen von anderen Personen (Vorgesetzte, Personalverantwortliche) getroffen.

Tabelle 2 zeigt exemplarisch jeweils idealtypische Ausprägungen der beschriebenen Dimensionen für den Bereich Beurteilung. Wir haben das Beispiel deswegen gewählt, weil Beurteilung sowohl in Wirtschafts-, Non-Profit-Organisationen wie auch im Ausbildungsbereich eine Rolle spielt.

Eine Gestaltung, die sich sowohl an Selbstbestimmung als auch an Individualisierung orientiert, ist gleichermaßen Voraussetzung wie auch Herausforderung für gruppenorientiertes Arbeiten. Es ist deutlich, daß Individualisierung auf der Ebene der Systemgestaltung liegt und den Besonderheiten teamorientierter Arbeitsformen gerecht werden muß. Bestehende Instrumente werden diesen zumeist nicht gerecht und müssen daher adaptiert werden. Im allgemeinen liegt die Ausgestaltung dieser Systeme jedoch außerhalb der Einflußnahme der Teammitglieder selbst.

Wenn teamorientiertes Arbeiten ernst genommen wird, so müssen die entwickelten Instrumente allerdings ein bestimmtes Ausmaß an Partizipation vorsehen. Einerseits ist ein bestimmtes Ausmaß an Selbstbestimmung innerhalb des Teams Vorbedingung, andererseits aber auch eine Herausforderung für die Gruppe, die nur schrittweise bewältigt werden kann. Man kann einer Gruppe nicht zumuten, in einer ersten Entwicklungsphase variable Entgeltbestandteile untereinander zu verteilen. Es besteht also eine Wechselwirkung zwischen dem Ausmaß an Partizipation und dem Reifegrad von Teams – Teamentwicklung muß die Gruppe auch zum Ausschöpfen der im Rahmen personalwirtschaftlicher Instrumente vorgesehenen Entscheidungs- und Gestaltungsspielräume befähigen.

Teamkompetenz: Rollen- und Beziehungsgestaltung für wirkungsvolle Teamarbeit

Teamkompetenz im Rahmen lernender Organisationen

Gemeinsame Visionen, der Austausch von individuellen mentalen Modellen im Team, kooperatives Handeln, persönliche Professionalisierung und systemisches Denken sind jene fünf Faktoren, die Senge (1990, 1997) als zentrale Prinzipien lernender Organisationen beschrieben hat. Solche lernenden Organisationen (z. B. Wirtschaftsunternehmen) können sich den laufenden Veränderungen der Umgebungsbedingungen schneller und besser selbstorganisiert anpassen und haben daher als soziales System höhere Überlebenschancen. Das Konzept der lernenden Organisation ist aus zwei Richtungen her für das Verständnis von Teamkompetenz von Bedeutung. Einerseits basiert effektive Teamarbeit auf der Verwirklichung dieser fünf Disziplinen (Fassbender 1997), und es lassen sich daher Bezüge zwischen den fünf Disziplinen und Teamkompetenz ableiten. Andererseits sind kollektives Wissensmanagement und das gemeinsame Lernen in Teams Voraussetzung für das Lernen gesamter Organisationen.

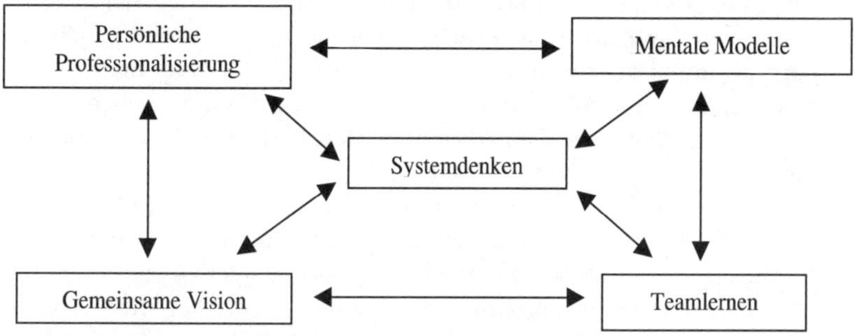

Abbildung 7: Fünf Disziplinen der lernenden Organisation

- *Persönliche Professionalisierung* (Personal Mastery) bedeutet für das Individuum, an der Ausweitung seiner Fähigkeiten und an seiner Persönlichkeitsentwicklung zu arbeiten. Es geht bei dieser Disziplin um den Erwerb von individueller Systemkompetenz, der Entwicklung von Selbstvertrauen, der Übernahme von Selbstverantwortung und um den Ausbau von Fertigkeiten zur Selbstführung. Die einzelnen Teammitglieder sind im Idealfall dazu bereit, lebenslanges Lernen tatsächlich umzusetzen. Die Teammitglieder sind bestrebt, sich im Sinne der Sicherstellung der eigenen Arbeitsmarktfähigkeit (Employability) Fach-, Methoden- und Sozialkompetenzen durch Fort- und

Weiterbildung anzueignen, um über die notwendigen persönlichen Qualifikationen für die Erfüllung ihrer Arbeitsaufgaben zu verfügen. Da sich die erforderlichen Qualifikationen für Mitarbeiter, die Arbeitsorganisation und die Rahmenbedingungen für Organisationen insgesamt heutzutage in einem dynamischen globalisierten Wirtschaftsprozeß immer wieder verändern, sind auch erhöhte Mobilität und Flexibilität von den einzelnen Mitgliedern gefragt.

- *Mentale Modelle* sind umfassende subjektive Repräsentationen der Strukturen und Prozesse eines begrenzten Realitätsbereichs. Sie stellen Teile der individuellen Konstruktion von Realität dar. Sie integrieren sprachliches, bildhaftes und handlungsbezogenes Wissen, erlauben die interne Simulation äußerer Vorgänge und bestimmen unter den Bedingungen von Anforderungssituationen unser Denken und Handeln. Es sind tiefverwurzelte und nicht immer bewußte Einstellungen, Annahmen, Verallgemeinerungen und Wissensschemata, die Einfluß auf die Wahrnehmung und Interpretation der Umwelt und auf das Handeln des Menschen haben. Die Arbeit an diesen Modellen im Team ist wichtig, um verschiedene Sichtweisen der Teammitglieder nachvollziehbar zu machen. Der Austausch von unterschiedlichen Perspektiven durch die Kommunikation über individuelle mentale Modelle ist bei Problemlösungsprozessen im Team wesentlich, aber auch bei der Lösung von zwischenmenschlichen Konflikten. Zugleich werden häufig teamkompetente Verhaltensweisen nicht genügend umgesetzt, weil diesen verborgene, unreflektierte Grundannahmen (mentale Modelle) im Wege stehen. Die bewußte Auseinandersetzung mit mentalen Modellen ist zur Entwicklung effizienter Teamarbeit notwendig und führt zur Definition gemeinsam geteilter Realität im Team.
- *Gemeinsame Visionen* stellen einen zentralen Teilbereich solcher kollektiv von allen Teammitgliedern gemeinsam geteilter Realität dar. Gemeinsame Visionen sind als Zukunftsbilder und Leitbilder von der Organisation oder von einem Arbeitsteam anzusehen. Sie sind auch mit den konkreten Arbeitszielen des Teams verbunden und stehen somit im Dienste der Verwirklichung ziel- und zukunftsorientierter Handlungsmuster im Team. Gemeinsame Visionen stiften Identität und fördern den Teamzusammenhalt. Das persönliche Engagement zur Erreichung festgelegter Ziele steigt durch die Möglichkeit, an der Formulierung von Visionen und Zielen selbst aktiv mitzuwirken und durch die Teilnahme am Prozeß der gemeinsamen Festlegung im Team mit welchem Arbeitsansatz diese Ziele umgesetzt werden sollen.
- *Teamlernen* ist ein weiteres zentrales Merkmal lernender Organisationen. Die Menschen in einer lernenden Organisation sollen als Team zusammenarbeiten und miteinander und voneinander lernen. Dazu ist es notwendig, eine adäquate Gesprächs- und Dialogkultur zu entwickeln und die Bereitschaft zu Perspektivenwechsel und Austausch mentaler Modelle in die Praxis

umzusetzen. Gelingende Kooperation, Zusammenarbeit im Team, das gemeinsame Lernen aus Erfahrungen sowie der Wissensaustausch in der Organisation hängen von einer Reihe von verschiedenen Faktoren ab, die den Schwerpunkt unserer Ausführungen bilden.

- *Systemdenken* bedeutet, die Vernetzungen von verschiedenen Lebenswelten und Wirkfaktoren in Entscheidungsprozesse mit einzubeziehen. Systemisches Denken und Handeln fokussiert auf Veränderungsprozesse, die durch Wechselwirkungen zwischen Individuum und sozialem System (z. B. Arbeitsteam) und den Rückkopplungen zwischen verschiedenen sozialen Systemen entstehen. Systemdenken versucht, Probleme nicht nur monokausal zu interpretieren, sondern möglichst ganzheitlich die nichtlinearen Vernetzungen verschiedener Faktoren und Systemebenen zu berücksichtigen. Gleichzeitig werden mögliche Folge- und Rückwirkungen von Handlungen stärker reflektiert. Eine Konsequenz dieses Denkens ist es zu erkennen, daß diese fünf Disziplinen nicht voneinander unabhängig sind, sondern als integratives Ganzes verstanden und weiterentwickelt werden müssen.

Teamkompetenz ergibt sich aus der Umsetzung dieser fünf Disziplinen. Einerseits ist natürlich jedes einzelne Teammitglied im Sinne der persönlichen Professionalisierung dafür verantwortlich, seine fachlichen und methodischen Qualifikationen und seine persönlichen Kompetenzen (z. B. Rhetorikfertigkeiten) für ein angemesseneres und effizienteres Arbeiten in Teams zu erweitern und neuen Situationen anzupassen. Andererseits gehört zu Teamkompetenz aber auch der Austausch von mentalen Modellen und individuellen Perspektiven im Team und damit die Bereitschaft zur gemeinsamen Reflexion und (Re-)Konstruktion individueller und sozialer Realität. Dazu müssen auch gemeinsame handlungsleitende Ziele und Visionen im Team festgelegt und die Gültigkeit dieser Visionen und Ziele selbst immer wieder zur Diskussion gestellt werden. Die Reflexion über verschiedene mentale Modelle der Teammitglieder spielt auch in der Teamarbeit eine wichtige Rolle, etwa um kreative Problemlösungen zu entwickeln, und der Austausch von Perspektiven und Erfahrungen stellt Teamlernen sicher. Teamkompetenz ist somit nicht eine Eigenschaft eines einzelnen Teammitglieds, sondern Produkt eines ganzheitlichen Teamprozesses. Die systemische Sichtweise bedeutet, daß Teamkompetenz eine Kompetenz eines Teams als sozialem System darstellt, seine eigenen Kommunikations- und Handlungsprozesse zu reflektieren und selbstorganisiert Kommunikations- und Handlungsmuster zu bilden, die für das gemeinsame Arbeiten und Leben im Team bewußt als angemessen empfunden und festgelegt werden. Dabei ist auch zu beachten, daß das Team selbst nicht losgelöst operiert, sondern in andere Umweltbedingungen und größere soziale Systeme in Wechselwirkung eingebunden ist. Teamkompetenz bedeutet daher auch eine nachhaltige Entwicklung und kontinuierliche Veränderung der Teamprozesse durch das Team, um im Rahmen der sich verändernden Umgebungsbedingungen existenzfähig zu bleiben.

Teamkompetenz als Rollen- und Beziehungsgestaltung

Kompetent zu sein bedeutet ganz allgemein, innerhalb einer Gruppe, Gemeinschaft oder Kultur positiv bewertete Handlungen hervorzubringen. Kompetenz zeigt sich in der Kenntnis situativer Spielregeln und in der Fähigkeit, entsprechende Handlungen zu setzen (Nöbauer 1999). Teamkompetenz ist demzufolge die Fähigkeit eines Teams, seine Aufgaben zu erfüllen und langfristig positive soziale Beziehungen und den Bestand des Teams zu erhalten. Sie ist das Ergebnis eines gelungenen Entwicklungsprozesses und der Sicherstellung entsprechender Voraussetzungen und Rahmenbedingungen. Teamkompetenz ist aus unserer Sicht keine individuelle Fähigkeit, die ins Team mitgebracht wird (wie z. B. die Fähigkeit zuzuhören), sondern eine zu entwickelnde Qualität innerhalb eines Teams. Ihr liegen zwar individuelle Fähigkeiten oder Fertigkeiten zugrunde, die Teamkompetenz unterstützen können, wie Moderation oder die Fähigkeit, Feedback zu geben. Es stellt aber auch eine Qualität von Teams dar, daß fehlende Fähigkeiten einzelner Mitglieder von anderen substituiert werden können.

Für uns bedeutet Teamkompetenz eine Stimmigkeit der Teamprozesse im Rahmen wechselnder Situationen. Teamkompetenz ist somit weder eine individuelle Eigenschaft, noch ein bestimmtes ideales, verallgemeinerbares und stabiles Kommunikations- und Handlungsmuster im Team, sondern eine fortwährende kollektive und situationsabhängige Anpassung der Teamprozesse durch das Team. Diese Stimmigkeit kann auf mehreren Ebenen betrachtet werden. Zunächst soll vom individuellen Teammitglied ausgegangen werden. Die Stimmigkeit des Verhaltens (Handeln und Kommunikation) einer Person hängt von einer personalen und von einer situativen Komponente ab. Der personale Aspekt bedeutet unter anderem das individuelle Wissen, die eigenen Werthaltungen, Bedürfnisse und Gefühle. Die Kernfrage lautet: Was ist mir selbst gemäß? Der Situationsfaktor hingegen schließt das soziale System mit ein und fragt nach der Angemessenheit eines Verhaltens im Kontext der Situation. Die Kernfrage ist: Was ist der Situation gemäß? Betrachtet man beide Aspekte im Zusammenhang so ergeben sich in Anlehnung an das Konzept der Stimmigkeit nach Schulz von Thun (1999) vier Möglichkeiten:
- *stimmig:* das Verhalten ist authentisch, es steht in Übereinstimmung mit mir und der Situation;
- *angepaßt:* das Verhalten steht in Übereinstimmung mit der Situation, aber nicht mit mir selbst;

- *daneben:* das Verhalten entspricht mir selbst, ist aber nicht der Situation gemäß;
- *verquer:* das Verhalten ist weder mir selbst noch der Situation angemessen.

Es kann etwa einer enttäuschten und wütenden Person gemäß sein, Dampf abzulassen und Emotionen nicht zu schlucken, bei der gemeinsamen Präsentation eines Arbeitsergebnisses vor dem Vorstand oder vor einem Kunden zu fluchen und zu schimpfen wäre der konkreten Situation allerdings kaum angemessen. Was in einer Situation angemessen erscheint, ist aus konstruktivistischer Sichtweise jedoch nicht a priori vorgeben, sondern abhängig von der Interpretation der Situation durch das Individuum und die Deutungen anderer beteiligter Personen im sozialen System. Teamkompetenz bedeutet ein möglichst hohes Ausmaß an Stimmigkeit, also Kommunikations- und Handlungsmuster, die den Teammitgliedern und der Teamsituation gemäß sind. Die Teamsituation stellt dabei eine sozial konstruierte Realität dar. So ist etwa das Geben und Nehmen von Feedback durchaus eine wichtige Komponente in Teams und die einzelnen Mitglieder sollten ihre Fertigkeiten, Feedback angemessen zu gestalten entwickeln, trotzdem ist das Geben und Nehmen von Feedback nicht per se ein Zeichen von Teamkompetenz. Es mag durchaus Situationen geben, in denen es gerade nicht stimmig wäre, einander Feedback zu geben. Für Teamkompetenz ist es wesentlich, daß empfundene Unstimmigkeiten, die Angemessenheit von Verhalten sowie die gemeinsame Einschätzung der Situation zum Thema gemeinsamer Reflexion im Team gemacht werden. Es muß kontinuierlich ausgehandelt und diskutiert werden, wie ein höheres Ausmaß an Stimmigkeit hergestellt werden kann. Aus allen anderen Kategorien – angepaßt, daneben und verquer – ergeben sich mittel- und langfristig Konflikte und Spannungen, die das Team zerbrechen lassen oder an der effizienten Arbeitet hindern können. Wenn Personen ihre Bedürfnisse immer wieder unterdrücken, um sich einer Situation anzupassen, oder wenn ein Verhalten von anderen immer wieder als »daneben« empfunden wird und dies aber nicht offen zur Sprache kommt und nur hinter dem Rücken des Betreffenden kommuniziert wird, so wird das die Teamarbeit erschweren. Die Unterdrückung von Unstimmigkeiten ist somit keine teamkompetente Strategie, sondern Unstimmigkeiten müssen im Team rechtzeitig bewußt gemacht und bewältigt werden.

Im Team werden auch Rollen, Normen und Beziehungsdefinitionen festgelegt, die einen zentralen Bestandteil der Teamsituation bilden. Einzelpersonen können dann im Kontext dieser Rollen (was wird von einer Person in ihrer Rolle erwartet) und Regeln angemessen oder unangemessen handeln. Es kann etwa als »daneben« empfunden werden, wenn ein Arbeiter dem Vorgesetzten einen Befehl erteilt, weil dies nicht zur üblichen Rollen- und Beziehungsdefinition paßt und somit der Situation nicht gemäß erscheint. Im Team können die Rollen und Normen aber gemeinsam definiert werden. Teamkompetenz ist somit wesentlich eine bewußte gemeinsame und als stimmig empfundene Rollen- und Beziehungsgestaltung im Team (vgl. auch Maaß u. Ritschl 1997). Erst durch eine gelungene Beziehungsgestaltung kann Vertrauen und Offenheit entstehen, um kooperativ und kreativ im Team tätig zu werden und Teamlernen zu praktizieren, in dem Teamteilnehmer ihr Wissen teilen und andere an ihren Erfahrungen teilhaben lassen. Die offene Kommunikation über individuelle mentale Modelle (z. B. über Situationsinterpretationen der Beteiligten) ist dabei eine wesentliche Voraussetzung und zugleich Folgewirkung der Beziehungsgestaltung.

Es existiert in bezug auf Teamkompetenz noch eine zweite Ebene der Stimmigkeit, wenn man nicht nur die Beziehung der individuellen Teammitglieder zueinander und das Verhalten von Individuen in konkreten Situationen thematisiert, sondern auch die Wechselwirkung von Team und sozialer Umwelt des Teams berücksichtigt. Angenommen, die Teammitglieder teilen weitgehend eine bestimmte Deutung ihrer Situation und auch die Kommunikations- und Handlungsprozesse im Team werden von allen Beteiligten als stimmig empfunden. Dies ist zwar eine notwendige, aber dennoch nicht hinreichende Bedingung für Teamkompetenz, denn das Team ist selbst wieder Subsystem in einem sozialen System höherer Ordnung. Betrachtet man das Verhalten des Teams, so kann dieses im Rahmen der Organisation oder im Kontext der Umgebungssituation des Teams wieder »stimmig«, »angepaßt«, »daneben« oder »verquer« sein. Es kann – um ein bewußt überzeichnetes Beispiel zu nennen – den Bedürfnissen der einzelnen Teammitgliedern gemäß sein, wenig zu arbeiten, viele Kaffeepausen einzulegen und geringe Qualitätsstandards anzuwenden, die ihnen mehr Freizeit und ein »gemütliches« Zusammenarbeiten ermöglichen. Es kann auch der gemeinsamen Situationsdefinition entsprechen, daß von ihnen gar nicht mehr Leistung erwartet wird und sie zusätzlich einen gutmütigen Vorgesetzten haben, der sie nicht kontrolliert oder kritisiert und sie diese Schwäche ruhig ausnutzen können. Solange niemand dieser Situationsinterpretation widerspricht, kann sogar kollektive Faulheit in gewisser Weise als teamkompetent gelten. Einerseits kann die Situationsdefinition des Teams aber in dem Sinne falsch oder unangepaßt sein, da der Vorgesetzte oder andere soziale Teilsysteme möglicherweise sehr wohl andere Erwartungen an die Leistung des Teams haben, und andererseits können sich Situationen mitunter sehr schnell verändern (z. B. könnte der Vorgesetzte abgelöst werden). Teamkompetenz bedeutet somit auch eine Stimmigkeit oder Abstimmung der Teamprozesse im Kontext der sozialen Rahmenbedingungen des Teams und die Gestaltung von nachhaltigen Beziehungen mit anderen sozialen Systemen. Es nützt beispielsweise wenig, wenn das Team gemeinsame stimmige Verhaltensnormen im wahrsten Sinne des Wortes in Übereinstimmung definiert hat und diese auch aus der Innenperspektive angemessen umsetzt, wenn diese Normen mit den zentralen Regeln der Unternehmenskultur als übergeordnete soziale Realität in Konflikt geraten. Zudem ist Teamkompetenz nicht reiner Selbstzweck, sondern soll das Team befähigen, effiziente Kommunikation und kooperatives Handeln zur Erreichung gemeinsamer definierter Leistungsziele einzusetzen.

Zusammenfassend ergibt sich daraus unsere Definition von Teamkompetenz:

> Teamkompetenz ist eine fortwährende, selbstorganisierte, bewußte, gemeinsam reflektierte, als stimmig empfundene und situative Rollen- und Beziehungsgestaltung von Teams als Ausdruck geteilter sozialer Konstruktion von Realität.
>
> Teamkompetenz dient sowohl der Rollen- und Beziehungsgestaltung der einzelnen Teammitglieder innerhalb des Teams als auch der Rollen- und Beziehungsgestaltung zwischen Team und anderen sozialen Systemen.
>
> Teamkompetenz bedeutet eine nachhaltige Entwicklung und kontinuierliche Veränderung der Kommunikations- und Handlungsprozesse im Team mit dem Zweck, gemeinsam definierte Leistungsziele zu erreichen, die Arbeitszufriedenheit der Beteiligten sicherzustellen und im Rahmen der sich verändernden Umgebungsbedingungen als soziales System existenzfähig zu bleiben.

Teamrollen und Teamnormen

Gemeinsam geteilte mentale Modelle einer Gruppe werden im Kommunikationsprozeß erzeugt und wirken in diesen selbst zurück. In Anlehnung an Moscovici (1984) und die Theorie »sozialer Repräsentationen« unterstreicht Clegg (1994) die Bedeutung der Herstellung gemeinsam geteilter Realität für die Handlungsfähigkeit von Organisationen. Soziale Repräsentationen erklären im strengen Sinne kein individuelles Handeln, sondern sie beziehen sich auf kollektives, koordiniertes Handeln von mehreren Menschen. Eine soziale Repräsentation ist eine Variante eines mentalen Modells, das dem Individuum potentiell bewußt ist und mit anderen Mitgliedern einer Gruppe geteilt wird. In einem fortwährenden kommunikativen Prozeß eines Teams werden von den Teammitgliedern Wissenssysteme erworben, die die symbolische Deutung der Realität, aber auch Handlungsvorschriften beinhalten, um kooperative soziale Prozesse sicherzustellen. Soziale Repräsentationen tragen wesentlich zur Identität der Teammitglieder und zur Gruppenzugehörigkeit bei. Soziale Repräsentationen als gemeinsame Realitäten von Teams können sich aber durchaus von kollektiven Realitäten anderer Teams wesentlich unterscheiden.

Für die Koordination und Differenzierung von Handlungen werden unterschiedliche Rollen benötigt, die von den Teammitgliedern übernommen werden. Es kennzeichnet den Menschen allgemein, »daß er sein soziales Sein bewußt organisieren kann und im Rahmen dieser Organisation Rechte und Pflichten mit bestimmten Positionen der sozialen Struktur verknüpft. Hieraus ergeben sich dann überindividuell vorliegende Erwartungen an den Inhaber der jeweiligen Position, die in der Regel als Rolle bezeichnet werden« (Elbing 1998, S. 1). Normen und entsprechende Rollen werden im sozialen Prozeß des Teams definiert und interpretiert. Die Normen ermöglichen stabile Beziehungen, und die von den Teammitgliedern internalisierten Normen und Rollen beeinflussen als soziale Repräsentationen (Annahmen darüber, wie ich mich in einer Situation verhalten sollte, was von mir erwartet wird usw.) die Handlungsregulation im Team. Die Normen (ein äquivalenter Begriff wäre Regeln) »wirken auf das Individuum im allgemeinen auf zwei Arten ein, als Verpflichtungen ... und als Erwartungen« (Goffman 1959, S. 56). Rollen sind sowohl Bestandteile gemeinsam konstruierter sozialer Realität als auch Teil der individuellen Realität. Dies bedeutet zugleich, daß eine Reihe verschiedener Rollen vom Individuum übernommen und bei dieser Übernahme auch verändert werden. Daraus resultieren Freiräume in der situativen Ausgestaltung der Rollen.

Die menschliche Kommunikation beruht auf dem Austausch von Symbolen, deren Bedeutung von den Teilnehmern am Kommunikationsprozeß weitgehend gemeinsam geteilt werden. Der »Sprecher« einer Kommunikation hört zugleich selbst, was er sagt und kann sich – bis zu einem gewissen Grad – in die Rolle des anderen (an den die Kommunikation gerichtet ist) einfühlen. Menschen nehmen so die Perspektive des anderen ein. In sozialen Prozessen versuchen Menschen, die Sichtweise und die Erwartungen von anderen in das eigene Handeln mit einzubeziehen. Aber auch nonverbale Gesten und Gegenstände haben eine symbolische Bedeutung (Gebauer u. Wulf 1998). Menschen sind nicht nur in der Lage, die Perspektive konkreter anderer Teammitglieder einzunehmen, sondern könne auch die Perspektive von ganzen Teams oder Kulturen, in denen sie arbeiten und leben, internalisieren. Diese Perspektive wird als »Generalisierter Anderer« bezeichnet (Mead 1968).

Je nach Situation vollziehen sich in dem sozialen Prozeß bestimmte Rollenzuweisungen, Rollenübernahmen und Perspektivenübernahmen von Menschen. Natürlich sind diese Perspektivenübernahmen und auch der »generalisierte Andere« – aus konstruktivistischer Sicht – wieder nur als subjektive Realitäten zu verstehen (ich denke, daß du denkst/erwartest). Da sich die individuelle Realitätskonstruktion aber in einen sozialen Kommunikationsprozeß eingebunden vollzieht, findet im Team auch eine gemeinsam geteilte Entwicklung sozialer Repräsentationen statt. Auch soziale Stereotype entstehen in diesem Prozeß und tragen zur Abgrenzung gegenüber anderen Gruppen und gleichzeitig zur Stärkung der eigenen sozialen Identität bei (Spears et al.

1997). Soziale Stereotype und die Normen einer Gruppe engen die Handlungsfreiheit des einzelnen zwar ein, bieten aber gleichzeitig Sicherheit, Verläßlichkeit und Kontrollierbarkeit (z. B. kommen Millionen Schulkinder täglich weitgehend pünktlich in den Unterricht, auch wenn damit die Freiheit des einzelnen, in die Schule zu gehen, wann es ihm beliebt, genommen wird). Das Fehlen oder die Übertretung von Regeln führt zu einem Verlust an Orientierung und Verhaltensunsicherheit, wie sozialpsychologische Experimente belegen (Forgas 1995). Normen und Rollen dienen somit als Handlungsanweisungen und stellen kooperative Handlungsmuster sicher.

Die Gruppennormen können im Alltag einer Organisation oder eines Teams verschiedene Manifestationen annehmen. So ist etwa eine bestimmte Arbeitskleidung Ausdruck von Regeln im Rahmen einer übergeordneten Unternehmenskultur. Nur der kleinere Anteil an Normen, nach denen Menschen ihr Verhalten ausrichten, ist klar fixiert. Der größte Teil an Regeln bleibt unscheinbar. Viele Normen besitzen Gültigkeit nur innerhalb spezifischer sozialer Systeme (Sader 1996; Kasper 1991). Besonders Normen, die tiefgehend mit der Identität in einer Kultur (auch Unternehmenskultur) verbunden sind, können nur schwer bewußt gemacht und reflektiert werden. Aber gerade dieses Bewußtmachen von versteckten Normen kann Organisationsstrukturen aufbrechen und Veränderungspotentiale freisetzen. Unausgesprochene und nicht reflektierte Regeln können in einer Organisation andererseits auch notwendige Veränderungsprozesse (z. B. Einführung von Teamarbeit) in starkem Maß behindern. Ein Problem bei Veränderungsprozessen ist häufig, daß gerade die inoffiziellen Regeln den offiziellen (schriftlich fixierten) Regeln widersprechen. Ein Beispiel führen König und Volmer (1997, S. 185) an: Offizielle Leitsätze wie »Wir suchen keinen Schuldigen, wir lösen Probleme« werden in der Unternehmensrealität häufig ganz anders gehandhabt, nämlich nach der Regel »Wenn du ein Problem hast, suche zuerst einen Schuldigen«. Im Rahmen der Entwicklung von Teamkompetenz spielt es eine große Rolle, die eigenen Gruppennormen in der Beziehungsgestaltung zu prüfen und transparent zu machen und die Entwicklung von Offenheit, Toleranz und Einfühlungsvermögen gegenüber anderen Perspektiven zu fördern.

Von besonderer Bedeutung für Arbeitsteams sind Normen, die mit den Leistungsstandards des Teams zu tun haben, das heißt Regeln, die Art, Güte und Umfang von akzeptablen Arbeitsleistungen definieren. Die Produktivität von Teams hängt von der Wechselwirkung von Leistungsnormen und dem Gruppenzusammenhalt ab. Der Gruppenzusammenhalt ist dann als hoch anzusehen, wenn die Teamteilnehmer freiwillig motiviert sind in dem Team zu arbeiten und auch bereit sind, zusätzliche Arbeitszeit im Team zu investieren. Je kleiner die Anzahl der Teammitglieder, desto leichter ist es üblicherweise einen Gruppenzusammenhalt zu erzeugen, und je stärker der Zusammenhalt, desto mehr sind die Teammitglieder in der Regel bestrebt, die Leistungsstandards des

Tabelle 3: Beziehung zwischen Produktivität und Gruppenzusammenhalt (nach Robbins 1996, S. 98)

Ausprägung von Leistungsnormen im Team	Gruppenzusammenhalt	
	hoch	niedrig
hoch	starke Produktivität	mittlere Produktivität
niedrig	niedrige Produktivität	kaum Produktivität

Teams zu erfüllen und sich mit den Teamzielen zu identifizieren. Für die Produktivität eines Teams sind vier Zusammenhänge möglich, die in Tabelle 3 veranschaulicht werden.

Rollen können nach verschiedenen Kriterien differenziert werden, so nach hierarchischer Position in der Organisation (Rangordnung) oder nach sozialem Ansehen (Status). Es gibt verschiedene Rollenarten, wie formale Rollen (Abteilungsleiter), informelle Rollen (Graue Eminenz) und biographische Rollen (Dienstältester). Zusätzlich existieren unterschiedliche Rollenfunktionen, so können aufgabenbezogene Rollen (Koordination von zielorientierten Aktivitäten) und sozialbezogene Rollen (Vermittler bei einem Konflikt) differenziert werden. Grundsätzlich sind verschiedene Rollen in einem Team notwendig, und Personen können durch die Übernahme von unterschiedlichen Rollen einen wichtigen Beitrag zur Teamarbeit leisten. Im Rahmen von Teamkompetenz ist es jedoch erforderlich, daß diese Rollenübernahmen bewußt gemacht und im Team flexibel gehandhabt werden.

Durch die Annahme verschiedener Rollen im Leben (jemand ist Teammitglied in einer Organisation, Vater, Ehemann usw.) und verschiedener Rollen im Team selbst können auch Rollenkonflikte auftreten. Dies ist der Fall, wenn sich jemand in seiner Vaterrolle Zeit für Aktivitäten mit seinen Kinder versprochen hatte und nun gleichzeitig als verantwortungsbewußtes Teammitglied bei einer wichtigen Teamentscheidung, bei der eine Konsensdiskussion länger als geplant dauert, weiter teilnehmen sollte. Solche einmaligen oder kurzfristigen Konflikte durch die Unvereinbarkeit verschiedener Rollen zu einem bestimmten Zeitpunkt stellen sicher kein allzu großes Problem dar, es können aber auch grundsätzliche Rollenkonflikte auftreten, die die Teamarbeit längerfristig behindern. Zur Teamkompetenz gehört es demnach auch, im Team die Rollen jedes Teammitglieds, Rollenkonflikte und damit verbundene widersprüchliche Bedürfnisse zu diskutieren und gemeinsame Lösungen zu finden. Rollenkonflikte beziehen sich aber auch darauf, wie eine bestimmte Rolle überhaupt interpretiert werden soll und welches Handeln in dieser Rolle in einer bestimmten Situation jeweils angemessen ist. Die Stimmigkeit des Verhaltens kann dabei von verschiedenen Teammitgliedern grundsätzlich unterschiedlich wahrgenommen und bewertet werden.

Phasen der Teamentwicklung

Die von Tuckman (1965) geprägten Phasen »Forming«, »Storming«, »Norming« und »Performing« (Testphase, Nahkampfphase, Orientierungsphase und Verschmelzungsphase nach Francis u. Young 1982) beschreiben modellhaft verschiedene Abläufe, wie sie typischerweise in sich neu bildenden Teams vorkommen (Kostka 1998; Stamm 1999).

- In der ersten *Phase des Forming* konstituiert sich das Team. Es herrscht eine hohe Unsicherheit, die Ziele und Aufgaben sind noch unklar, die anderen Teammitglieder und deren Eigenschaften sind unbekannt. Es findet ein langsames Abtasten und Kennenlernen statt, jeder versucht möglichst eine gute Figur zu machen. Die Teammitglieder probieren vorsichtig aus, welches Verhalten akzeptiert wird, sie versuchen ihre Aufgabe und Rolle zu finden. So eine offizielle Führungsperson vorhanden ist, wird von dieser die Klärung der Aufgaben und Rollen erwartet, die Kommunikation läuft sehr stark über den Leiter und wenig zwischen den Teammitgliedern. Es wird versucht, die Teamaufgabe zu konkretisieren, die Ziele und Arbeitsmethoden stimmen aber meist nicht überein, ein Wir-Gefühl existiert nicht.
- Hat sich die Gruppe gebildet und beginnt das Team zu arbeiten, ergeben sich in der zweiten *Phase des Storming* verschiedene Konflikte und Rivalitäten zwischen Personen und Subgruppen. Dabei spielen häufig auch enttäuschte Erwartungen über die Teamarbeit eine Rolle. Es wird womöglich ersichtlich, daß die in der ersten Phase gebildeten und vielfach überzogenen Vorstellungen zur Zusammenarbeit nicht so einfach und schnell realisiert werden können, wie dies zunächst angenommen wurde. Meinungen polarisieren sich, Konkurrenzkämpfe um die Führung oder zur Veränderung von verschiedenen Positionen und Aufgaben werden vollzogen. Der formale Leiter wird häufig in Frage gestellt, und Ziele oder Aufgaben werden emotional abgelehnt, Spannungen werden häufig aggressiv ausgetragen. Jeder möchte auf Kosten des anderen erfolgreich sein. Verschiedene Vorgehensweisen und Arbeitsansätze werden kontrovers diskutiert. Diese Phase ist wichtig für das Entstehen eines Teams mit hohem Reifegrad. Wenn Teams hier steckenbleiben, so können sie aufgeben oder aufgelöst werden, wenn sie aber die Entwicklungsaufgaben dieser Phase konstruktiv lösen, dann sind diese Storming-Prozesse die Grundbedingung für funktionierende Teamarbeit (Bay 1998).
- In der dritten *Phase des Norming*, die auch Organisations- oder Dialogphase genannt wird, einigt sich das Team langsam auf gemeinsame Ziele und Aufgaben, Regeln, Rollen und Entscheidungsformen. Im Dialog werden Perspektiven ausgetauscht, die Arbeit wird organisiert und ein gemeinsamer Arbeitsansatz festgelegt. Ein Wir-Gefühl und Teamarbeit bilden sich aus, Machtkämpfe werden konstruktiv beigelegt.

- In der letzten *Phase des Performing* ist das Team zur effizienten, selbstorganisierten Zusammenarbeit fähig. Die Energie kann nun der Problemlösung und der gemeinsamen Aufgabenerfüllung zufließen. Rollen und Regeln werden flexibel gehandhabt. Die Dauer der Phasen kann nicht vorhergesagt werden. Der ganze Prozeß der Teambildung kann aber durchaus einige Monate in Anspruch nehmen. Schneider (1995) veranschlagt durchschnittlich zehn bis 15 Monate bis ein Team eingearbeitet ist.

Untersuchungen belegen, daß die Kreativität eines Teams dann nach etwa zwei Jahren nachläßt. Manche Autoren schlagen daher noch eine fünfte Phase der Trennung und Ablösung vor (Antons 1996). Es sind zwar nicht in jedem Teamprozeß unbedingt alle vier oder fünf Phasen deutlich ausgeprägt, und die Abfolge gestaltet sich häufig nicht derart linear (z. B. durch Rückfälle), die Kenntnis dieses charakteristischen Ablaufs ermöglicht aber dennoch ein besseres Verständnis von Teamprozessen und zeigt, daß auch Konflikte als zentraler Bestandteil zu Teambildungen gehören. Die jeweils spezifischen Kennzeichen in den Phasen sollten daher nicht zur Überraschung oder Unterdrückung Anlaß geben, sondern als notwendiger Bestandteil eines Prozesses und als Chance für gemeinsame Entwicklung begrüßt werden (Pieper 1993).

Führung, Moderation und Führungsrollen

In Organisationen haben manche Individuen und Interessengruppen mehr Macht, ihre Ziele durchzusetzen als andere, da sie über größere soziale und materielle Ressourcen verfügen (Neuberger 1995). Bei der Analyse menschlicher Beziehungen und sozialer Prozesse ist deshalb die politische Dimension von Bedeutung. Es ist relevant zu untersuchen, in wessen Händen die Definitionsmacht über soziale Realitätsbildungen liegt. Es existieren Rollen (z. B. »Vorgesetzter« als »Autorität«), die von konkreten Menschen übernommen werden und die die Funktion ausüben, Regeln (und damit wieder Normen und Rollen) für soziale Prozesse zu definieren. Der größere Zugang zu Handlungs- und Kommunikationsmöglichkeiten bedeutet meist auch die Zunahme an Möglichkeiten, an der Gestaltung von Regeln teilzunehmen. Machtkonflikte in Organisationen können nach Greif (1996a) daher auch als Konflikte über die Definition und Interpretation von Regeln betrachtet werden. Regeln bestimmen wie etwas gemacht werden soll (die Aufgabe bestimmt, was gemacht werden soll). Eine zu große Abweichung des individuellen Verhaltens von den Normen wird daher in sozialen Prozessen sanktioniert, regelkonformes Verhalten wird belohnt. Führungsrollen haben auch die Aufgabe, die Einhaltung und Interpretation von Regeln zu überwachen. Unter dem Blickwinkel, daß Normen Stabilität garantieren (oder zu garantieren scheinen), sind auch das Bedürfnis nach

Normen und Führung und erschreckende, vom ethischen Standpunkt aus nicht akzeptierbare Beispiele von Konformität, Gehorsam und vorauseilendem Gehorsam psychologisch verstehbar.

Teams brauchen aber – zumindest phasenweise – Führungsrollen und Koordinations- und Moderationsprozesse. Entscheidungsfindung und Problemlösen können dabei nur in einem Klima der freien Meinungsäußerung optimal vollzogen werden. Ein autoritärer, diktatorischer Führungsstil ist hier kontraproduktiv und mit echter Teamarbeit nicht zu vereinbaren (Katzenbach u. Smith 1993). Aber auch der sog. Laissez-faire-Stil, als das andere Extrem fehlender Führungsfunktionen, bewährt sich in der Praxis zumeist nicht (Furnham 1997). Der demokratisch-partizipative Führungsstil erweist sich für Teamarbeit am brauchbarsten. Hier werden Führungsaufgaben auch situativ und flexibel von unterschiedlichen Teammitgliedern wahrgenommen. Echte Teamprozesse erfordern daher mehr Konfliktfähigkeit, Flexibilität und Organisationsfähigkeiten von den jeweiligen Führungspersonen als alle anderen Organisationsformen.

Nach dem Kontingenzmodell von Führung (Fiedler 1967) wird davon ausgegangen, daß Führung das Ergebnis der Kombination bestimmter Führungsmerkmale der Person und der Bedingungen der jeweiligen Situation ist. Bei den persönlichen Eigenschaften werden die Extremformen des aufgabenorientierten und des personenorientierten Führers unterschieden. Aufgabenorientierung meint eine Konzentration auf Leistungsaspekte (sogar auf Kosten guter Beziehungen). Die personenorientierte Führung stellt die Beziehungen, persönliche Entwicklungsmöglichkeiten und das Zusammengehörigkeitsgefühl der Gruppe in den Mittelpunkt. Die psychologische Forschung zeigt (Forgas 1995) im wesentlichen, daß aufgabenorientierte Führer in Situationen geringer oder sehr hoher Schwierigkeit am effektivsten sind, bei mittlerem Schwierigkeitsgrad der Situation erzielen hingegen die beziehungsorientierten Führungspersönlichkeiten die besten Resultate.

Als Idealvorstellung von Führungsverhalten in Teams gilt nach von Rosenstiel (1995) der sogenannte 9,9-Führungsstil. Blake und Mouton (1985) schlugen auf der Basis der Unterscheidung des Führungsverhaltens in die Dimensionen »Mitarbeiterorientierung« und »Leistungsorientierung« ein 9x9-Felder-Schema vor, in das verschiedene Kombinationen von Führungsverhalten eingeordnet werden können. Für die Teamführung gilt, daß in beiden Dimensionen ein Maximum angestrebt werden soll. Von Rosenstiel (1994) ergänzt das Modell durch eine dritte Dimension »Mitbestimmungsmöglichkeit«, die das Ausmaß an Delegation und Partizipationsmöglichkeiten der Untergebenen bei Entscheidungen darstellt. Teamführung bedeutet daher in erster Linie die Aufgabe eines autokratischen, kontrollierenden Führungsverhalten. Die Steuerung der Teamprozesse wird in die Hände des Teams selbst gelegt. Demnach erhöht die Aufgabenorientiertheit (so diese nicht ins Extrem gesteigert wird) die Teamleistung. Die Mitarbeiterorientiertheit erhöht die Zufriedenheit der Teammitglieder, senkt Fehlzeiten und hat in manchen Fällen auch einen leistungsfördernden Effekt. Die Mitbestimmungsmöglichkeit bei der Arbeit durch Partizipation bei Entscheidungen und Delegation von Steuerungsaufgaben an das Team erhöht die Bindung an die Tätigkeit und die Teamziele und steigert die Einsatzbereitschaft. Zudem werden kompetente, selbständige Mitarbeiter gefördert, bei schlecht qualifizierten, unselbständigen und verantwortungsscheuen Mitarbeitern kann dies aber auch zu Belastungen und Angst führen.

In der Praxis wird die Führung von Teams sehr unterschiedlich wahrgenommen, sei es durch einen traditionellen Vorgesetzten, durch einen externen Coach (Facilitator) oder durch einen intern gewählten Führer (Stewart et al. 1999). Ein Vorgesetzter im traditionellen Sinne ist vom Management eingesetzt und nicht in die Aufgaben des Teams eingebunden. Er gibt Anweisungen, Aufträge und verteilt Lob und Tadel. Ein externer Coach ist ebensowenig Teammitglied, er unterstützt jedoch die Gruppe in Richtung Selbstkontrolle, indem er zum Beispiel sie anleitet, Ziele zu definieren oder die Gruppe bei der Arbeitseinteilung unterstützt. Ein gewählter Gruppenführer hingegen ist Mitglied der Gruppe, in die Alltagsaufgaben des Teams eingebunden und nimmt daneben noch Führungsaufgaben wahr.

Permanente Arbeitsgruppen mit Selbststeuerungscharakter und Teams erfordern aber ein spezifisches Rollen- und Aufgabenverständnis hinsichtlich deren Führung. Das Grundprinzip selbststeuernder Gruppen liegt darin, daß sie selbst die Führerrolle übernehmen (sollten). Viele der Funktionen, die traditionell externen Führern zukommen, werden von der Gruppe selbst geregelt, wie Arbeitseinteilung, Konfliktregelung oder Kontrollaufgaben. Wesentliche Aufgaben müssen also vom Führer an die Gruppe delegiert werden. Gleichzeitig erfordert dies jedoch auch Fähigkeiten seitens der Gruppe, die nicht einfach vorausgesetzt werden können. Das Ausmaß an Delegation dieser Führungsaufgaben steht also in Wechselwirkung mit der Reife der Gruppe zur Bewältigung dieser Aufgaben. Aber auch wenn die Gruppe selbst die Führerrolle übernehmen kann, hat externe Führung immer noch gewisse Funktionen, die die Gruppe nicht selbst wahrnehmen kann (Manz u. Sims 1995; Wagemann 1999).

Die Art der Führung hat aber wesentlichen Einfluß darauf wie sich Teams entwickeln (können). Stewart et al. (1999, S. 102) haben im Hinblick darauf ein Quadrantenmodell entwickelt (Tab. 4, Übersetzung B. N.). Sie differenzieren darin vier Typen von Führung nach der Art des Engagements des Führers (aktiv-passiv) sowie nach der Art der Einflussnahme (autokratisch-demokratisch). Ein autokratischer Führer kann aktiv oder passiv agieren. Ist er aktiv, so engt er die Gruppe und ihr Selbststeuerungspotential ein. Er macht Vorgaben und kontrolliert die Gruppe. Steuerung kommt dabei von außen, nicht aus der Gruppe selbst. Eine passiv autokratische Führung dagegen läßt die Gruppe

Tabelle 4: Typologie des Führungsverhaltens und seine Auswirkungen auf Teams

Engagement des Führers		
Aktiv	*Einengende Führung* **Führerverhalten:** Zwang, Verstärkung, Bestrafung, autokratische Entscheidungsfindung, Vorgaben **Reaktionen des Teams:** Folgsamkeit, Konformität, Zweifel **Ergebnis:** Unterwürfige Teams – Teams, die dem Führer gehorchen	*Stärkende Führung* **Führerverhalten:** Lenkung, Ermutigung, Delegation, Verstärkung, Kulturentwicklung **Reaktionen des Teams:** Lernen, Kompetenzentwicklung **Ergebnis:** Selbststeuernde Gruppen – Teams steuern, wie die Tätigkeit ausgeführt wird
Passiv	*Bevormundende Führung* **Führerverhalten:** zeitweilige Vorgaben, Auferlegen von Sanktionen, psychologische Distanz zum Team **Reaktionen des Teams:** Orientierungslosigkeit, Machtkämpfe **Ergebnis:** Entfremdete Teams – Teams und Führer kämpfen um die Leitung	*Ermächtigende Führung* **Führerverhalten:** Vorbildverhalten, Hilfestellung, Koordination an den Schnittstellen nach außen **Reaktionen des Teams:** Selbstführung, Identifikation **Ergebnis:** Selbstführende Teams – Teams steuern ihre Tätigkeit im Hinblick auf das Was und das Wie
	autokratisch	**demokratisch**
	Einflußnahme des Führers	

weitgehend allein und scheint ihr viel Spielraum für eigene Entscheidungen zu geben, allerdings nur so lange, wie diese mit seinen eigenen Vorstellungen konform gehen. Ist das nicht der Fall, übernimmt er wieder für kurze Zeit »das Steuer«. Darüber hinaus setzt ein solcher Führer auch subtile Beeinflussungsstrategien ein, etwa über persönliche Kontakte.

In den frühen Entwicklungsstadien einer Gruppe ist ein aktiver, demokratischer Führer ideal für Teams. Er ermutigt und verstärkt die Mitglieder in ihren Selbststeuerungsversuchen. Das erfordert ein Gespür für das richtige Maß an Freiheit und Vorgaben. Ein demokratischer und passiver Führungstyp kann gut entwickelte Teams optimal unterstützen. Hier werden die wesentlichen Führungsfunktionen vom Team selbst wahrgenommen, der Führer ist Helfer und Coach des Teams, der auf Anfrage zur Verfügung steht und Koordinationsfunktionen an den Schnittstellen zu anderen Teams und Funktionen wahrnimmt. Ein autokratischer Führungstyp ist unvereinbar mit der Idee der Selbststeuerung. Hingegen ist ein aktives, demokratisches Führungsverhalten notwendig, wenn Gruppen am Beginn ihrer Entwicklung stehen. Hier würde der ermächtigende Stil versagen.

Einen ähnlichen entwicklungsorientierten Zugang zu Führung vertreten Wagemann (1999) sowie Graen und Uhl-Bien (1995). Sie gehen davon aus, daß ein Führer in bezug auf Teams zwei Hauptaufgaben hat: den Aufbau des Teams und seine Führung. Wagemann sieht den Aufbau eines Teams (Ziel, Aufgabe, Normen, materielle Ausstattung usw.) und die Schaffung der geeigneten Voraussetzungen für Teamarbeit als *die* kritische Führungsaufgabe. Parallel zu den Entwicklungsstadien des Teams muß sich die Rolle des Teamleiters wie folgt verändern:

1. *Gestalter*: Als Gestalter hat der Teamleiter in der Startphase die Aufgabe, eine Richtung vorzugeben, teamorientierte Arbeit und ein teamorientiertes Entlohnungssystem zu konzipieren, die notwendigen materiellen Ressourcen bereitzustellen und Autorität und Verantwortlichkeit innerhalb des Teams aufzubauen.
2. *Geburtshelfer*: Diese Rolle nimmt der Teamleiter ein, wenn das Team gestartet ist und an die ersten kritischen Punkte gelangt. Dabei unterstützt sie der Leiter, indem er etwa hilft, angemessene Leistungsziele zu vereinbaren, oder bei der Entwicklung geeigneter Arbeitsverfahren.
3. *Coach*: Wenn alle wichtigen Erfolgsfaktoren verwirklicht sind, sollten Teams in der Lage sein, die Führungsaufgaben weitgehend selbst wahrzunehmen.

Führungsaufgaben in selbststeuernden Teams

Der Führung kommen sowohl hinsichtlich des Teamaufbaus im Sinne seiner Entwicklung als auch in der laufenden Begleitung eines reifen Teams gewisse Aufgaben zu. Manz und Sims (1995) haben zur Erklärung der Rollen und Funktionen externer Führung in selbststeuernden Gruppen den Begriff der »Superführung« (Super-Leadership) geprägt. Als Superführer wird jemand bezeichnet, der andere führt, damit diese führen. Damit ist die wesentliche Aufgabe eines externen Führers kurz umrissen: Es geht um die Unterstützung der Selbststeuerung einer Gruppe. Diese Idee entspricht dem entwickelten Typus des »ermächtigenden Führungsverhaltens«. Um zu erklären, was sich hinter dieser allgemeinen Beschreibung konkret verbirgt, greifen Manz und Sims auf zwei Ansätze zurück, nach denen Selbststeuerung gestaltet werden kann.

a) Soziotechnischer Systemansatz (STS)

Das Konzept autonomer Gruppenarbeit stammt ursprünglich aus dem soziotechnischen Ansatz, der am Tavistock Institute in London in den fünfziger Jahren des zwanzigsten Jahrhunderts entwickelt wurde. Er liefert Gestaltungsregeln für eine gemeinsame Optimierung organisatorischer und technischer Rahmenbedingungen, die die notwendigen Handlungs- und Gestaltungsspielräume sicherstellen sollen (Alioth 1995). Die Gestaltung bezieht sich nicht auf einzelne Stellen, sondern auf das gesamte Arbeitssystem. Bis auf die Forderung, daß das Team die Führungsrolle übernimmt, ist die Frage der Führung in diesem Ansatz nicht explizit behandelt. Manz und Sims (1995) leiten jedoch in Anlehnung an Cummings (1978) zwei zentrale Aufgabenbereiche eines externen Führers in autonomen Arbeitsgruppen ab:

- *Interne Verhaltensmuster:* Dazu zählen beispielsweise die Förderung der internen Gruppenkommunikation oder die Förderung von Planungs- oder Problemlösungsverfahren. Es handelt sich um Unterstützungsleistungen gegenüber der Gruppe, beispielsweise die Qualifizierung der Mitglieder oder eine Moderatorenrolle zur Förderung und Implementation von Neuerungen.
- *Gruppenperiphere Verhaltensmuster:* Diese Aufgaben beziehen sich auf die Schnittstelle zwischen Gruppe und anderen Subsystemen. Dabei kommt dem Gruppenführer beispielsweise die Rolle eines Kommunikationsvermittlers zwischen unterschiedlichen Teilen des Arbeitssystems zu oder er stellt die Verfügbarkeit von Ressourcen sicher.

b) Soziale Lerntheorie (SLT)

Die soziale Lerntheorie beschreibt selbststeuernde Prozesse des Individuums, die zu Erwerb und Veränderung von Verhalten führen (Bandura 1977). Während behavioristische Lerntheorien davon ausgehen, daß Verhalten stets durch seine unmittelbaren Konsequenzen kontrolliert wird, räumt Bandura symbolischen, stellvertretenden und selbstregulierenden Prozessen eine zentrale Bedeutung ein. Er unterstreicht sowohl die Bedeutung des sozialen Umfeldes als auch die individueller kognitiver Prozesse, die das Behalten und Modifizieren bestimmter Denk- und Verhaltensmuster ermöglichen. Es soll an dieser Stelle allein auf die Teilprozesse eingegangen werden, die für die Erklärung von Selbstregulationsprozessen in Teams relevant sind. »Selbststeuerung kann als Konzentration auf eine selbstauferlegte Einflußnahme beschrieben werden, die die Auswahl des Individuums zwischen alternativen Verhaltensweisen bestimmt. Analog dazu kann Gruppenselbststeuerung als aktive Kontrolle der Gruppenmitglieder über ihr unmittelbares Umfeld und über sich selbst beschrieben werden. Diese Kontrolle resultiert in produktivem, zielgerichtetem Verhalten und tritt theoretisch ohne externe Beeinflussung oder Kontrolle auf (...)« (Manz u. Sims 1995, S. 1879).

In bezug auf Selbststeuerung werden insbesondere die folgenden Elemente der sozial-kognitiven Lerntheorie als relevant erachtet. Obwohl es sich um Selbststeuerungsleistungen der Gruppe handelt, kommt dem Führer hinsichtlich einiger dieser Teilprozesse eine wichtige Funktion zu, da er eine positive Atmosphäre für die Entwicklung und Anwendung der relevanten Strategien schaffen kann. Banduras Modell ist geeignet, die Aufgaben einer Führungskraft in ihrer Rolle als Coach näher zu beschreiben.

- *Selbständige Zielsetzung:* Gesetzte Ziele beeinflussen die Arbeitsleistung positiv, wenn sie genau, herausfordernd, aber dennoch erreichbar sind. Sie bilden (selbstgesetzte) Vorgaben, die die Gruppe anstrebt und sind gleichzeitig Grundlage für eine positive Selbstverstärkung innerhalb der Gruppe, wenn sie erreicht werden. Der Führer sollte die Gruppe in die Richtung entwickeln, daß ihre eigenen Ziele und Erwartungen zunehmend an Bedeutung gewinnen.

- *Selbstbeobachtung:* Sie umfaßt das Sammeln von Informationen über die eigenen Aktivitäten und die eigene Leistung. Dies ermöglicht der Gruppe die Bewertung ihrer Anstrengungen und die Einleitung notwendiger Veränderungen. Auch im Hinblick darauf kann der Führer eine Gruppe unterstützen, indem er etwa Informationen zur Verfügung stellt und die Selbstbewertungsprozesse der Gruppe unterstützt.
- *Modifikation des Leistungsansporns:* Dieser Teilprozeß umfaßt nach Bandura (1977) zwei Vorgänge: Selbstverstärkung und Selbstbestrafung. Dabei wird im allgemeinen die Selbstverstärkung als effizienter für Verhaltensänderungen angesehen. Die Gruppe selbst ist eine wichtige Quelle für positive Selbstverstärkung, indem sich die Gruppenmitglieder untereinander positiv verstärken oder einander selbstgesetzte Belohnungen zuerkennen (z. B. zusätzliche Pausen). Selbstbestrafung gilt im Hinblick auf Veränderung des Verhaltens als problematisch, wird jedoch von Manz und Sims (1995) dennoch als berechtigt angesehen, wenn die Gruppenmitglieder einander offen und konstruktiv kritisieren. Dabei wird es als wesentlich erachtet, daß die Führer möglichst wenig in Selbstverstärkung oder -bestrafung eingreifen. Auch Wagemann (1999) konnte in einer empirischen Untersuchung zeigen, daß Eingriffe in die Autorität des Teams – etwa durch externe Kontrollen und Überwachung – sich nachteilig auf diese auswirkten.
- Statt in diese Prozesse einzugreifen und durch Verstärkung die Gruppe zu lenken, sollte die Führungskraft die beschriebenen *Selbststeuerungsprozesse unterstützen.* Sie könnte etwa gemeinsam mit der Gruppe Selbststeuerungsstrategien ausarbeiten, die Gruppe anleiten und ermuntern, diese auch anzuwenden und diese Anwendung positiv verstärken. In diesem Zusammenhang kommt dem Führer die Rolle eines Animateurs zu, dessen Aufgabe es ist, eine positive Atmosphäre für Selbststeuerungsverfahren zu schaffen.
- *Probehandeln:* Bandura (1977) versteht Probehandeln als eine Strategie des Behaltens und der Optimierung erwünschter Verhaltensweisen. Es werden definierte Situationen durchgespielt oder bestimmte Verhaltensweisen erprobt, noch bevor sie in der Realität umgesetzt werden. Der Führer kann eine Gruppe unterstützen, sich dieser Strategie zu bedienen.
- *Kognitive Strategien:* Kognitive Strategien können helfen, bestimmte konstruktive Denkmuster zu entwickeln oder auch Situationen mental so zu gestalten, daß Herausforderungen oder Möglichkeiten betont werden. In die-

sem Zusammenhang kann der Führer das Team etwa in der Entwicklung von »Möglichkeitsdenken« statt »Hindernisdenken« oder »Lösungsdenken« statt »Problemdenken« unterstützen.

Manz und Sims (1995, S. 1888) sehen ihr Modell der »Superführung« über die Gruppen-Führer-Interaktion hinausgehend in einem organisationalen Gesamtrahmen und betonen: »Ein Gruppenführer, der aufrichtig bemüht ist, Mitarbeiter zur Selbststeuerung zu befähigen, wird seine Anstrengungen unterlaufen sehen, wenn das übergeordnete Arbeitssystem ›echte‹ Selbststeuerung nicht ebenfalls billigt oder unterstützt (bzw. sogar ablehnt).« In der Praxis sind diese einschränkenden Rahmenbedingungen häufig zu beobachten. Das Aufbrechen von Hierarchieebenen hin zur Bildung von flexiblen, selbstgesteuerten Teams ist zwar heute zum viel gebrauchten Lippenbekenntnis vieler Führungskräfte geworden, es ist aber ebenso häufig nicht das, was die Inhaber der Macht wirklich wollen. Frank und Matuschek (1997, S. 400) geben ein Beispiel für typische Probleme, die sich bei Organisationsentwicklungsmaßnahmen einer deutschen Bank zeigten: »Auf der Managementebene war teilweise die Furcht vor Verlust von Privilegien, Statussymbolen und vor allem Macht der Beweggrund für Widerstand.« Auch die Aussage eines Meisters in einem Betrieb mit Gruppenarbeit gibt wieder, wie mangelhaft die Führungsrollen in vielen Organisationen reflektiert und gestaltet werden. Häufig sind insbesondere die Führungskräfte selbst nicht in der Lage, ein der Teamarbeit angemessenes Führungsverhalten umzusetzen: »Wir praktizieren Selbststeuerung bis zu meiner Ebene. Mein Chef merkt auch, daß ich mehr Informationen brauche, weil sie die Gruppe von mir verlangt. Die Gruppen fordern mehr Mitspracherecht, aber er macht das nicht. Das führt zu Konflikten, weil er keine Macht abgeben will. Es war keinem bewußt, wie hoch hinauf sich Gruppenarbeit auswirkt« (Nöbauer 2001; im Druck).

Gerade in echten Teams können sich die Teilnehmer intern in Führungsrollen abwechseln und Führungsaufgaben teilen, etwa für aufgabenorientierte und personenorientierte Führungsaufgaben zwei Mitglieder betrauen. Bei der Moderation von Teamsitzungen empfiehlt es sich, die Funktionen der Sitzungsleitung und die inhaltliche Problemlösung zu trennen, da Leiter von Sitzungen sonst zu stark dazu tendieren, das Sitzungsergebnis unverhältnismäßig zu bestimmen (Boos 1996). Es sollte daher ein Moderator zum Einsatz kommen, der sich nicht an der inhaltlichen Diskussion beteiligt, sondern sich ausschließlich auf den gruppendynamischen Prozeß konzentriert. Teamkompetenz bedeutet in diesem Zusammenhang eine reflektierte und für alle Mitglieder klare Teamentscheidung darüber, wer zu welchem Zeitpunkt welche Steuerungs- und Koordinationsfunktionen übernimmt, damit zeit- und energieraubende Konflikte um Zuständigkeiten und Verantwortungsbereiche vermieden werden können. Teamkompetenz bedeutet auf das Thema Führung übertragen insbesondere, daß Führungspersonen die Aufgabe haben, Teams bei der Rollen- und Beziehungsgestaltung zu unterstützen und Reflexionsprozesse, die der Förderung von Teamkompetenz dienen, zu moderieren.

Kommunikation, Problemlösen und Entscheidungen treffen

Wie die Ausführungen zu »effektive Teams« zeigen, brauchen Teams Fähigkeiten zur Problemlösung und Kompetenzen zur Entscheidungsfindung. Antons (1998) führt eine Reihe verschiedener Verhaltensweisen auf, die beim Treffen von Entscheidungen in Gruppen beobachtet werden sollten und die förderlich oder hinderlich in den Kommunikations- und Problemlösungsprozeß einfließen:

- *Das Übergehen:* Eingebrachte Vorschläge werden überhört, niemand achtet darauf. Mögliche Gründe dafür können nicht klar genug ausgedrückte Vorschläge, eine zu leise Stimme sein, daß alle durcheinander reden, oder daß es sehr dominante Gruppenmitglieder gibt.
- *Abweichen vom Thema:* Entscheidungen werden verhindert, indem auf unangemessene Weise ein neues Thema eingeführt wird, das ursprüngliche Problem und/oder Ziel wird damit verzerrt und es kann zu Entscheidungen kommen, die der Gruppe eigentlich fern liegen.
- *Angemaßtes Recht eines einzelnen:* Ein einzelner maßt sich das Recht an, die Entscheidung für die gesamte Gruppe zu treffen. Dies ist nur dann möglich, wenn derjenige eine autoritäre Rolle einnimmt und andere nicht von ihren Rechten Gebrauch machen.
- *Durch Zweierzusammenschluß:* Zwei Personen schließen eine Koalition, die häufig die Gruppe überrascht und in der die gemeinsame Position oder das Interesse der beiden Koalitionspartner gestärkt wird. Die Gruppe kann sich gegen beide gleichzeitig nicht wehren und stimmt der vorgeschlagenen Entscheidung zu.
- *Durch Cliquenbildung:* Eine Teilgruppe legt sich auf eine Entscheidung fest, der die Gesamtgruppe folgt. Solche Cliquenabsprachen können zu Vertrauensverlusten und Gruppenspaltung führen.
- *Durch Mehrheitsbeschluß:* In Form einer Abstimmung entscheidet die Mehrheit der Mitglieder. Dies ist oft in Zeitnot die einzig demokratische und somit beste Entscheidungsalternative. Allerdings bleibt trotzdem eine Minderheit gegen die Entscheidung voreingenommen und ist möglicherweise demotiviert.
- *Durch Druck auf Widerstrebende:* Durch taktisch eingesetzte Phrasen oder Fragen wird auf Personen anderer Meinung Druck ausgeübt, so daß diese sich nicht mehr trauen, ihre Meinung zu vertreten oder tatsächlich die andere Meinung annehmen (z. B. »Wir alle stimmen doch zu?!«).

- *Durch scheinbare Einstimmigkeit:* Eine übereinstimmende Entscheidung wird getroffen, weil Personen dem Gruppenzwang folgend ihre eigenen Interessen nicht zum Ausdruck bringen. Es kann sein, daß diese Mitglieder innerlich unzufrieden sind und bei der Ausführung der Entscheidung nicht aktiv werden.
- *Durch Konsens:* Die Entscheidung wird getroffen, nachdem alle Mitglieder ihre Sichtweise in eine gemeinsame Diskussion einbringen konnten. Das Problem wurde ausführlich erörtert und alle stimmen am Schluß überein, daß der getroffene Kompromiß die beste Lösung darstellt. Getroffene Entscheidungen werden dann von allen Mitgliedern getragen und engagiert umgesetzt. Dies ist die beste Entscheidungsform, wenn genügend Zeit zur Verfügung steht.

Entscheidungsfindung durch Konsens ist dabei nur in kleinen Teams durchführbar. Übersteigt die Gruppe eine bestimmte Größe und man hat genügend Zeit zur Verfügung empfiehlt es sich, Diskussionen und Lösungssuche zunächst in Kleingruppen durchzuführen. Kleingruppenvertreter können dann nochmals im Plenum die Vorschläge einbringen und versuchen, einen Konsens herzustellen. Falls das nicht gelingt, sollte die Teamentscheidung durch eine Diskussion mit Mehrheitsbeschluß erfolgen. Auch bei dieser Thematik zeigt sich eine optimale Entscheidungsfindung im Team als situationsabhängig. Natürlich stellt der Konsens in der Regel die angemessene Kommunikations- und Entscheidungsform in Teams dar.

Teamkompetenz bedeutet aber auch in manchen Situationen bewußt andere Entscheidungsprozesse anzuwenden. Steht etwa nur wenig Zeit zur Verfügung, so ist durchaus eine Entscheidung eines einzelnen Teammitglieds sinnvoll, das in diesem Moment eine Verantwortungsposition ausübt (Führungsrolle im Team, Sprecherrolle nach außen usw.). Auch die stärkere Gewichtung der Perspektive eines fachlichen Experten kann bei Sachentscheidungen eine angemessene Strategie sein, so diese Expertenrolle im Team als unstrittig angesehen wird. Generell ist es wesentlich, daß das Team den Ablauf von Entscheidungsprozessen und deren Stimmigkeit im Kontext der Entscheidungssituation immer wieder reflektiert und verbindliche Kommunikationsregeln und Prozeduren für Entscheidungsprozesse für verschiedene denkbare Situationen festlegt. Die in der Übersicht aufgeführten Verhaltensweisen, die nur dem eigenen egoistischen Vorteil, Sieg oder Machtgewinn dienen, sollten in einer teamorientierten und kooperativen Gesprächskultur vermieden werden (Furnham 1997; Lay 1989).[2]

2 Der Leser kann sich z. B. in Diskussionsrunden mit Vertretern verschiedener politischer Richtungen ein gutes Bild davon machen, wie wenig Vorbildcharakter teamorientierter konsensualer und fairer Didaktik diese Diskussionen aufweisen. Leider existiert häufig eine Gesprächskultur, in der die aufgeführten Strategien absichtlich genützt werden, um die eigene Meinung – unsachlich – durchzusetzen.

Destruktive Gesprächsformen

1. Bestimmte Informationen absichtlich verschweigen und lügen

2. Aggressive Vorwürfe oder persönliche Angriffe gegen den anderen (oder gegen sich selbst) richten:

- statt Argumenten wird (mit dem Unterton der Entrüstung) der Charakter oder Lebenswandel des anderen angegriffen und moralisch verurteilt;
- die Kompetenz, der gute Wille, die Wahrheitsliebe des anderen wird abgestritten;
- die Meinung des anderen wird absichtlich und verfälscht in die Nähe zu solchen Positionen gerückt, die die Mehrheit der Zuhörer ablehnt;
- man stellt dem anderen ungehörige Fragen;
- man verweist auf den (scheinbaren oder tatsächlichen) Umstand, daß der andere früher selbst eine andere Meinung vertreten hat;
- man greift Fehlformulierungen, falsch gebrauchte Fremdwörter oder falsche Betonungen auf und versucht den anderen zu belehren oder lächerlich zu machen, man versucht den anderen auf Fehler festzulegen;
- der andere wird bedroht;
- der andere wird verhöhnt;
- der andere wird gereizt;
- der andere wird ignoriert und übergangen;
- der andere wird mit Zwischenrufen gestört, man läßt den anderen nicht ausreden;
- man beruft sich auf den scheinbaren gesunden Menschenverstand.

3. Vom eigentlichen Thema ablenken oder verwirren:

- man benutzt einen Jargon oder Fremdwörter, die der andere nicht versteht;
- man erfindet »wissenschaftliche Fakten«, beruft sich auf scheinbare Autoritäten oder konstruiert falsche Statistiken;
- man versucht, etwas mit Beispielen zu beweisen, indem man sie unzulässig verallgemeinert;
- man übersteigert die Aussage des anderen und macht sie so unglaubwürdig;
- man stellt unterstellende Fragen;
- man stellt unechte Alternativen auf;
- man stellt unechte Forderungen auf und beharrt stur darauf;
- man stellt Behauptungen auf, ohne sie zu begründen;
- man stimmt nur rhetorisch zu;
- man faßt Diskussionsteile für den anderen ungünstig zusammen;
- man wechselt das Thema (z. B. unter dem Vorwand des Gefälligseins);

- man verschleppt die Diskussion und spielt auf Zeit;
- man stellt sich naiv;
- man läßt jedes Argument wiederholen;
- man bezieht Sachfragen auf eine wertende Beziehungsebene.

Kooperation und Konflikt in Teams

Konsensfindung und Teamarbeit brauchen ein hohes Ausmaß an Kooperationsbereitschaft und Kommunikation. Es existieren eine Reihe von empirischen Belegen dafür, daß regelmäßige Gruppendiskussionen Kooperation erleichtern, das Lösen sozialer Dilemma-Situationen verbessern und die Gruppenidentität stärken (Bouas u. Komorita 1996; Kerr u. Kaufman-Gilliland 1994). Insbesondere die Fähigkeit, sich in die Rolle des anderen zu versetzen, der ernsthafte Versuch von Teammitgliedern die Perspektive des anderen einfühlend zu verstehen und die Empathiefähigkeit spielen für das Gelingen kooperativer Arbeitsformen eine zentrale Rolle (Spieß 1998). In der Teamarbeit sind aber auch Konflikte und Konkurrenzverhalten bis zu einem gewissen Grad durchaus erwünscht. Streitgespräche, Kritik und Konflikte sollten erlaubt sein und offen und konstruktiv ausgetragen werden. Konstruktive Konflikte erfordern von den Teammitgliedern die Bereitschaft Ambivalenzen zuzulassen und ein kontinuierliches Konfliktmanagement durchzuführen. Kritik wird dann planmäßig herbeigeführt, um unterschwellige Konflikte rechtzeitig (bevor Krisen eintreten, die die weitere Zusammenarbeit verhindern) zu bearbeiten (Pesendorfer 1995). Konflikte können eine Quelle für bessere Problemlösungen darstellen und als Zeichen für das eingebrachte Engagement durchaus positiv gesehen werden. Auch Wettbewerb ist – neben Kooperation – ein wesentlicher Faktor für Teamleistungen.

Wie Furnham (1997) nachweist, führen sowohl geringes als auch hohes Konkurrenz- und Konfliktverhalten zu geringer Teamleistung. Bei hohem Konflikt- und Konkurrenzverhalten werden Streitigkeiten nicht gelöst, die Mitglieder finden keine gemeinsame Arbeitsbasis, das Vertrauen im Team ist gering ausgeprägt, die Mitglieder sind zu sehr mit Machtkämpfen anstatt mit gemeinsamer Teamarbeit beschäftigt. Bei einem sehr geringen Konkurrenz- und Konfliktpotential stagniert das Team und es besteht die Gefahr des »Gruppendenkens«, kreative Veränderungsprozesse werden kaum realisiert. Ein mittleres Ausmaß an Konflikten (die freilich auch gelöst werden müssen) ist für Spitzenleistungen in der Regel notwendig. Konkurrenz sollte aber nicht in aggressiver Weise als Gewinner-Verlierer-Dynamik begriffen werden, sondern als Gewinner-Gewinner-Dynamik, als Wettstreit um die besten Ideen, die für die Verbesserung von Problemlösungen auf Sach- und Beziehungsebene eingebracht werden. Kooperation ist in vielen Lebensbereichen (u. a. auch in ökonomischer Hinsicht) produktiver. Trotz einer kooperativen und teamorientierten Grundhaltung ist es für das Individuum wichtig, sich nicht ausnutzen zu lassen und nicht die eigenen Interessen zu vergessen. Sind die Interaktionspartner nicht zu einem kooperativen Verhalten fähig, sollte man durchaus versuchen, den eigenen Standpunkt durchzusetzen. Insbesondere bei aggressivem Verhalten anderer Menschen führt in der Regel jene Strategie zum Erfolg, in der man zwar nicht selbst aggressiv wird (d. h. höflich bleiben!), in der man aber auch nicht um des Friedens Willen einfach nachgibt. Sozialpsychologische Forschungen zeigen, daß Personen, die ein starkes aggressives und konkurrenzorientiertes Verhalten zeigen, von anderen abgelehnt werden. Ein ebenso sozial dysfunktionales Verhalten ist es aber auch, auf Aggression und Konkurrenz weiterhin mit Kooperation, Zurückhaltung und Uneigennützigkeit zu reagieren. Es gibt sogar Anzeichen dafür, daß sich undifferenziert und in jeder Situation kooperativ verhaltende Menschen verstärkt Opfer von Mobbingversuchen werden (Schuster 1999).

Konstruktive Konflikte können auch der Gefahr der Anstrengungsreduktion einzelner (insbesondere in größeren Gruppen) und verschiedenen Entscheidungsanomalien entgegenwirken. Born und Eiselin (1996) zählen einige Entscheidungsanomalien in Teams auf, die hier teilweise modifiziert aufgelistet werden:

- unvollständige Prüfung eines breiten Spektrums an alternativen Lösungswegen. Die Diskussionen innerhalb des Teams beschränken sich auf einige wenige (oft sogar nur zwei) Alternativen, zwischen denen entschieden werden soll;
- fehlendes Hinterfragen von Zielen und Entscheidungsprämissen;
- unzureichende Prüfung der Risiken und möglichen Folgewirkungen der bevorzugten Lösungsstrategien und Handlungsmuster;
- unterlassene Neubeurteilung von anfänglich verworfenen Alternativen bei der Lösungssuche für Probleme;
- magere Informationsbeschaffung: Es werden kaum Versuche unternommen, externe Experten mit einzubeziehen und weitere Informationen einzuholen;
- Befangenheit im Umgang mit Informationen; Mentale Modelle der einzelnen Mitglieder oder die gemeinsame konstruierte Realität des Teams werden zu wenig reflektiert.

Eine besondere Gefahr für effiziente Teamprozesse stellt das Phänomen »Groupthink« oder »Gruppendenken« dar (Janis 1982), bei dem Entscheidungsanomalien verstärkt auftreten. Als wichtigste Ausgangsbedingungen für das Entstehen von Groupthink sind nach Johnson und Johnson (1996) eine starke Gruppenkohäsion, eine Isolierung des Teams gegenüber anderen Gruppen, eine parteiische Führung innerhalb des Teams, das Fehlen von klaren und für alle gültigen Regeln und ein als dysfunktional empfundener Streß (z. B. durch Zeitdruck) zu nennen. Es müssen durchaus nicht immer alle genannten Bedingungen erfüllt sein, damit Groupthink entstehen kann (Aldag u. Fuller 1993). Neuere Studien belegen weitere Einflußfaktoren. In reinen Männergruppen und in frühen Phasen der Gruppenbildung, in denen noch Unklarheit über Normen und Rollen herrscht, scheint die Gefahr für Groupthink verstärkt gegeben zu sein (Street 1997). Als Symptome von Groupthink gelten (Born u. Eiselin 1996):

- Im Team besteht eine Illusion der Unverwundbarkeit und ein unrealistischer Optimismus. Der Glaube an die Richtigkeit der gemeinsamen Entscheidung führt manchmal dazu, außergewöhnliche Risiken einzugehen.
- Es herrscht ein Glaube an die moralische Überlegenheit und Rechtfertigung der gemeinsamen Handlungspläne. Dies ermöglicht es den Teammitgliedern, über bedenkliche Konsequenzen des Handelns hinwegzusehen.
- Es vollzieht sich eine »kollektive Rationalisierung«. Entscheidungen und Annahmen werden nicht kritisch reflektiert und in Frage gestellt, sondern die Teammitglieder bestätigen sich immer wieder gegenseitig von neuem. Gegenteilige oder alternative Informationen und Meinungen werden umgedeutet oder gänzlich abgeblockt.
- Es erfolgt eine starke Stereotypisierung Außenstehender. Die Differenziertheit und Komplexität der Situation oder anderer Menschen/Gruppen wird extrem stark ausgeblendet und reduziert (meist werden andere Gruppen abgewertet).
- Im Team existiert eine Illusion der Einmütigkeit. Einerseits wirkt eine Selbstzensur der Abweichung vom Gruppenkonsens entgegen. Aus Angst (z. B. Furcht vor Reputations- und Statuseinbußen, Angst vor Konflikten usw.) werden eigene abweichende Meinungen verschwiegen. Andererseits wirkt ein Gruppendruck, der abweichendes Verhalten tatsächlich bestraft und unterbindet. Es wird absolute Solidarität erwartet und Widersprüche werden unter keinen Umständen geduldet. Manchmal treten auch selbsternannte »Mindguards« in Erscheinung. Gruppenmitglieder übernehmen die Funktion, Kommunikationen in der Gruppe und Informationen von außen zu zensurieren und zu überwachen.
- Eine Variante von Groupthink stellt das Phänomen »Group shift« dar. Damit ist gemeint, daß Entscheidungen in Gruppen oder Teams häufig eine extremere Richtung einschlagen, als dies bei Einzelentscheidungen der Fall wäre. Manchmal sind Gruppenentscheidungen und Verhaltensweisen vorsichtiger, in der Regel jedoch weitaus risikofreudiger als die eines jeden beteiligten Teammitglieds. Eine Erklärung dafür liefert die scheinbare Stärke der Gruppe und die Tatsache, daß Personen geneigt sind, ihre individuelle Verantwortung auf die Gruppe zu übertragen. Wenn sich die risikoreiche

Entscheidung als Fehler entpuppt, so ist niemand vollständig dafür verantwortlich und kann sich herausreden.

Möglichkeiten zur Verhinderung von Groupthink und Gruppenkonflikten stellen alle Formen verstärkter Reflexions- und Diskussionstätigkeit in Gruppen dar (Krainz 1994). Externe Beobachter und externe Informationen werden in den Teamprozeß einbezogen (z. B. in Form von Supervision und Coaching), und Problemlösungen werden zuerst in Untergruppen diskutiert. Bei den Strategien zur Vermeidung von Groupthink kommt dem Konflikt eine wesentliche Funktion zu. In Form sachlicher Kritik oder durch die Bestimmung eines »Advocatus Diaboli« (jeweils ein Teammitglied übernimmt die Rolle des schonungslosen Kritikers und versucht permanent, Gegenpositionen einzunehmen) werden Konflikte provoziert und sachlich ausgetragen. Es ist sinnvoll, die Rolle von Beobachtern und Moderatoren für den Diskussionsprozeß zu bestimmen, damit die geäußerte Kritik wirklich konstruktiv ausgetragen wird.

Teamkompetenz bedeutet in diesem Zusammenhang die weitestgehende Vermeidung von Entscheidungsanomalien durch den Einsatz wirkungsvoller Entscheidungsstrategien, durch die Herstellung von Perspektivenvielfalt und durch Metakommunikation (Kommunikation über und Reflexion der Stimmigkeit und Situationsangemessenheit der Kommunikationsmuster im Team). Teamkompetenz schließt auch mit ein, daß Konflikte im Team weder unterdrückt werden noch eskalieren, weil das Team die Sensibilität und Fähigkeit entwickelt, Konflikte rechtzeitig wahrzunehmen, bewußt zu machen, zu bewerten, zu einem gewissen Grad auch Widersprüche und Mehrdeutigkeiten auszuhalten, Spannungen im konstruktiven Dialog zu lösen und das kreative Potential von konstruktiver Kritik in einem Konsens für die Teamarbeit nutzbar zu machen.

Teamkompetenz durch erfahrungsorientiertes Lernen mit Teamübungen und Planspielen fördern

Individuelles und organisationales Lernen – Wissensmanagement

Um die Förderung von Teamkompetenz in die Praxis umzusetzen, ist es von Bedeutung, sowohl Lernprozesse auf der Ebene des Individuums zu initiieren als auch geeignete Bedingungen für Lernen auf der Ebene des sozialen Systems und der Organisation zu schaffen. Senge et al. (1997) beschreiben wesentliche Faktoren des individuellen und des organisationalen Lernens und deren Verknüpfungen. Sie bezeichnen den individuellen Menschen als den »Ort des Wandels«. Dies bedeutet, daß die einzelnen Organisationsmitglieder und die individuelles Lernen begleitenden psychologischen Prozesse die Basis für jede lernende Organisation darstellen. Ziel von Lernprozessen in Organisationen, die etwa durch die Realisierung von innerbetrieblichen Personalentwicklungsmaßnahmen und Weiterbildungsprogrammen gefördert werden sollen, ist es demnach, nicht nur neue Wissensinhalte, Kompetenzen und Handlungsstrategien im Kontext bestehender Normen zu vermitteln (Single-Loop-Learning), sondern durch vertiefte Reflexion auch veränderte Überzeugungen, Werthaltungen und Regeln im Sinne des »Double-Loop-Learning« (Argyris u. Schön 1999) herauszubilden. Senge (1990) unterscheidet dabei drei in einem Kreisprozeß miteinander verbundene Phasen des individuellen Lernzyklus, um die Prinzipien lernender Organisationen in die Praxis umzusetzen:

- *Neue Fähigkeiten und Fertigkeiten:* Individuelle Kompetenzen und Potentiale der Organisationsmitglieder sollen gefördert werden, um neue Denk- und

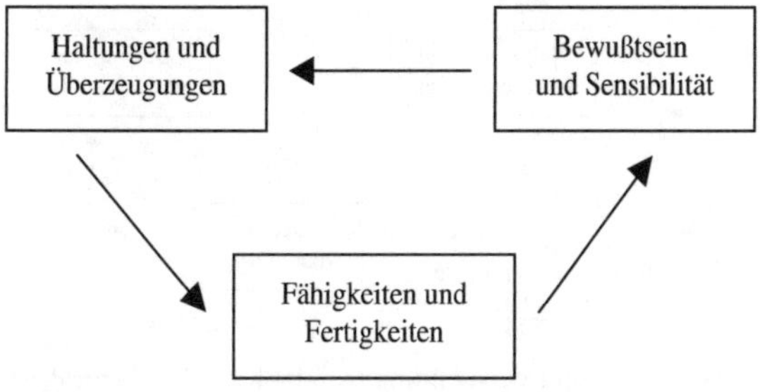

Abbildung 8: Individueller Lernzyklus

Handlungsmuster zu erzeugen. Beispiel hierfür sind Techniken zum individuellen Wissensmanagement, wie etwa die Fertigkeit, das eigene Wissen mittels einfacher Mind-Mapping-Techniken (Mandl u. Fischer 2000) sichtbar zu machen. Solche Visualisierungen helfen in weiterer Folge allen Teammitgliedern, Probleme effizienter zu lösen und ein gegenseitiges Verstehen zu vertiefen.

- *Neues Bewußtsein und neue Sensibilität:* Wenn Personen neue Kompetenzen besitzen, so eröffnen sich ihnen auch neue Wahrnehmungen und Erkenntnisse, die mit der Zeit zu neuen veränderten Einstellungen führen können. Die Teammitglieder eines Arbeitsteams werden beispielsweise sensibler für die ablaufenden zwischenmenschlichen Prozesse und entwickeln ein neues Bewußtsein dafür, was für einen reibungslosen Ablauf ihrer gemeinsamen Arbeitsprozesse notwendig und hilfreich ist.
- *Neue Haltungen und Überzeugungen:* Im Laufe des Lernprozesses werden auch neue Perspektiven eingenommen und alte Einstellungen und Werthaltungen verändert. Neue handlungsleitende Überzeugungen werden aufgebaut. Wenn eine größere Anzahl von Organisationsmitgliedern bestimmte persönliche Haltungen verändert – etwa die Bereitschaft zu echter, kooperativer Teamarbeit anstatt egoistischem Einzelkämpfertum – so kann dies schließlich zu einem kulturellen Wandel in der gesamten Organisation beitragen.

Solche individuellen Lernprozesse anzuregen wird dadurch erschwert, daß viele Menschen kaum in der Lage sind, eingefahrene Gewohnheiten und stabile Denk- und Handlungsmuster zu verändern. Neben dem eigenverantwortlichen und selbstorganisierten Lernen der Organisationsmitglieder müssen daher auch in der Organisation selbst wirkungsvolle Lernumgebungen bereit gestellt werden. Zusätzlich ist es wesentlich eine kontinuierliche Organisationsentwicklung zu betreiben, die zu einer Organisationskultur führt, in der die Organisationsmitglieder erwünschte Handlungsmuster zeigen können. Es hat beispielsweise wenig Sinn, sich in einer Organisation das Schlagwort Teamarbeit an die Fahnen zu heften und die Mitarbeiter teure Trainingsprogramme

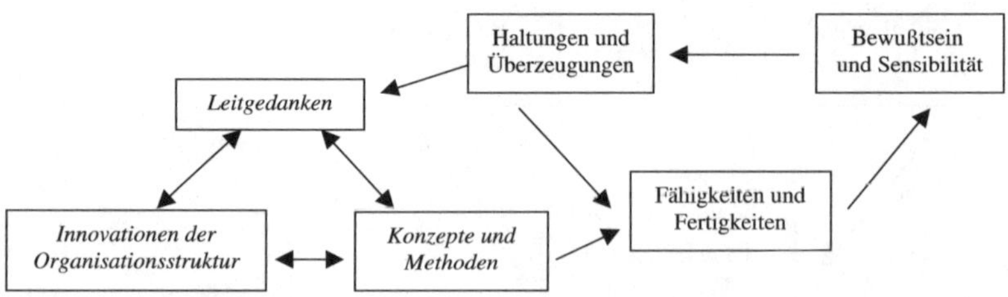

Abbildung 9: Organisationaler Lernzyklus und Verknüpfung zum individuellen Lernzyklus

zur Teamentwicklung besuchen zu lassen, wenn nicht gleichzeitig grundlegend die Art und Weise der Gestaltung von Führung in der Organisation verändert wird, weg von autoritären Entscheidungs- und Machtstrukturen und hin zu einer partizipativen Führung, die echte Teamarbeit erst ermöglicht. Senge (1990) spricht dabei von der Organisation als »Ort des Handelns«, und er definiert ebenfalls drei Phasen des organisationalen Lernzyklus:

– *Neue Leitgedanken:* Neue Ziele und Ideen stehen häufig am Beginn von Innovationen und Veränderungsprozessen. Im Leitbild einer Organisation werden die zentralen Ziele und Werte einer Organisation und der darin arbeitenden Menschen zusammengefaßt. Leitideen und Visionen sind auf die Zukunft der Organisation gerichtet und notwendig, um zielorientierte Veränderungen – etwa hin zur Verwirklichung einer Teamkultur – in Gang zu bringen.
– *Neue Konzepte und Methoden:* Um die Visionen umzusetzen, müssen neue wirksame Methoden, Konzepte und Organisationsabläufe entwickelt und eingesetzt werden. Dabei sind sowohl neue Methoden für die Organisationsentwicklung notwendig als auch innovative und mit den Leitgedanken verbundene Konzepte für die Personalentwicklung anzuwenden, um adäquate individuelle und soziale Kompetenzen der Organisationsmitglieder aufzubauen. Ein Beispiel wäre der Einsatz von Planspielmethoden.
– *Neue Organisationsstrukturen:* Damit eingesetzte Methoden erwünschte Resultate bringen können, müssen auch die Strukturen der Organisation verändert und Organisationsstrategien anders ausgerichtet werden. Methoden, Konzepte und Trainingsprogramme bleiben wirkungslos, wenn keine angemessenen Strukturen als Umgebungsbedingungen für neue Handlungskompetenzen vorhanden sind. Teamarbeit kann nur dann effektiv werden, wenn Strukturen geschaffen werden, in denen Entscheidungen nicht immer nur von einzelnen Führungspersonen getroffen werden, sondern in denen Entscheidungsprozesse im Team abgestimmt und gefällt werden.

Um eine lernende Organisation zu schaffen, für die Teamlernen und Teamarbeit besonders zentrale Bedeutung hat, müssen der individuelle und der organisationale Lernzyklus miteinander verbunden werden (Abb. 9). Um eine solche Verknüpfung zu ermöglichen, ist vor allem auch das Wissensmanagement von Organisationen gefordert. Reinmann-Rothmeier und Mandl (2000) unterscheiden dabei vier Bereiche von Wissensprozessen:

– *Wissenskommunikation:* Der Austausch von Wissen im Team spielt beim Wissensmanagement eine zentrale Rolle. Dazu ist es als Voraussetzung wichtig, eine Teamkultur zu fördern, in denen die Menschen einander vertrauen und überhaupt bereit sind, offen ihr Wissen zu teilen und zu kooperieren. Die Organisationsmitglieder müssen bereit sein, Wissen und Information preiszugeben und damit auch eine Machtbasis aufzugeben. Ängste vor Macht- und Kompetenzverlust sind psychologisch durchaus verständlich und können nur durch echte Teamprozesse, die für alle Beteiligten direkt erlebbare Vorteile und eine nutzenbringende Situation des Gebens und Nehmens erbringen (man spricht hier häufig von der Realisierung einer Win-Win-Situation), nachhaltig entkräftet werden. Weiterhin ist eine hohe Kommunikationsdichte und -qualität erforderlich.

- *Wissensrepräsentation:* Der Aspekt der Wissensrepräsentation bezieht sich auf die Notwendigkeit Wissen sichtbar zu machen, damit Wissen an andere Personen vermittelt und von anderen Personen verstanden werden kann. Ist der Wille zum Wissensaustausch im Team gegeben, so bedarf es zusätzlich der Kompetenz, Wissen verständlich zu verbalisieren und zu visualisieren.
- *Wissensnutzung:* Als dritter Bereich ist die Wissensnutzung von Bedeutung. Wissen muß in konkretes Handeln münden und anwendbar gemacht werden. Hierfür sollten entsprechende Handlungsspielräume geschaffen werden, die es Personen erlauben, ihr Wissen und ihre Kompetenzen auch einzusetzen. Wichtig ist die Schaffung von Umgebungsbedingungen, unter denen Personen ausreichend Motivation aufbringen zu handeln und sich mit effizienten Leistungen einzubringen. Im Team müssen dysfunktionale und gewohnte Kommunikations- und Handlungsmuster gemeinsam analysiert und verändert werden, um neues Wissen in Handeln und verbesserte Teamarbeit umzusetzen.
- *Wissensgenerierung:* Wissensmanagement basiert auch auf der Fähigkeit von Individuen und Teams, Information zu handlungsrelevantem Wissen zu verarbeiten. Neues Wissen und innovative Ideen sollen als Synergieeffekte in der Zusammenarbeit verschiedener Personen entstehen. Durch eine gemeinsame Konstruktion von Wissen und die Bereitschaft zum Perspektivenwechsel werden im Team bestehende Wissensinhalte immer wieder in Frage gestellt, modifiziert und an neue Situationsbedingungen angepaßt.

Teamkompetenz stellt eine wesentliche Grundlage für das Gelingen von Wissensmanagement dar. Für alle vier Prozesse – Wissenskommunikation, Wissensrepräsentation, Wissensgenerierung und Wissensnutzung – müssen Individuen und Organisationen ihr Lernen aufeinander abstimmen. Die Förderung von Teamkompetenz wird somit zu einem zentralen Dreh- und Angelpunkt in der Entwicklung lernender Organisationen.

Die Kluft zwischen Wissen und Handeln

Sowohl Fachwissen als auch soziale Kompetenz und Teamfähigkeit können nicht allein in traditioneller Weise erlernt werden. Unsere zum Teil praxisferne Schul-, Universitäts- und Berufsausbildung ist dadurch gekennzeichnet, daß vielfach theoretisches Fachwissen im Frontalunterricht vermittelt und aus Büchern gelernt wird. »Die häufigste Form des Unterrichts läßt sich folgendermaßen beschreiben: Es handelt sich um verbal übermittelte Begriffe und Regeln ohne konkrete Erfahrung an einzelne Lerner. Diese befinden sich in einer rezeptiven Lernhaltung. Neben der personalen Kompetenz der Selbststeuerung mangelt es zahlreichen Lernern auch an sozialen Kompetenzen, z. B. zu kooperieren oder Führungsaufgaben zu übernehmen. Schule und Universität stellen kaum einen Bezug zwischen theoretischem Fachwissen und der Alltags- bzw. Arbeitswelt her. Insbesondere die Lösung komplexer Probleme wird nicht trainiert« (Edelmann 1996, S. 412).

Studierende besitzen unmittelbar nach ihrem Universitätsabschluß nachgewiesenermaßen ein umfangreiches theoretisches Fachwissen, wahrscheinlich sogar mehr als jemals zuvor und mehr als jemals danach. Dennoch sind sie meist noch nicht in der Lage, reale komplexe Problemstellungen der Praxis in ihrem jeweiligen Fachgebiet erfolgreich zu bewältigen. Sie können ihr Wissen nicht ausreichend in effektives Handeln umsetzen. Sie haben an der Universität nicht gelernt, ihr theoretisches Wissen – das in diesem Zusammenhang auch treffend als »träges Wissen« bezeichnet wird – für die Lösung komplexer realitätsnaher Probleme zu nutzen.

Wissenschaftliche Befunde aus instruktionspsychologischen Studien (Reinmann-Rothmeier u. Mandl 1999) sprechen sogar dafür, daß die Art und Weise der traditionellen Universitäts- und auch Schulausbildung einer erfolgreichen konkreten Wissensnutzung in der Praxis ungünstig entgegenwirken. Träges Wissen entsteht leider nicht nur in der Schul- und Universitätsausbildung, sondern aufgrund einer nicht adäquaten Lernkultur auch in vielen Berufsausbildungen und betrieblichen Weiterbildungen. Es herrscht vielfach eine Lernkultur, die als abstrakt, künstlich systematisiert und wenig anwendungsorientiert charakterisiert werden kann. Diese wird der Komplexität und der Vernetzung unterschiedlicher Wissens- und Anwendungsgebiete der Alltagsrealität nicht gerecht. Das erworbene Wissen kann zwar in jenem Kontext, in dem es erlernt wurde, mehr oder weniger genutzt und bei Prüfungen reproduziert werden, in komplexen alltagsnahen Zusammenhängen und Lebenssituationen gelingt der Wissenstransfer qualitativ schlecht oder überhaupt nicht (Mandl u. Gerstenmaier 2000).

Ein weiterer Aspekt liegt darin, daß sich schulische und praktische Kontexte in wesentlichen Merkmalen unterscheiden. Lave (1988) zeigt beispielsweise, daß Schulnoten, Alter und die Dauer des Schulbesuchs gute Prädiktoren für die Lösung arithmetischer Schulaufgaben sind, aber die Fähigkeit, Rechenaufgaben im Supermarkt zu lösen, unberührt lassen. Je nach Zusammenhang liegen jeweils spezifische Problemstrukturen und Ressourcen für die Problemlösung vor, die auch unterschiedliche Problembewältigungsstrategien angemessen erscheinen lassen. Rogoff (1984) wies in zahlreichen Untersuchungen an Schulkindern nach, daß Aufgabencharakteristika und die kognitive Leistung in Zusammenhang mit der konkreten Tätigkeit und dem zwischenmenschlichen und kulturellen Kontext stehen. Gedächtnis- und sprachliche Leistungen wiesen große Unterschiede auf, je nachdem, ob sie in der Schule oder in der vertrauten Umgebung daheim erbracht wurden. Darüber hinaus argumentiert sie, daß Menschen beispielsweise nie eine Einkaufsliste auswendig lernen, wenn sie in den Supermarkt gehen. Vielmehr behelfen sie sich mit geschriebenen Listen, bitten andere Personen, sie zu erinnern, oder benutzen die Aufstellung der Waren, um ihrem Gedächtnis auf die Sprünge zu helfen. Das im schulischen Kontext entwickelte Wissen ist spezifisch für schulische Problemsituationen (z. B. Tests, Hausarbeiten), und es kann häufig nicht sinnvoll in andere Zusammenhänge übertragen werden. Das Beispiel zeigt, daß in lebenspraktischen Zusammenhängen zur Lösung von Problemen nicht nur kognitive Ressourcen eingesetzt, sondern auch die natürliche und soziale Umgebung zur Unterstützung verwendet werden.

Die in Schule, Universität und betrieblicher Fort- und Weiterbildung vielfach gehandhabte Reduktion natürlicher Komplexität wirkt sich nicht nur auf den kognitiven Bereich aus, sondern hat vielfach auch negative Folgen für die Lernmotivation, die laut Studien im Verlauf der Bildungsmaßnahmen in unserem Bildungssystem stetig schlechter wird. Besonders bedenklich ist aus pädagogisch-psychologischer Sicht die Abnahme intrinsischer Motivation in der traditionellen Lernkultur, weil damit langfristig die Wahrscheinlichkeit sinkt, daß erworbenes Wissen und kurzfristig erworbene Fertigkeiten später auch angewendet werden. Zudem ist unser Bildungssystem vielfach auf die Überprüfung und Förderung individueller Leistungen zugeschnitten. Interdisziplinarität, Perspektivenvielfalt, Teamfähigkeit und andere soziale Handlungskompetenzen – wie beispielsweise die erfolgreiche Anwendung von Konfliktlösungsstrategien – werden nicht oder kaum entwickelt. Im Rahmen der Förderung von Teamkompetenz ist durchaus auch ein theoretischer Wissenserwerb wichtig, so Grundwissen über Prinzipien des richtigen Gebens und Nehmens von Feedback in der Gruppe, weil den Lernern dadurch eine Basis für das Verständnis von Teamprozessen und eine Orientierungshilfe für das eigene soziale Handeln im Team vermittelt wird. Dieses theoretische Wissen wird aber ohne zusätzliche Erfahrung mit dem Geben und Nehmen von Feedback träge bleiben und nicht in der Teampraxis wirksam werden.

Lernen durch Erfahrung und selbstorganisiertes Lernen

In der Psychologie werden verschiedene Formen des Lernens unterschieden (z. B. Reiz-Reaktions-Lernen, instrumentelles Lernen, Lernen von Handeln und Problemlösen; vgl. Anderson 1988). »Die umfassendste Auffassung von Lernen betont die Erfahrungsbildung als wesentliches Merkmal. Häufig wird die Bedeutung einer anwendungsbezogenen und transferfördernden Übung als wesentlicher Bestandteil von Lernprozessen übersehen ... Dies bedeutet, daß der Lerner nach Abschluß des Lernprozesses sich anders verhalten, anders denken, anders wollen, anders handeln kann« (Edelmann 1996, S. 401 u. 405). Dieses Lernen durch Erfahrung wird im Ansatz des Experiential Learning umgesetzt. Kolb (1984) hat ein Standardwerk über die Theorie des Experiential Learning geschrieben. Aufschlußreich ist in diesem Zusammenhang seine Definition des Begriffs Lernen: »Lernen ist der Prozeß, in dem Wissen durch die Umformung von Erfahrungen geschaffen wird« (S. 38; Übersetzung W. K.). Ein Transformationsprozeß ist gemeint, der durch praktische Erfahrung zu einem angemessen anwendbaren Wissen führt.

In diesem Konzept spielen in einem vernetzten (Kreis-)Prozeß folgende vier Aspekte eine zentrale Rolle:

- *Active Experimentation:* Eine Phase ist das aktive Handeln und das Ausprobieren und die Umsetzung von Plänen. Dieses planvolle Handeln kann sowohl im realen Berufsalltag als auch in künstlichen oder in simulierten Lernumgebungen stattfinden. Beispiel: Ein Team nimmt an einer Teamübung teil.
- *Concrete Experience:* Durch das Handeln und die Erlebbarkeit von Konsequenzen des Handelns werden direkte individuelle Erfahrungen der Teammitglieder ermöglicht. Beispiel: Zwei Teammitglieder geraten in Konflikt über die Sinnhaftigkeit verschiedener Entscheidungsalternativen, um das in

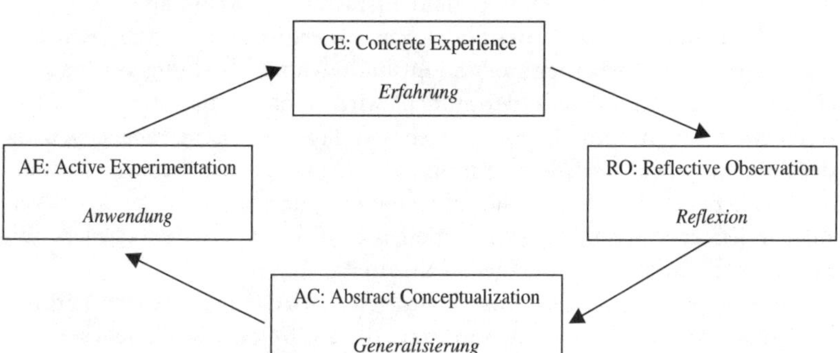

Abbildung 10: Experiential-Learning-Cycle (aus: Kolb 1984, S. 21)

der Teamübung gestellte Problem zu bewältigen. Sie erleben dabei Mißverständnisse in ihrer Kommunikation und Ärger.

- *Reflective Observation:* Als nächste Phase – die im Sinne einer Weiterentwicklung des Team unbedingt notwendig ist – erfolgt eine gründliche Reflexion über sachliche und gruppendynamische Aspekte des Erlebten. Beispiel: Alle Teammitglieder beschreiben ihre Gefühle des Ärgers und der Unzufriedenheit mit ihren ineffektiven Kommunikationsmustern und reflektieren ihre Beobachtungen bei der Teamübung und diskutieren den Verlauf des Konflikts, dessen Ursachen und Folgewirkungen.
- *Abstract Conceptualisation:* In der folgenden Phase wird aufbauend eine Bewertung, Definition von Konsequenzen und Generalisierung der Erkenntnisse für weitere Handlungsschritte vorgenommen. Beispiel: Die Teammitglieder identifizieren Muster und Bedingungen effektiver und ineffektiver Kommunikation und legen Konsequenzen für ähnliche Situationen in der Zukunft fest. Sie diskutieren die Relevanz des Einzelfalls (was in der Teamübung geschehen ist) und vergleichen ihr Verhalten in der Teamübung mit ihrem typischen Verhalten in ihrem Team-Alltag am Arbeitsplatz, um daraus Ideen für Verbesserungen und Veränderungen in ihren Teamprozessen zu gewinnen.

Die Erfahrung und die Eingebundenheit in ein intensives Erleben, ist bei diesem Ansatz wichtig. Der Mensch soll hier ganzheitliche Erfahrungen machen dürfen. Es erfolgt nicht nur eine verstandesorientierte Auseinandersetzung mit der Lebenswelt, sondern es wird auch die emotionale Dimension des Menschen angesprochen. Als drei zentrale Personen, deren Konzepte den Experiential-Learning-Ansatz besonders geprägt haben, werden von Kolb Lewin (1963), Dewey (1938) und Piaget (1975) genannt.

Experiential Learning bedeutet, daß Prozesse im Mittelpunkt des Interesses stehen. »Wissen ist ein Prozeß, kein Produkt« (Bruner 1966, S. 72). Feire (1974, S. 58; Übersetzung W. K.) äußert dementsprechende Kritik am Bildungssystem, das in erster Linie an Resultaten interessiert ist und nicht an dem Entwicklungsprozeß des Lernens selbst: »Ausbildung und Erziehung werden so zu einem Akt des Deponierens, der Student wird zu einem Behälter ... Anstelle wechselseitiger Kommunikation werden vom Lehrer ... Dinge abgegeben, die der Student geduldig erhält, behält und wiedergibt ... Sie haben, das ist wahr, die Möglichkeit, die Dinge die sie aufheben, zu sammeln und zu katalogisieren. Aber in letzter Konsequenz geht in diesem fehlgeleiteten System das lebendig Menschliche durch einen Mangel an Kreativität ... verloren.«

Im Experiential-Learning-Ansatz wird gefordert, daß insbesondere Lernformen verstärkt eingesetzt werden müssen, die ein freies, selbstgesteuertes und somit selbstorganisiertes Lernen ermöglichen (Johnson u. Johnson 1996). So schreibt Lewin (1963, S. 115 f.): »Lernen als eine Veränderung der Erkenntnisstruktur hat mit praktisch allen Bereichen des Verhaltens zu tun. ... zunächst heißt lernen, daß die Person selber etwas tun muß, anstatt passiv durch ihr auferlegte Kräfte bewegt zu werden ...« Aus konstruktivistischer Sicht ist zusätzlich Perspektivenvielfalt im Lernprozeß anzustreben. Dies bedeutet eine Abkehr von der nach wie vor üblichen fremdgesteuerten Wissensvermittlung und Kompetenzförderung (durch den Lehrer oder Trainer) durch Vorgabe von Lerninhalten und Instruktionsprozessen (z. B. Frontalunterricht). Den Herausforderungen der komplexer werdenden Lebenswelten angemessener erscheinen selbstgesteuerte Formen des Lernens (z. B. Learning Communities), in denen Diskussion, Reflexion und (In-)Frage(n) stellen nicht die seltene Ausnahme sind, sondern Kernstück der Aus- und Weiterbildung. Die Lernenden übernehmen hier selbst die Initiative und Mitverantwortung für die Gestaltung der Lernprozesse (Brown 1997). Als Voraussetzung und gleichzeitig als Kennzeichen für Experiential Learning werden von Boud (1989) zwei Faktoren genannt:

- *Persönliche Beteiligung:* Die Lernerfahrung soll für die Lerner zu einer persönlichen Entwicklung führen. Sie sollen sich im Lernprozeß ihrer Bedürfnisse bewußt werden, eigene Ziele stecken und reflektierte Entscheidungen in bezug auf diese Ziele treffen. Die persönliche Beteiligung des Lernenden soll es ihm gleichzeitig ermöglichen, eine tieferes »Verständnis seiner Selbst« und damit Selbstvertrauen zu gewinnen, die Gültigkeit angeeigneten Wissens in Frage zu stellen und eine Sensibilität für soziale Prozesse im Team zu entwickeln für die Erweiterung des zwischenmenschlichen Verständnisses (Henry 1989).
- *Praktische Beteiligung:* Im Gegensatz zur rein passiven Teilnahme an Wissensvermittlung werden die Lerner hier so eingebunden, daß eine aktive, auf eigenen Entdeckungen basierende Lernweise verwirklicht wird. Man kann in einer theoretischen Auseinandersetzung mit einem Apfel viele interessante Wissensinhalte erlernen, die man nicht dadurch gewinnen kann, daß man praktische Erfahrungen macht (z. B. zum Vitamingehalt). Um aber zu wissen wie ein Apfel schmeckt, muß man ihn kosten, wozu eine praktische Beteiligung unumgänglich ist. Der Lerntransfer und die Effektivität des Lernens wird auch dadurch erhöht, daß eine Orientierung an den Bedürfnissen der Lernenden stattfindet, die das Lernen in den Augen der Beteiligten sinnvoll macht (Warner et al. 1989).

Eine solche Auffassung von Lernen ist immer auch schon Kennzeichen der Humanistischen Psychologie gewesen. »Wir können einer anderen Person nicht direkt etwas lehren, wir können nur ihr Lernen fördern« (Rogers 1974, S. 338). Dieser humanistischen Tradition ist auch Experiential Learning verpflichtet. Rogers (1974, S. 13) gibt in seinem Buch »Lernen in Freiheit« eine Beschreibung von »signifikantem Lernen«:

- Signifikantes Lernen basiert auf persönlichem Engagement, es ist selbstgesteuert; selbst wenn Reize und Antriebe von außen das Lernen beeinflussen, ist ein Gefühl des Entdeckens und Begreifens von innen gegeben.
- Signifikantes Lernen ergreift und durchdringt den ganzen Menschen, kognitive und emotionale Dimensionen des Erlebens sind einbezogen; das Lernen führt zur Veränderung von Einstellungen, Wissen, Persönlichkeit und Handeln.
- Signifikantes Lernen wird vom Lernenden selbst evaluiert und bewertet; der Lernende weiß selbst am besten, ob eine Lernsituation seine Bedürfnisse erfüllt und ob das Lernen Sinn ergibt. Beim signifikanten Lernen werden Erfahrungen gemacht, die dem Lernenden sinnvoll erscheinen.

Ein vergleichbares Konzept wurde von Weinert (1982, S. 102 f.) unter dem Begriff »selbstgesteuertes Lernen« entwickelt:
- Selbstgesteuertes Lernen erfordert Lernsituationen, in denen die Lernenden Freiräume für die selbständige Definition von Lernzielen, Lernzeiten und Lernmethoden besitzen. Das bedeutet aber zugleich die Fähigkeit des Individuums, mögliche Freiräume auch wahrzunehmen, zu bewerten und selbstverantwortlich durch entsprechendes Handeln zu nützen.
- Beim selbstgesteuerten Lernen übernimmt der Lernende Verantwortung für sein eigenes Handeln durch Selbstinstruktion, Planen der eigenen Lernprozesse, Lernen lernen und Überprüfung der Effizienz des eigenen Lernens.

Die konstruktivistische Sicht von Lernen

Gerstenmaier und Mandl (1995) betonen als Grundlage für das »problemorientierte Lernen« die konstruktivistische Auffassung vom Lernen. Die konstruktivistische Perspektive auf das Thema Lernen angewandt bedeutet, daß Lernende keine objektive Wirklichkeit erfassen können. Lernen ist eine Abbildung der Wirklichkeit, bei der die Welt an bereits existierende mentale Modelle so weit wie möglich angepaßt wird. Durch Kommunikationsprozesse in der sozialen Mitwelt, die der Vermittlung von Wissen dienen, wird ebenfalls keine Objektivität erkannt, sehr wohl aber intersubjektive Realität konstruiert. Lernen bedeutet somit aktives subjektives und kollektives Konstruieren von Wissen. Vorgegebenes Wissen wird nicht vollständig abgebildet, sondern selbstorganisiert gestaltet (Siebert 1994). »Genau betrachtet ist Lernen immer insofern partiell selbstorganisiert. Die Lernenden müssen den Lerninhalt individuell umstrukturieren, um ihn aufzunehmen« (Greif u. Kurtz 1996, S. 28).

Lernen wird demnach als Prozeß gesehen, bei dem personeninterne Faktoren mit personenexternen situativen Bedingungen in Wechselwirkung stehen. Mit Situation sind dabei sowohl materielle als auch soziale Umweltvariablen gemeint. Die Interaktion zwischen Menschen und der kulturelle Rahmen, in den Denken und Handeln des Menschen eingebettet sind, spielt dabei eine wichtige Rolle. Lernen findet somit immer in konkreten Situationen statt, und es stellt eine soziale Konstruktion dar. Da die Konstruktion von individueller und kollektiver sozialer Realität und somit auch die Konstruktion von Wissen in Lernprozessen kontext- und situationsabhängig ist, wird aus konstruktivistisch-systemischer Sichtweise der interdisziplinären Zusammenarbeit, dem Wechsel von Betrachterebenen und dem Herstellen von Perspektivenvielfalt ein besonders hoher Stellenwert beigemessen (v. Schlippe u. Schweitzer 1996). Ein zentraler Bestandteil von Teamkompetenz ist daher die Bereitschaft und Fähigkeit im Team, die eigenen handlungsleitenden mentalen Modelle und Realitätskonstruktionen (und die Kontexte, in denen sie angemessen sind) gemeinsam kritisch zu reflektierten und die festgelegten Normen und Regeln für die eigene Teamarbeit immer wieder neu zu überprüfen und erforderlichenfalls an die Bedürfnisse neuer Situationsbedingungen anzupassen.

Diese Auffassung von Lernprozessen betont zusammenfassend die fünf Kennzeichen:

- Lernen als aktiven Prozeß,
- Lernen als konstruktiven Prozeß,
- Lernen als selbstgesteuerten Prozeß,
- Lernen als sozialen Prozeß,
- Lernen als situativen Prozeß.

Wissen und soziale Kompetenzen werden nicht mehr allein als abstrakte Einheiten verstanden, die unabhängig von Situationen absolute Gültigkeit besitzen. Wissen wird vielmehr vom Lernenden in verschiedenen Situationen in Auseinandersetzung mit konkreten Situationen und in einer sozialen Gemeinschaft eingebunden und immer wieder neu konstruiert. Kognition und Wissenserwerb wird nicht mehr nur vorrangig als Prozeß gesehen, der im Lernenden stattfindet, sondern als sozialer Interaktionsprozeß. Lernen und Kompetenzerwerb sind somit nicht allein als individueller Fortschritt zu begreifen, sondern als Hineinwachsen in eine sogenannte community of practice. Damit der Wissenstransfer aus der Lernsituation in die Lösung von Praxisproblemen gelingt, bedarf es insbesondere des Erwerbs von Wissen, von Handlungs- und Methodenkompetenzen, von Problemlösungsstrategien, die in Expertengemeinschaften Gültigkeit besitzen. Der Ansatz des problemorientierten Lernens (Gruber et al. 2000; Gräsel 1997) fordert deshalb:

- komplexe und authentische Kontexte, Anregung zu erfahrungsorientiertem Lernen,
- multiple Zusammenhänge, Perspektivenvielfalt, Methodenvielfalt,

- soziale Kontexte, Teamlernen und Teamarbeit,
- instruktionale Kontexte, angemessene Unterstützung vom Lehrer oder Trainer.

Die hier kurz umrissene konstruktivistische Position hat auch eine Konsequenz für die Bestimmung dessen, was Teamkompetenz bedeutet. Die Frage, was Teamkompetenz ist, kann gar nicht allgemein für alle Teams beantwortet werden, sondern die Definition ist abhängig von der Interpretation der beteiligten Teammitglieder und somit selbst Resultat eines sozialen Interaktions- und Konstruktionsprozesses. Teamkompetentes Verhalten bezieht sich auf Situationskontexte, die Erwartungen, die Normen und Regeln in einem Team und hat nur innerhalb dieser sozialen Gemeinschaft eines speziellen Teams Gültigkeit.

Zusammenhänge zwischen dem Thema »Lernprozeß« und der systemisch-konstruktivistischen Perspektive ergeben sich aus zwei Richtungen. Einerseits ist es möglich, das Individuum und dessen psychische Prozesse beim Lernen zu betrachten und festzustellen, daß auch das Phänomen »Lernen« mit systemischen Prinzipien wie Vernetzung, Rückkopplung und Selbstorganisation angemessen beschrieben werden kann (W. C. Kriz 2000a). Andererseits kann der soziale Prozeß des Lernens untersucht werden, so die Frage, wie selbstorganisiertes Lernen in Organisationen und Personengruppen realisiert wird oder aus systemischer Sicht sinnvoll gestaltet werden sollte. Um selbstorganisiertes Lernen zu fördern, sollte nach Deitering (1996b) untersucht werden, in welchem Ausmaß fünf Dimensionen der Offenheit in einer Lernsituation gegeben sind.

Fünf Dimensionen der Offenheit:
- *Organisationsform:* Möglichkeit der Lernenden zu entscheiden, wann sie für wie lange mit wem was lernen können.
- *Inhalt:* Wie viel ist verpflichtend/freigestellt, wer wählt aus, wer bestimmt, was relevant ist?
- *Kognitiver Bereich:* Wie sehr ist die Vorgehensweise festgelegt? Welche kognitiven Elemente werden angesprochen? Wie eng bzw. wie fächerübergreifend ist das Thema?
- *Sozio-emotionaler Bereich:* Wie autoritär bzw. demokratisch gehen die Lernenden untereinander und mit dem Lehrenden um? Wieweit trägt der Lehrende zum Abbau von Angst, zur Befähigung zu Teamarbeit, zum Einüben demokratischer Verhaltensweisen, zum sozialen Lernen und zum Akzeptieren individueller Unterschiede bei?
- *Umwelt:* Wieweit ist die Organisation der Lernenden offen für die Umwelt?

Werte und Ziele selbstgesteuerten Lernens:
- mündiger Mensch und Autonomie im Lernen,
- Selbstbestimmung, Selbstverantwortung, Selbständigkeit im Denken und Handeln,

- Förderung der Lernkompetenz, Vorbereitung auf lebenslanges Lernen,
- Kritikfähigkeit und Kritikwilligkeit,
- Förderung von sozialer Kompetenz.

Die Lernsituation sollte ermöglichen:
- verständnisvolles und akzeptierendes Verhalten,
- angstfreies, sanktionsfreies Klima,
- emotional echte Grundhaltung,
- modellhaftes Vorleben der Grundwerte selbstgesteuerten Lernens,
- Anregung von Initiative, Engagement und Partizipation,
- methodisch-didaktische Aspekte zum Lerninhalt machen,
- situatives Führen, kein Laissez-faire-Stil,
- offene Kommunikation,
- Förderung der Kreativität,
- flexiblen Zeitplan, flexible Raumnutzung,
- ein Minimum an Frontalunterricht,
- flexible Lerngruppenbildung,
- flexible Schwerpunktsetzung bei Lerninhalten,
- eine individuelle Planung der Vorgehensweise.

Gaming Simulation – mit Planspielmethoden und Teamübungen lernen

Um die Forderung nach der Bildung von anwendbarem Wissen und sozialen Kompetenzen und um die Visionen selbstorganisierten erfahrungsbezogenen Lernens in die Praxis umsetzen zu können, bedarf es geeigneter Trainingsmaßnahmen und Ausbildungsmethoden. Eine sinnvolle Lernmethode stellt in diesem Zusammenhang die Vorgabe komplexer Probleme dar, die in einer Gruppe von Personen gemeinsam gelöst werden sollen. In dieser Weise können die Teilnehmer an Teamübungen und Planspielen in der Praxis erfahren, welche Faktoren und Dynamiken in verschiedenen relevanten Lebenswelten wirksam werden. Damit wird einerseits die Fähigkeit ausgebildet, mit komplexen Prozessen und Systemen adäquat umzugehen und die Planung von sinnvollen Handlungsstrategien vorzunehmen und andererseits wird die Teamkompetenz der Beteiligten erweitert, da die Entwicklung von effizienteren Kommunikations- und Organisationsstrukturen in einem weitgehend angstfreien Klima durch eigenes Handeln erprobt werden kann. Auch der Wissenserwerb über Teamprozesse (z. B. über Vor- und Nachteile verschiedener Planungs- und Entscheidungsstrategien in Teams) kann auf Erfahrungen aus Teamübungen und Planspielen aufbauend durchgeführt werden. Zusätzlich bieten Lernspiele die

Möglichkeit, Wissen in einem motivierenden Lernklima aufzubauen oder zu vertiefen. Experiential Learning, also Lernen durch Erfahrung, ist immer schon eine zentrale lerntheoretische Basis des Gaming Simulation Ansatzes gewesen (Ulrich 1998). Teamübungen, Lernspiele und Planspiele stellen erfahrungsorientierte experimentelle Lernumgebungen dar.

Es ist hier nicht möglich, die Diskussion über die Definition des Begriffs »Planspiel« tiefgreifend zu führen. Es soll aber betont werden, daß die im deutschsprachigen Raum weitverbreitete Auffassung vom Planspiel »als Abkürzung für Unternehmensplanspiel« (Schmidt 1988, S. 43) und »Planspiele (Management Games) sind modellhafte Abbildungen von Unternehmungen« (Högsdal 1996 S. 12) – um nur zwei entsprechende Zitate aufzuführen – sich als eher unglückliche Einschränkung der Simulationsmethode auf den Spezialfall »Unternehmen« darstellt. Wenn im folgenden die Vorzüge der Planspielmethoden[3] diskutiert werden, so geschieht dies auf Basis des englischen Begriffs »Gaming Simulation«, der wesentlich mehr einschließt als Management- und Unternehmenssimulationen. Zu dieser Methode zählen pragmatisch gesehen Simulationen, Planspiele, Rollenspiele, Lernspiele und eben auch Teamübungen, oder wie es auf der Internetseite der International Simulation and Gaming Association angegeben wird: »ISAGA is an international organization for scientists and practitioners developing and using simulation, gaming and related methodologies. They include: simulation, gaming, role-play, structured experiences, policy exercises, computerized simulation play, virtual reality, game theory, debriefing, experiential learning and active learning. They are used in a broad range of professional areas, including: university, industry, government and business.«[4]

Die Planspielmethode (Crookall u. Arai 1994; Rizzi 1998; Percival u. Saunders 1999) stellt eine »Sprache« zum besseren Verständnis komplexer Dynamiken dar. Eine solche gemeinsame Sprache ist dabei wesentliche Voraussetzung für die Schaffung gemeinsam geteilter mentaler Modelle und somit für eine kooperative Strategie beim Umgang mit komplexen Systemen (Duke 1974). Die Planspielmethode integriert Ideen und Ansätze verschiedenster Wissenschaftsdisziplinen und versucht, komplexe Lebenszusammenhänge auf vielen Ebenen (u. a. Dynamik natürlicher, technischer, wirtschaftlicher, sozialer Systeme und deren Wechselwirkungen) zu vermitteln. Klabbers (1989, S.3 f.; Übersetzung W. K.) vertritt diesen Standpunkt, wenn er zur Bedeutung der Planspielmethode feststellt: »Wir leben in einer Welt, die immer schneller an Kom-

3 Im deutschsprachigen Bereich ist insbesondere die SAGSAGA (Swiss Austrian German Simulation and Gaming Association) als Vereinigung von Wissenschaftlern, Praktikern (Entwickler, Trainer, Berater usw.) und Anwendern im Bereich von Planspielmethoden zu nennen (siehe www.sagsaga.org; weitere Informationen auch bei W. Kriz).

4 Abgerufen von der Webpage der ISAGA http://isaga.pm.it-chiba.ac.jp/ am 10.2.2001.

plexität zunimmt. Daher sind wir in der Situation, mit Problemen fertig werden zu müssen, die unsere Fähigkeiten übersteigen ... Wie können wir unsere individuelle und kollektive Kompetenz für die Entwicklung ... unserer Gesellschaften, Organisationen und Institutionen verbessern? Spiele und Simulationen haben sich als machtvolle Kombination von Methoden und Ideen für den Umgang mit Komplexität und für den Umgang mit Konflikten zwischen verschiedenen Parteien ... bewährt. Gaming Simulation stellt ... eine gemeinsame Sprache zur Kommunikation zwischen den Naturwissenschaften und den Sozialwissenschaften zur Verfügung.«

Es besteht eine Verbindung zwischen Systemtheorie und Planspielmethode, weil die Erkenntnisse und Grundlagen der Theorie dynamischer Systeme in Konstruktion, Modellbildung und Design von Simulationen mit einfließen. Schließlich geht es bei Planspielen um die Abbildung einer (dynamischen) Realität, in ein (dynamisches) Modell (Manteufel u. Schiepek 1998). Geilhardt (1995, S. 49) definiert den Begriff Planspiel als »eine konstruierte Situation, in der sich eine/mehrere Person(en) in/an einem diskreten Modell nach vorgeschriebenen Regeln verhalten ... Ein Planspiel beinhaltet damit immer eine Simulation, ist aber nicht mit dieser gleichzusetzen.« Mit Planspielen sollen die wesentlichen Prozesse und Ordnungsstrukturen bestimmter realer Dynamiken simuliert und damit besser verstanden werden. Planspielanwendungen sind einerseits selbst soziale Systeme und andererseits gleichzeitig Modelle oder Simulationen »real« existierender sozialer Systeme. »Spiele ... beinhalten Akteure (Spieler), Regeln und Ressourcen ... Im Spiel versuchen die Spieler, ihr Wissen und ihre Fertigkeiten anzuwenden, um Schwierigkeiten zu überwinden, die durch die Interaktion mit anderen Spielern entstehen ... Die Spieler versuchen Macht zu erlangen, um die Mitspieler zu beeinflussen« (Klabbers 1999, S. 22; Übersetzung W. K.). Planspiele sind somit Simulationen realer Systeme, in denen aber immer auch Menschen als Mitspieler Rollen übernehmen und konkrete Entscheidungen treffen müssen.

Bei Gaming Simulation geht es um die Anwendung von »Simulation Games« in unterschiedlichen Bereichen. Simulation Game oder Planspiel soll hier mit Cecchini (1988, S. 224; Übersetzung W. K.) als »Simulation der Auswirkungen von Entscheidungen die (von Personen) durch die Übernahme von Rollen getroffen werden, wobei diese Rollen wiederum spezifischen Regeln unterliegen« verstanden werden. Auf Grundlage dieser Definition können auch Teamübungen als simulation games verstanden werden. Allerdings ist hier noch eine genauere Differenzierung und Abgrenzung verschiedener Begriffe und Bezeichnungen sinnvoll. Beim Einsatz von Gaming Simulation im Bildungsbereich entstehen Probleme insbesondere auch durch die Flut von unterschiedlichen Vorstellungen und Gebrauchsweisen des Planspielbegriffs. Greenblat (1988, S. 15; Übersetzung W. K.) führt dazu aus: »Für manche Personen klingt der Begriff Simulation zu komplex, zu mechanisch, zu mathematisch. Daher bevorzugen sie die Bezeichnung Spiel, die weniger abschreckend für mögliche Anwender zu sein scheint ... Für andere Personen ist ein Spiel zu stark mit der Vorstellung von Spaß und Leichtfertigkeit verbunden und somit untauglich für eine wirksame Trainingsmaßnahme.« Speziell in unserer Kultur, in der Lernen sehr oft mit den Konzepten Anstrengung, Überwindung und Arbeit verbunden ist, übt der Begriff »Spiel« ein Gefühl der Ablehnung für den Einsatz in der Ausbildung hervor (»Spielen ist etwas für Kinder« – wobei übersehen wird, daß viele unglaublich komplexe Fähigkeiten von Kindern im Spiel, wenn gleich nicht ohne Anstrengung, erlernt werden). Gerade weil im Spiel auch Freude und andere Emotionen möglich sind, eignet es sich aber besonders für das Training von individuellen und sozialen Kompetenzen.

Die *Simulation* sollte als Modell der Realität einen maximalen Bezug zur »realen« Welt aufweisen, unabhängig von den Personen, die die Simulation verwenden. »Ein Modell ist das Ergebnis eines Abbildungsprozesses eines Systems mit dem Ziel, dessen Verhalten zu simulieren oder zu analysieren« definiert Geilhardt (1995, S. 47). Simulationen sind somit dynamische Modelle von Realität (subjektiv und intersubjektiv konstruierte Realität) über verschiedenste Bereiche unserer Lebenswelten (z. B. Simulation technischer, wirtschaftlicher, sozialer Prozesse).

Planspiele beinhalten – anders als reine wissenschaftliche Simulationen wie etwa in der Physik – neben dem Bezug zu »realen Systemen« immer konkrete Mitspieler, die durch Rollenspiel bestimmte Rollen übernehmen. Das *Spiel* (game) wird als System von Regeln zur Strukturierung von Prozessen angesehen und ist daher nicht gleichbedeutend mit dem »Spiel eines Spiels« (play). Das »Schachspiel« definiert sich über die Existenz spezifischer Regeln (u. a. wie sich verschiedene Figuren auf dem Spielbrett bewegen dürfen). Die konkreten Spiele des Spiels sind aber fast immer unterschiedlich (selten gleichen sich zwei gespielte Schachpartien vollständig). Dieser Aspekt, daß mitunter völlig verschiedene konkrete Realisationen ein und desselben Spiels durch das Spielen des Spiels möglich sind, bedingt – nebenbei bemerkt – auch eines der Hauptprobleme bei der Evaluation von Planspielen.

Nach einer älteren aber immer noch aktuellen Definition von Suits (1967, S. 148; Übersetzung W. K.) wird der Begriff Spiel folgendermaßen charakterisiert: »Ein Spiel zu Spielen bedeutet an einer Aktivität teilzunehmen, die darauf abzielt, einen genau bezeichneten Endzustand zu erreichen; dabei werden ausschließlich Mittel (zur Erreichung des Ziels; Ergänzung W. K.) verwendet, die innerhalb festgelegter Regeln erlaubt sind, wobei die Regeln den Spielraum der Mittel einschränken und wobei der einzige Grund für die Akzeptanz einer solchen Einschränkung darin liegt, diese Aktivität überhaupt erst zu ermöglichen.« Ein Beispiel wäre Golf, wobei hier das Endziel darin besteht, mit möglichst wenigen Schlägen einen Ball über vorgegebene Distanzen in ein kleines Loch zu befördern. Natürlich könnte man den Ball einfach zum Loch tragen und sicher hineinlegen, die Regeln erlauben jedoch nur die Beförderung des Balls mit – streng betrachtet – relativ »unpraktischen« Schlägern. Genau diese Einschränkung macht jedoch (neben weiteren Regeln) die Aktivität Golf aus. Dieses Beispiel zeigt zugleich, daß das reine Spiel normalerweise keiner modellhaften Abbildung einer Realität dient, wie die Simulation. Bei einem Spiel entscheidet das sogenannte termination rule über das Spielende (dies kann z. B. ein Zeitlimit sein, ein bestimmter Punktescore, die Ausschaltung aller anderen Mitspieler). Bei der Klassifikation verschiedener Arten von Simulationsspielen sind sich viele Autoren über diese beiden Klassifikationsdimensionen, *Simulation* (d. h. auch mehr oder weniger Realitätsbezug) und *Spiel* (d. h. auch mehr oder weniger Regeln) einig. Häufig werden noch weitere (meistens zumindest eine dritte) Klassifikationsdimensionen hinzugenommen, um verschiedene Anwendungen zu ordnen.

Cecchini (1988) nennt als weitere wesentliche Dimension zur Klassifikation von Planspielanwendungen die *Rolle*. Die Rolle (die mehr oder weniger explizit im Planspiel definiert und vorgegeben sein kann) wird als Funktion definiert, die Personen in dynamischen Situationen – und den Regeln unterworfen – übernehmen. Diese Rollen implizieren aber gewisse Freiräume in der tatsächlichen Gestaltung und Interpretation der Regeln, da Menschen im Spiel ihre eigenen subjektiven und teils unvorhersehbaren Handlungsmuster und individuelle psychische Faktoren mit einbringen. Bei den im Planspiel teilnehmenden Personen ist zudem noch die Unterscheidung in Akteur (actor) und Spieler (player) relevant. Ein Spieler ist dabei jede physikalische Person, die in dem Spiel tatsächlich mitspielt und dabei Rollen übernimmt. Ein Akteur ist eine Abstraktion eines Teilnehmers/Interessenvertreters/Wirkungselements im Planspiel und kann ein Individuum sein, aber auch – je nach Rolle – eine Gruppe von Personen, eine Organisation oder sogar eine ganze Nation repräsentieren. Spieler spielen somit die Rollen von spezifischen Akteuren. Ein Simulations- oder Planspiel ist in dieser Terminologie eine »ausgewogene Mischung« eines Rollenspiels und einer Simulation.

Im Gegensatz zu reinen *Rollenspielen*, in denen vorwiegend die Simulation von Gesprächssituationen und kommunikativem Verhalten im Vordergrund steht, simulieren Planspiele nicht nur rein soziale Dynamiken, sondern etwa zusätzlich auch technische und wirtschaftliche Prozesse. Zudem ist im klassischen Planspiel das planende zielgerichtete Handeln von Menschen in Entscheidungsprozessen von zentralerer Bedeutung als im reinen Rollenspiel (Teach u. Schwartz 2001). Durch Planspielmethoden werden Lernumgebungen geschaffen, die Probehandeln und Planung ermöglichen, wobei auch die Folgen dieser Handlungen und der getätigten Planungen erfahrbar werden, das heißt der Handlungserfolg wird rückgekoppelt, was eine wesentliche Voraussetzung für den Erwerb von Handlungskompetenzen und für die Entstehung von Erkenntnisgewinnen darstellt (Goodman 1995). Das Formulieren von Zielen und Strategien und das Umsetzen von Maßnahmen zur Zielerreichung, die Früherkennung, Analyse und Beurteilung von eventuell auftretenden kritischen Situationen und das Transparentmachen von Entscheidungen werden als weitere zentrale Prozesse in Planspielen genannt (Högsdahl 1996). Eine Sonderform von Planspielen stellen in diesem Zusammenhang sogenannte *performance simulations* dar, in denen die Teilnehmer im Planspiel bestimmte neue Handlungskompetenzen erlernen sollen, wobei sie hier in genau derselben Rolle in der Simulation teilnehmen, die sie auch am Arbeitsplatz einnehmen. Beispiel ist ein Flugsimulator, in der angehende Flugkapitäne (sie bleiben auch in der Simulation in ihrer Rolle) eine Flugzeugführung – und damit genau die notwendige Kompetenz für ihre Berufsarbeit – üben. Solche Simulationen können neben der Förderung individueller Fertigkeiten auch für konkrete Veränderungen von Organisationsabläufen in sozialen Systemen und für Verbesserungen der Teamarbeit erfolgreich eingesetzt werden (Ruohomäki u. Jaakola 2000).

In den letzten Jahren hat auch das Schauspiel und *Theaterspiel* als eine spezielle Form des Rollenspiels an Bedeutung und Anwendung im Kontext beruflicher Weiterbildung gewonnen. Es haben sich zahlreiche therapeutische und pädagogische Formen des Theaterspiels entwickelt (z. B. Psychodrama, Soziodrama, Unternehmenstheater, Improvisations- oder Stegreiftheater; vgl. Petzold 1993). *Psychodrama* und Soziodrama sind Instrumentarien für die Lösung von Konflikten. Im Psychodrama wird eine Situation von einer Person (Protagonist) eingebracht und mit Hilfe der anderen Anwesenden in Szene gesetzt. Durch das Wiedererleben der (Konflikt-)Situation in der szenischen Darstellung kann der Konflikt gelöst oder neu interpretiert werden. Meist umfaßt die Darstellung auch das Erproben alternativer Verhaltensweisen und deren Folgen (Petzold 1993). Gegenstand des *Soziodramas* sind Konfliktsituationen, in denen sich eine ganze Gruppe befindet und die szenisch zu verarbeitet werden.

Das *Unternehmenstheater* wird vorwiegend im Rahmen organisatorischer Veränderungen in der sogenannten Unfreezing-Phase eingesetzt. Schreyögg (1998) sieht darin eine geeignete Intervention zum Aufbrechen verkrusteter Haltungen, Konflikte und Strukturen. Problemsituationen werden dabei von professionellen Schauspielern szenisch aufbereitet. Durch das Zuschauen soll eine »innere Wandlung« (Katharsis) der Organisationsmitglieder unterstützt werden, die im anschließenden Beratungsprozeß genutzt wird.

Diese Formen haben mit dem Planspielkonzept gemeinsam, daß Situationen möglichst realitätsnah erlebt werden können. Im Gegensatz dazu sind diese jedoch nicht vorgegeben, sondern werden aus den Problemlagen der Teilnehmer konstruiert.

Als Form des Laientheaters kommt dagegen das *Improvisationstheater* als »Kunst des Augenblicks« ohne vorgegebene Geschichte aus. Aus Stichworten oder Handlungsimpulsen eines Spielers entwickeln alle gemeinsam spontan eine Episode. Eine Grundregel dabei ist: »Aus dem Zuhören spielen, den anderen ausreden lassen, aufnehmen, was der andere macht, auf ihn reagieren, statt nur aus seinem Rollenhorizont zu agieren« (Pörtner 1993, S. 48). Vor allem das Soziodrama sowie das Improvisationstheater eignen sich als Instrumente im Rahmen von Teamentwicklung.

Eine andere dritte Klassifikationsdimension schlagen Leigh und Kindler (1999) in Anlehnung an Ellington et al. (1982) vor. Sie differenzieren neben Simulation und Spiel noch die *Fallstudie*. Bei einem Fall (case) geht es um eine möglichst realitätsgetreue Aufzeichnung eines Problems (klassischerweise in schriftlicher Form), mit dem ein oder mehrere Entscheidungsträger tatsächlich konfrontiert wurden, zusammen mit dazugehörigen Fakten, Meinungen und Erwartungen, die die Entscheidungssituation beeinflußt haben (vgl. Kaiser 1983). Während in dieser Klassifikation etwa »Monopoly« durchaus als Simulationsspiel (als teilweise Abbildung des kapitalistischen Wirtschaftssystems) bezeichnet werden kann, geht es bei Planspielen eher um simulierte Fallstudien oder genauer gesagt um Simulationsspiele, die als dynamische Fallbeispiele eingesetzt werden können (»Monopoly« wäre hierbei als Fallstudie eher ungeeignet). Planspiele sind aus dieser Perspektive eine komplexere und dynamischere Umsetzung der Fallmethode.

Thiagarian (1996) wählt hingegen als dritte Dimension seines Klassifikationsschemas von Spielaktivitäten den Begriff »Instructional Activity« und meint damit eine Übung, die zum Erlernen von Wissen oder von Fähigkeiten eingesetzt wird. Er fokussiert damit auf den Aspekt des Lernens. Während »Monopoly« normalerweise nicht mit dem Anspruch auf Lerneffekte gespielt wird, geht es bei Planspielen um jene Spiele, die explizit als »Instructional Activities« eingesetzt werden, die also in erster Linie dem Wissens- und Kompetenzaufbau dienen. Auf weitere Klassifikationen kann hier nicht eingegangen werden, es soll lediglich erwähnt werden, daß ein weiteres aktuelles und brauchbares Klassifikationsschema von Klabbers (1999) vorgeschlagen wurde, in dem er einerseits in Anlehnung an Giddens (1993), Spiele – wie auch allgemein soziale Systeme – in Akteure, Regeln und Ressourcen differenziert.

Teamübungen, die häufig auch als »Teamspiele« bezeichnet werden, sind nach den dargestellten Klassifikationsschemata eine Mischung aus Spiel und Instructional Activity, da es sich um Spiele handelt, bei denen der Erwerb oder die Weiterentwicklung von Teamkompetenzen im Zentrum steht. Die Aspekte »Simulation« und »Rolle« sind hingegen normalerweise bei Teamübungen eher gering ausgeprägt, wenn man davon absieht, daß in Teamübungen soziale Systeme und Prozesse (z. B. Kommunikationsverhalten und Kommunikationsmuster in Gruppen) simuliert werden und natürlich auch in Teamübungen Rollenzuweisungen und Rollenübernahmen (z. B. Führungsrollen) stattfinden. Der Bezug zu anderen nicht-sozialen Dynamiken ist aber gering und es sind den Teilnehmern an Teamübungen meistens keine spezifischen vom Trainer definierten Rollen vorgegeben.

Eine weitere wichtige Unterscheidung bei Planspielen und Teamübungen ist die Differenzierung in »geschlossene« (rigid rule games) und »offene« (free form games) Spiele. Bei den »geschlossenen« Planspielen und Teamübungen (die weitaus häufiger eingesetzte klassische Form) erhalten die Teilnehmer genaue Instruktionen (bei Planspielen auch Rolleninstruktionen), ein Problem wird ihnen präsentiert und soll von ihnen – im Rahmen eines fest vorgegebenen und nicht von den Spielern beeinflußbaren Modells – zielorientiert durch möglichst optimale Entscheidungen bewältigt werden. Bei »offenen Spielen« ist das Modell oder der Ablauf des Planspiels oder der Teamübung nicht vorgegeben, sondern kann durch die Teilnehmer selbst konstruiert werden. Regeln werden von den Spielern zunächst selbst definiert. »Dieses sogenannte sich selbst organisierende Lernumfeld zeigt nicht nur, daß Wissen kontextabhängig ist, sondern darüber hinaus den Zusammenhang zwischen wechselnden Kontexten und den wechselnden Bedeutungszusammenhängen von Wissen« (Klabbers u. Gust 1995, S. 148). Offene Spiele sind nach der systemisch-konstruktivistischen Position die angemessenere Lernumgebung.

Bei den geschlossenen Planspielen wird von Experten ein Simulationsmodell entworfen, das möglichst viele Übereinstimmungen mit der Realität aufweisen sollte. Es handelt sich um eine positivistische und deterministische Position, die exakte Kontrollierbarkeit und Vorhersage von Prozessen postuliert und ermöglichen soll. Diesem Ansatz liegt zumeist die epistemologische Haltung des kritischen Rationalismus zugrunde. Wissenschaft – und in unserem Fall eine Simulation – dient nach dieser Position einer Maximierung an Wahrheitsnähe. Ziel ist hier die möglichst objektive, wahrheitsgetreue Beschreibung (und Kontrolle) der Wirklichkeit (Popper 1973). Leider ist aber die Falsifikation von Hypothesen über Gesetzmäßigkeiten der Realität, die nach dieser Position angestrebt wird, logisch nicht letztgültig durchführbar. J. Kriz (1989, S. 77) schreibt kritisch: Es »läßt sich die ›Nähe‹ zu einem Punkt ›Wahrheit‹, über dessen Koordinaten man nichts sagen kann, nicht feststellen. Damit wird ›Wahrheitsnähe‹ dubios.« Im Konstruktivismus ist somit der Anspruch »Wahrheit« und »Wirklichkeit« zu erkennen aufgegeben worden. Wissenschaftliche Modelle, mentale Modelle und Simulationen stellen selbst soziale Konstruktionen von Realität dar.

Da die Konstruktion einer Simulationsanwendung, etwa das Design eines Planspiels, Konstruieren von Realität bedeutet, ist Gaming Simulation jedenfalls als Methode geeignet, Interpretationen und Perspektiven verschiedener am Entwicklungsprozeß beteiligter Individuen sichtbar und bewußt zu machen. Durch die Konstruktion einer Simulation werden bereits (zum Teil für alle Beteiligten neue) Informationen über die soziale (aber sonst großteils unbewußt ablaufende) Konstruktion von Realität in einem sozialen System gewonnen. Sowohl der

Prozeß der Teilnahme als auch die Konstruktion von Planspielen stellt eine Form sozialer Realitätskonstruktion dar. In beiden Anwendungsbereichen (Spielen und Entwickeln von Planspielen) werden die teilnehmenden Personen angeregt, ihre eigene soziale Realität teilweise in Frage zu stellen und zu überlegen, wie die soziale Realität außerhalb der Spiel- und Entwicklungssituation adäquat abgebildet und verändert werden kann (Watson u. Sharrock 1990).

Gaming Simulation meint deshalb wesentlich mehr als nur die Teilnahme an Planspielen und Teamübungen. Gaming Simulation schließt auch, den Bereich der Entwicklung von Fähigkeiten zur Leitung (und nicht bloß Teilnahme) von Spielanwendungen und – das ist noch entscheidender – den Prozeß (und die Bildung der dafür benötigten Fähigkeiten) der Entwicklung von Planspielen und Teamübungen für bestimmte Problemstellungen mit ein. Im »Training von Systemkompetenz mit Planspielen« (W. C. Kriz 2000b, 2001b) werden daher – in Hinblick auf das Konzept offener Planspiele – Simulationsspiele und Teamübungen in Projektteams konstruiert (oder modifiziert) und das Spielmaterial wird selbst hergestellt. Damit werden systemische Techniken zur Modellbildung, Projektmanagement und Teamarbeit sowie Fähigkeiten zum Design von Simulationen und Teamspielen praxisorientiert angewandt. Die Teilnehmer werden hier selbst zu Experten, die Modelle im Sinne geteilter sozialer Realität konstruieren und rekonstruieren. Eine solche Anwendung offener Spiele bezieht wesentliche Vorteile der »Projektmethode« und des sogenannten Action-Learning-Ansatzes mit ein, die als Hybridform von Planspiel und Projektmethode bezeichnet werden kann (Blötz 2001). Die Projektlernmethode hat als Hauptanliegen die konkrete Problemlösungsarbeit, die sich – wie die Konstruktion von Planspielen – über mehrere Monate hinziehen kann. Das Design von Planspielen kann als Simulation von Organisationsprozessen und durch die experimentelle Veränderung dieser Prozesse im Spiel dazu beitragen, konkrete Problemstellungen aus der Praxis einer Organisation zu bearbeiten und Problemlösungen bereitzustellen, die dann als Transfer wieder für die reale Veränderung dieser Organisation genützt werden können.

Nicht nur die Vorgabe von Teamübungen und deren Reflexion durch Trainer kann Teamkompetenz fördern. Eine wesentliche Konsequenz des Gaming-Simulation-Ansatzes ist es vielmehr – auch im Sinne der Umsetzung von selbstgesteuertem Lernen – den Lernern die Möglichkeit zu geben, selbst zu entscheiden, mit welchen Lernzielen und sozialen Kompetenzen sie sich auseinandersetzen wollen. Konkret bedeutet das für uns, daß wir in unseren Workshops und Weiterbildungsseminaren nicht nur Teamübungen durchführen, sondern die Teilnehmer durch das Design und die Durchführung eigener Teamübungen lernen. In kleinen Teams entwickeln Teilnehmer an Teambildungsseminaren Übungen, sie definieren wesentliche Lernziele, die mit dem Bedarf der eigenen Situation bestens übereinstimmen, leiten diese Übungen selbst (die jeweils anderen Trainingsteilnehmer fungieren als Spieler) und leiten auch die Reflexion dieser Übungen und können so relevante Themen diskutieren, die sie selbst für sinnvoll erachten. Die Trainer übernehmen in solchen Phasen allerdings die Rolle von Experten, die jederzeit Hilfestellung geben, wenn sie von den Designteams dazu aufgefordert werden, sie begleiten die Entwicklung der Übungen durch eine Art Supervision und bringen sich auch in der Reflexion der Teamübungen mit ein. Zusätzlich übernehmen sie die Leitung einer Metareflexion (d. h. die Trainer leiten die Reflexion über die Gestaltung der Teamübung und deren Reflexion durch die Designteams). In diesem Buch haben wir daher im Übungskatalog exemplarisch für zwei Teamübungen (die in ihrer klassischen Variante ebenfalls dargestellt werden) auch Design-Beispiele integriert, also Anweisungen für Designteams zur Konstruktion eigener Varianten dieser Übungen, die auf selbst gewählte Lernziele zugeschnitten sind. Beispielhaft werden dazu jeweils auch Resultate von Seminar-Designteams vorgestellt.

Vorteile und Bedingungen des Einsatzes von Planspielen und Teamübungen

Die Anwendung von Gaming Simulation in einer Organisation ist eine Methode, um ein besseres Verständnis der vorhandenen Organisationsstrukturen und Organisationsprozesse zu gewinnen. Zusätzlich können Teilnehmer von Spielaktivitäten in der Reflexionsphase die gesammelten Erfahrungen diskutieren und Vergleiche zwischen simulierter Realität und Planspiel oder Teamübung diskutieren. Aus der Spielsituation können Ziele für die Veränderung realer Systemstrukturen abgeleitet werden. Die zielorientierte Entwicklung von Handlungen wird damit unterstützt.

Die Entwicklung von Planspielen für die Abbildung eines realen Systems kann genutzt werden, um ein ganzheitliches Systemverständnis zu erzeugen. Um eine Anwendung zu entwickeln, müssen die zentralen Systeme und Elemente definiert sein. Wesentliche reale Prozesse können dann simuliert werden. Die Erfahrungen aus dem Design von Planspielen können genutzt werden, um Systemanalysen vorzunehmen oder um die Analysefähigkeiten und Techniken für Analysen selbst zu trainieren. Ein angemessenes Eingreifen in komplexe Systeme und die Systemkompetenz der Beteiligten wird dadurch unterstützt. Teamspiele, systemisches Denken und soziale Kompetenzen für die Teamarbeit ergänzen sich wechselseitig. Durch die Teilnahme an Planspielen und im Designprozeß von Teamübungen und Simulationen werden systemisches Denken (z. B. Verstehen und Konstruktion von Netzwerkmodellen, Umgang mit komplexen simulierten Dynamiken) und Teamfähigkeiten (z. B. Entscheidungen in Gruppen treffen) gebraucht und weiterentwickelt.

Teamübungen und Planspiele bieten den Vorteil, daß eine Reihe verschiedener Szenarien durchgespielt werden können. Die Teilnehmer an Planspielen können sich selbst in verschiedenen Rollen einbringen und mit verschiedenen Problemlösungsalternativen experimentieren. Dadurch wird Perspektivenvielfalt ermöglicht. Durch eine Reihe an Erfahrungen von unterschiedlichen Rollen, Situationen und Konsequenzen des eigenen Handelns in Teamübungen können in der Gruppe die Beziehungen zueinander reflektiert werden. In der Reflexionsphase werden die Kommunikationsmuster, die mentalen Modelle, Werte und Ziele, und Verhaltensregeln der Beteiligten analysiert und verstehbar. Diese Erkenntnisse können für die Festlegung gemeinsamer neuer Handlungsmuster dienen. Erfahrungsorientierte Übungen geben den Lernern die Möglichkeit, Kommunikationsfertigkeiten, Team- und Entscheidungsprozesse, Gruppenentwicklung und Problem- und Konfliktlösungen zu erfahren (Armitage 1993).

Teamübungen und Planspiele unterstützen eine selbstorganisierte und praxisorientierte Lernkultur. Kernidee dieser Lernkultur ist eine Form des Erfahrungslernens in und an authentischen und komplexen Problemstellungen. Das Teamspiel als Lernumgebung ermöglicht den Umgang mit realen Problemen und authentischen realitätsnahen Situationen. Zugleich stellen Planspiele und Teamübungen auch eine Form kooperativen Lernens dar, weil sie Problemlösen im Team herausfordern. Lernen durch Spielen bedeutet, »daß automatisch die Kommunikation untereinander, die so sträflich vernachlässigte Fähigkeit zur Kooperation geübt wird« (Vester 1995, S. 21).

Gerade im Bereich der Entwicklung von Problemlösungsfähigkeiten in der Gruppe ist es notwendig, daß auch Fehler gemacht werden dürfen. Die Möglichkeit Handlungsfehler zu begehen sollte deshalb nicht durch gestalterische Maßnahmen verhindert werden. Es sollte lediglich garantiert werden, daß die Folgen der an sich wünschenswerten Fehler harmlos bleiben. Planspiele und Teamübungen stellen fehlerfreundliche Umwelten dar und erlauben große Handlungsspielräume. Planspiele ermöglichen ein risikoloses Sammeln von praktischen Erfahrungen. »Es muß immer wieder Spielzyklus für Spielzyklus das Erdachte, Geplante und Erlernte tatsächlich umgesetzt und neu erprobt werden« (Harramach 1992, S. 171).

Ziel von Gaming Simulation ist es, nachhaltiges Handeln in/von Gruppen und die Persönlichkeitsentwicklung von Menschen zu fördern. Das in Teamspielen realisierte Erfahrungslernen spricht den Menschen ganzheitlich an und dient der Beeinflussung handlungsleitender mentaler Modelle und Gefühle, von Werthaltungen und Einstellungen und von Verhaltensmustern. Menschen profitieren und lernen mehr durch selbst gemachte Erfahrungen und durch den Aufbau von Wissen, das auf eigenen Entdeckungen beruht, als durch passive Teilnahme an Wissensvermittlungen. Learning by doing fördert zusätzlich die Lernmotivation und das Erleben von sinnhaftem Lernen. Dabei muß aber klargestellt werden, daß auch traditionelle Formen des Lernens, wie etwa Lesen, Schreiben von Arbeiten, Diskussionen und Zuhören bei Vorträgen oder die Vermittlung von Wissen durch Lehrer keinesfalls überflüssig werden. Zusätzlich sollten aber Lernformen in Wissensvermittlung und Kompetenzerwerb verstärkt einbezogen werden, die selbstorganisiertes aktives Erfahrungslernen unterstützen.

Planspiele und Teamübungen bieten demnach das positive Potential, nachhaltig anwendbares Wissen und soziale Kompetenzen auszubilden und dies in einer zum Teil selbstorganisierten und von hoher intrinsischer Motivation der Teilnehmer geprägten Lernumgebung. Natürlich existieren daneben auch eine Reihe von problematischen Aspekten, die hier nicht eingehend dargestellt werden können. Nur zwei Punkte seien exemplarisch genannt: Der Einsatz der Planspielmethode bedeutet ein überaus zeitaufwendiges Lernen und es besteht die Gefahr einer Überforderung und Frustration der Teilnehmer durch eine zu hohe Komplexität der gewählten Simulation. Eine adäquate Nutzung der Planspielmethode erfordert daher neue didaktische Kompetenzen der Trainer und Lehrer. Mit selbstorganisiertem problemorientiertem Lernen – wie es auch mit Planspielen und Teamübungen in der Praxis erreicht werden kann – werden instruktionale Kontexte nicht überflüssig. Den Lernenden müssen auch hier vielfältige Hilfestellungen und Unterstützung geboten werden. Gerade auch bei den offenen Planspielen oder beim Design von Teamübungen durch Trainingsteilnehmer haben die Trainer eine Art »Advocatus diaboli« zu spielen. Sie helfen bei der Wahl eines geeigneten Komplexitätsgrades einer Simulation und bei der Infragestellung und kritischen Diskussion der angemessenen Umsetzung von Lernzielen in einer designten Teamübung durch Supervision und Moderation des Designprozesses. Eine weitere zentrale Kompetenz der Trainer ist die Gestaltung einer transferfördernden Reflexionsphase nach den jeweiligen Spielaktivitäten. Zudem ist darauf zu achten, daß die Planspielmethode in ein übergeordnetes didaktisches Lehr- oder Trainingskonzept sinnvoll integriert ist. Es macht beispielsweise relativ wenig Sinn, in der letzten Schulwoche bei Projekttagen ein Planspiel zu veranstalten (wie dies in der Praxis häufig vorkommt). Das Potential der Lernumgebung Planspiel wäre angemessener genutzt, wenn ein Planspiel am Beginn des Schuljahres eingesetzt und dann die Planspielerfahrung im fächerübergreifenden und fachspezifischen Unterricht immer wieder thematisiert würde und entsprechende Wissensinhalte in Beziehung zum Planspiel dargestellt und entwickelt würden. Ähnliches gilt auch für die betriebliche Weiterbildung.

Zusammenfassung: Grundprinzipien des erfahrungsorientierten Lernens

Ziel von Experiential Learning ist es, nachhaltiges Handeln und soziale Kompetenzen in/von Teams und die Persönlichkeitsentwicklung der beteiligten Teammitglieder zu fördern. Experiential Learning spricht den Menschen ganzheitlich an und dient der Beeinflussung handlungsleitender mentaler Modelle und Gefühle, von Werthaltungen und Einstellungen und von Verhaltensmustern. Veränderungsprozesse müssen in unterschiedlichen Bereichen gleichzeitig gefördert werden. Um etwa effektivere Problemlösungen in Teams umzusetzen, muß einerseits entsprechendes Wissen über Problemlösungsstrategien und Entscheidungsformen aufgebaut werden, aber andererseits auch eine adäquate »positive« Einstellung zu gemeinsamer Kooperation gefördert werden. Es müssen gleichzeitig demokratische Werte und konkrete teamorientierte Kommunikations- und Handlungsmuster gebildet werden (z. B. Teilung von Führungsaufgaben und Macht, die echte Teamarbeit erst ermöglichen).

Menschen profitieren und lernen mehr durch selbst gemachte Erfahrungen und durch den Aufbau von Wissen, das auf eigenen Entdeckungen (und Aha-Erlebnissen) beruht, als durch passive Teilnahme an der Vermittlung von Expertenwissen oder durch theoretischen Erörterungen über Teamfähigkeit. Es ist aber sicher nicht sinnvoll, daß Menschen das Rad immer wieder selbst neu erfinden müssen. Viele wichtige Erkenntnissen können auch ohne direkte Erfahrungen nachvollzogen und umgesetzt werden. Zusätzlich sollten aber verstärkt Lernformen in Wissensvermittlung und Kompetenzerwerb einbezogen werden, die selbstorganisiertes, aktives Erfahrungslernen unterstützen. Insbesondere zum Aufbau sozialer Kompetenz und Teamfähigkeit sind konkrete praktische Erfahrungen mit funktionierenden und auch dysfunktionalen sozialen Prozessen in Teams notwendig. Learning by doing fördert zusätzlich die Lernmotivation und das Erleben von sinnhaftem Lernen.

Die Vermittlung von Wissen reicht nicht immer aus, um Verhalten zu verändern. Logische Argumente und Informationen (z. B. in einem Buch), die ein bestimmtes Handeln nahelegen, können von Menschen durchaus nachvollzogen und als »richtig« und auch für das eigene Leben »bedeutend« anerkannt werden. Es müssen aber die entsprechenden Handlungs- und Kommunikationsmuster durch das Üben von Kommunikation und Handeln zusätzlich aktiv erlernt werden, um das erwünschte Verhalten auch tatsächlich umsetzen zu können. Sonst ist es vielfach nicht möglich, daß Personen ihr theoretisches und zugleich »träges Wissen« in komplexen realen Lebenssituationen praktisch einsetzen können. Adäquates, fundiertes Wissen und Werthaltungen sind aber zugleich notwendig für Verhaltensänderungen, sonst werden (erlernte) Handlungsmuster langfristig nicht ausgeführt werden. Zum Erwerb des entsprechenden Wissens reicht Erfahrungslernen allein nicht aus.

Es braucht mehr als nur Erfahrungen und die Gefühle ansprechende Erlebnisse, um nachhaltiges Handeln zu fördern. Aus diesem Grund sind im Experiential Learning die gemeinsame gründliche Reflexion (Debrief) des Erlebten und die darauf aufbauenden Generalisierungen und Verknüpfungen mit Theorien oder Theoriebildungen und das Ableiten von Konsequenzen von zentraler Bedeutung. Wenn etwa ein Mensch sich verbrennt, weil er seine Hand auf die heiße Herdplatte legt, so ist das verstehende Herstellen einer Wenn-dann-Beziehung durch Reflexion des Erlebten wesentlich und eine daraus erzeugte subjektive Handlungstheorie und Generalisierung, damit sich die Person eine ähnlich unangenehme und unnötige Erfahrung mit einem heißen Bügeleisen ersparen kann. Die Reflexion im Team ist Voraussetzung für die Erzeugung angemessener Verhaltensmuster und für die Umsetzung von Konsequenzen aus gemeinsam erkannten Fehlern. Die Reflexion in der Gruppe bietet die Chance, verschiedene Perspektiven der Beteiligten zu integrieren und damit Erkenntnisse einzelner teilweise zu relativieren, um die für das gesamte Team richtigen Konsequenzen und Schlußfolgerungen für die gemeinsame Teamarbeit zu ziehen.

Eine Katze, die sich auf eine heiße Herdplatte setzt und sich verbrennt, wird zwar ebenfalls lernen und in Zukunft die heiße Herdplatte meiden, sie wird allerdings auch niemals mehr eine kalte Herdplatte berühren, sie wird also nur teilweise angemessene Konsequenzen ziehen. Wesentlich ist es jedoch, situationsspezifisch angemessene Handlungsmuster in Teams zu entwickeln. Eine autoritäre Entscheidung durch eine einzelne Führungsperson ist in vielen Situationen nicht angebracht und sogar kontraproduktiv, wenn man echte Teamarbeit in die Praxis umsetzen will, in vielen Fällen wird ein solches Verhalten Ausdruck mangelnder Teamkompetenz sein. Es existieren jedoch auch Situationen, in denen sehr schnell entschieden und gehandelt werden muß, in denen keine Zeit für Abstimmungsprozesse und Konsensdiskussionen besteht, und es daher als teamkompetent bezeichnet werden kann, wenn jemand die Verantwortung übernimmt und allein entscheidet, was zu tun ist. Allerdings wird es sinnvoll sein, die autoritäre Einzelentscheidung dann später a posteriori in der Gruppe zu erklären, zu diskutieren und zu reflektieren, und es ist gleichzeitig sinnvoll in der Gruppe a priori zu reflektieren, welche Entscheidungsmodi in welchen Situationen angemessen erscheinen und verbindliche Regeln für Entscheidungsprozesse in verschiedenen Situationen festzulegen. Ein bestimmtes Verhalten ist also nicht per se sozial kompetent oder inkompetent, sondern wird dadurch teamkompetent, daß es a) situativ – an den Erfordernissen der sozialen Situation orientiert – angemessen ist und b) innerhalb eines sozialen Systems rückgekoppelt, also kommuniziert, reflektiert und bewertet wird.

Experiential Learning ist dann besonders effektiv, wenn angemessene Umgebungsbedingungen hergestellt werden, die selbstorganisiertes Lernen unterstützen. Dazu gehört auch die Schaffung einer vertrauensvollen und offenen Atmosphäre und die Freiwilligkeit der Teilnahme, zu der sich die Teilnehmer immer wieder neu entscheiden können. In der Praxis wird dabei häufig ein sogenannter Full Value Contract abgeschlossen, ein Vertrag (mündliche und/oder schriftliche Übereinkunft), wie miteinander umgegangen werden soll, um gemeinsames Lernen optimal zu unterstützen (z. B. Bereitschaft, Feedback zu geben und sich geben zu lassen). Mit Umgebungsbedingungen sind aber auch die Gestaltung von physisch-räumlichen und zeitlichen Rahmenbedingungen von Lernprozessen dergestalt gemeint, daß sich Menschen grundsätzlich wohl fühlen können und alle notwendigen Hilfsmittel für die gemeinsame Zusammenarbeit vorhanden sind.

Einmalige Erfahrungen wirken häufig nicht stark genug, um neue Handlungsmuster langfristig zu etablieren. Experiential Learning fokussiert auf Teamprozesse und den Erwerb von sozialen Kompetenzen. Wiederholungen von Erkenntnissen und Automatisierung durch kontinuierliches Üben sind dabei Voraussetzung für nachhaltiges Handeln und Teamarbeit. Individuelle Verhaltensänderungen werden außerdem eher langfristig und erfolgreich angewendet werden, wenn diese Änderungen durch Teamprozesse unterstützt werden, indem etwa neue gemeinsame Visionen oder neue gemeinsame Regel- und Rollendefinitionen festgelegt werden. Die Mitgliedschaft in einem funktionierenden Team erleichtert die Entwicklung und Übernahme neuer teamkompetenterer individueller Denk-, Kommunikations- und Handlungsmuster.

Zusammenfassend geht es bei dem Einsatz von Gaming Simulation – als einer Umsetzung der Lernphilosophie des Experiential Learning – immer um die gemeinsame Aktivität und Auseinandersetzung mit komplexen und authentischen Situationen und Problemstellungen, die in Teamarbeit bewältigt werden sollen. In einer stimulierenden und motivierenden Lernumgebung, die zu aktivem, ganzheitlichem und erlebnisorientiertem Lernen anregt, können individuelle Stärken und Schwächen erfahren werden und neue Entwicklungspotentiale werden erschlossen. Die Teilnehmer übernehmen dabei – als Teil des auf selbstorganisiertes Lernen ausgerichteten pädagogischen Konzepts – Mitverantwortung für die Planung und Durchführung der Aktivitäten.

Um lernen und persönlich wachsen zu können, wird der Mensch in seiner Ganzheitlichkeit angesprochen. Wahrnehmung, Denken, Fühlen und Handeln sollen gleichermaßen beteiligt sein. Durch das aktive Erfahrungslernen, bei dem körperliche, emotionale, rationale und kommunikative Elemente sind miteinander verbunden sind, wird den Teilnehmern eine ideale Möglichkeit geboten, an der eigenen Persönlichkeitsentwicklung zu arbeiten. In der Reflexion der Erlebnisaktivitäten wird an die gemachten Erfahrungen unmittelbar angeknüpft. Ein breites Spektrum an wichtigen Themen spielt bei Teamübungen und Planspielen sowie auch im Berufsalltag eine zentrale Rolle. Wesentliche Themen sind:

- Ziele setzen und erreichen, Entscheidungskompetenz,
- Rollen- und Aufgabenklärung, Klärung von Erwartungen,

- Kommunikation und Kooperation,
- Teambildung, Teamarbeit und Teamentwicklung,
- Flexibilität und kreatives Problemlösen,
- Führung, geführt zu werden, Delegieren und Verantwortung,
- Umgang mit Risiko, Konflikten und Belastungssituationen,
- Erfahrung eigener Stärken, Schwächen und Grenzen,
- Umgang mit eigenen Kräften und Energien,
- Vertrauen in sich selbst und andere,
- Auseinandersetzung mit dem eigenen Selbstwertgefühl,
- Engagement und Motivation,
- Wechsel zwischen Aktion und Reflexion,
- Geduld, sich Zeit nehmen, Zeitdruck vermeiden,
- Respekt und Verständnis für Mitmenschen und demokratische Werte.

Damit sind zugleich Schlüsselqualifikationen sozialer Kompetenz angesprochen, die insbesondere Führungspersönlichkeiten und effiziente Arbeitsteams, aber auch einfache Mitarbeiter im Sinne gesteigerter Arbeitsmarktfähigkeit (Employability) verstärkt für erfolgreiches Handeln und Entscheiden benötigen. In den Reflexionsphasen von erfahrungsorientierten Trainingsmaßnahmen (Debrief) wird auch die Bedeutung des Erlebten – im Zusammenhang mit den genannten Themen – für die Realität der eigenen beruflichen Praxissituation diskutiert und reflektiert.

Den Transfer des Erlernten durch effektives Debrief von Teamübungen und Planspielen sichern

Bedeutung und Definition von Debrief

Die Aussage von Crookall (1992, Editorial einer Spezialausgabe zum Thema Reflexion von Spielen des »Journals for Simulation & Gaming«; Übersetzung W. K.), »Debriefing ist wahrscheinlich der wichtigste Teil eines Planspiels, und trotzdem wird er am meisten vernachlässigt«, hat bis heute nichts an ihrer Gültigkeit verloren. Dabei ist es für eine langfristige Nutzung von erworbenen neuen Einstellungen, Erkenntnissen und sozialen Kompetenzen durch Teamübungen und Planspiele notwendig, geeignete Maßnahmen zu ergreifen, die den Transfer des Erlernten in die reale Lebenswelt (z. B. Arbeitsplatz) der Trainingsteilnehmer sicherstellen. »Debrief ist der wichtigste Faktor für Lernen durch die Anwendung von Planspielen. Es ist jener Prozeß, in der die Erfahrungen aus dem Simulationsspiel zusammengefaßt, diskutiert und in Lerneffekte transferiert werden« (Thatcher 1990, S. 270; Übersetzung W. K.). In individuellen wie auch gemeinsamen Reflexionsphasen im Team kann das in Planspielaktivitäten und Teamübungen Erlebte bewertet werden. Die Reflexionsphase nach dem Spiel ist auch deshalb bedeutend, weil damit ein Vergleich der simulierten Spielerfahrung oder der in der Teamübung stattfindenden Kommunikations- und Handlungsprozesse mit der »realen« Lebenswelt vollzogen wird. Der Einsatz von wirksamen Reflexions- und Transfermodulen schafft die Voraussetzung dafür, daß die gewonnenen Erkenntnisse und die wahrgenommenen Entwicklungspotentiale für neue innovative Konzepte und Planungen für die Zukunft des eigenen Teams (und der Organisation) und für die persönliche Zukunft der eigenen Person im Beruf genutzt werden können. Ein Planspiel oder eine Teamübung ohne Debrief durchzuführen wird in der Fachliteratur durchweg als uneffektiv und manchmal sogar als unethisch betrachtet (Stewart 1992; Crookall 1990).

Mit dem englischen Fachbegriff »Debrief« oder auch »Debriefing«, der wörtlich mit »Nachbesprechung« übersetzt werden könnte, ist diese gemeinsame Reflexion des Erlebten in Hinblick auf eine Bewertung der im Spiel aufgetretenen psychischen (Kognition, Emotion) und sozialen (Handlung, Kommu-

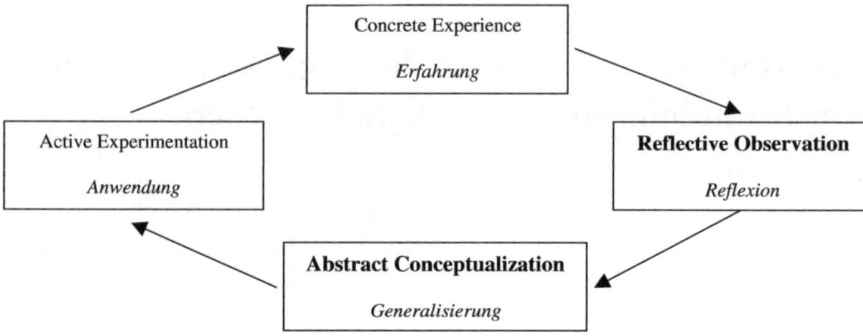

Abbildung 11: Im Debrief relevante Phasen des Experiential Learning Cycle nach Kolb

nikation) Prozesse gemeint, mit dem Ziel, daraus Konsequenzen für »reale« Situationen abzuleiten. Das Debrief umfaßt die beiden Phasen »Reflective Observation« und »Abstract Conceptualisation« des Experiential Learning Cycle von Kolb.

Konkrete Verbesserungsideen und Planungen zur Gestaltung von Teamprozessen werden im Team selbst, mit Hilfe der Moderation der Trainer, die das Debrief gestalten, erarbeitet, dokumentiert und in der Teilnehmergruppe diskutiert. Dabei werden insbesondere auch die Chancen, Gefahren und Hindernisse für eine tatsächliche Umsetzung der entwickelten Konzepte in der Praxis gemeinsam bewertet. Das Debrief bietet eine Auseinandersetzung mit den unmittelbaren Erlebnissen und Emotionen, die mit den Teamübungen verknüpft sind und damit die Möglichkeit, wichtige Erkenntnisse zu gewinnen, die nicht nur theoretischen Wert, sondern den höchst praktischen Transfer der Lernerfahrung in »reale« Lebenssituationen unterstützen.

Debrief bedeutet zugleich, daß eine bewußte und sinnvolle Verbindung von erlebnisorientierten Lernaktivitäten und »realer« Lebenssituation im Beruf und im Team hauptsächlich nach dem Spiel erfolgt. Eine Verwendung von nicht unmittelbar »realitätsnahen« Simulationen, wie dies bei vielen Teamübungen der Fall ist, muß kein Nachteil sein, wenn die durch das Spiel intendierten Erfahrungen und die Bildung von Teamfähigkeiten (z. B. kooperatives Zusammenarbeiten bei einer Problemstellung) gegeben sind. Wesentliches Anliegen des Debrief ist es aber auch, nicht nur Gemeinsamkeiten, sondern zentrale Unterschiede zwischen der Lern- und Trainingssituation und der »Realität« zu reflektieren. Damit sollte die Gefahr vermindert werden, Realität und Simulation zu vermischen und eine unangemessene Übergeneralisierung von gezogenen Schlußfolgerungen vermieden werden.

Teamkompetenz ist mit der Fähigkeit verbunden, im Team eine gemeinsamen Reflexion und (Neu-)Definition der eigenen sozialen Realität vorzunehmen. In der Aufarbeitung der Erfahrungen durch Reflexion, Evaluation und offenes Feedback werden daher nicht nur die Lerneffekte von Teamübungen und Planspielen sichergestellt, sondern es werden gleichzeitig diese – für kooperative Teamarbeit wichtigen – sozialen Fähigkeiten praxisnah geübt. Hierfür ist insbesondere der Einsatz von offenen Planspielen und Teamübungen eine geeignete Lernumgebung: die Teilnehmer stellen auf der Basis der selbstverantwortlichen Festlegung von Lern- und Entwicklungszielen für ihr gesamtes Team selbst Teamübungen in kleinen Designteams her und leiten dann als »Trainer« die entwickelte Übung und dessen Debrief. Die eigentlichen Trainer fungieren als Unterstützung und leiten abschließend ein Metadebrief, also ein Debrief über das Debrief. Fragestellung dieses Metadebriefs kann es beispielsweise sein, die Art und Weise der Moderation der Übungsleiter zu diskutieren. Dabei erhalten die Teilnehmer nicht nur die Chance, die eigenen Reflexions- und Moderationskompetenzen weiterzuentwickeln, sondern die Möglichkeit sich auf einer Metaebene mit notwendigen Entwicklungsschritten im eigenen Team auseinanderzusetzen. Durch die Definition von Lernzielen für das eigene Team, die in den selbst designten Teamübungen und deren Reflexion zum Ausdruck gebracht werden, wird das Team mit den Annahmen einzelner Teammitglieder über die Stärken und Schwächen des Teams selbst konfrontiert. Die sozialen Repräsentationen über das Team können dann vom Team im Metadebrief rekonstruiert und gegebenenfalls verändert werden. Ein weiterer Vorteil von offenen Teamübungen ist es, daß die Teilnehmer durch die eigenständige Leitung eines Debrief sensibler für Reflexionsprozesse werden, da sie das Debrief nun aus einer weiteren Rolle und Perspektive erleben können. Wenn diese Übungsleiter dann später wieder als normale Teammitglieder an Reflexionsphasen teilnehmen, so sind sie häufig offener und ernsthafter bereit, sich selbst in das Debrief einzubringen.

Aus konstruktivistisch-systemischer Perspektive konstruieren soziale Systeme durch Kommunikation (z. B. Geschichten-Erzählen) Realität. Regeln und Normen werden ebenfalls durch Kommunikation vermittelt. Im systemischen Verständnis werden »Krankheiten«, »Symptome« oder »Probleme« als Ausdruck von dysfunktionalen Kommunikationsmustern in sozialen Systemen aufgefaßt. Für die Veränderung von mentalen Modellen und sozialen Repräsentationen der Teammitglieder als auch für die Entstehung neuer Kommunikationsmuster und Normen ist das Infragestellen der individuellen und sozialen Realität von Bedeutung. Durch Fragenstellen im Debrief können die Bedeutungen und Konstruktionen der Teammitglieder erhellt werden und so zu einem tieferen, gegenseitigen Verständnis beitragen. Neben dieser Funktion im sozialen System hat die Reflexion im Debrief aber auch das Ziel, die einzelnen Individuen anzuregen, verschiedene Perspektiven und Stimmen in ihrem eigenen Inneren wahrzunehmen und innere Konflikte auszubalancieren.

Auch ohne deshalb gleich eine im pathologischen Sinne multiple Persönlichkeit zu sein, sind doch normalerweise verschiedene »Personen« und »Meinungen« in jedem Individuum vorhanden, die insbesondere im inneren Dialog beim Abwägen von Entscheidungen auch verschiedene und manchmal einander widersprechende Bedürfnisse und Perspektiven vertreten (Orban 1996). Auch dieser Dialog im Individuum kann aus dysfunktionalen inneren Kommunikationsmustern bestehen, die in der Reflexion zum Teil bewußt gemacht werden können. Neben der Perspektivenvielfalt im Team als sozialem System soll das Debrief auch eine solche im »inneren Team« in einer Person selbst (Schulz v. Thun 1999) herstellen. Zugleich ist ein Austausch zwischen Individuum und sozialem System gegeben, da immer auch nicht real anwesende Personen als verinnerlichte Perspektive in den inneren Dialog eines Menschen mit einfließen (»Wie würde mein bester Arbeitskollege jetzt in dieser Situation entscheiden?«, »Was erwartet mein Vorgesetzter von mir?«, »Was würde meine verstorbene Großmutter dazu sagen?«). Dabei ist es dem Individuum häufig nicht bewußt, daß eine bestimmte innere Perspektive eine internalisierte Position einer äußeren Person darstellt (z. B. im Sinne des »Eltern-Ich«; Berne 1988). Im Debrief können die einzelnen Teammitglieder die Positionen und Argumente ihrer verschiedenen inneren Stimmen in der Gruppe thematisieren. Gewonnene Erkenntnisse, die zunächst der individuellen Persönlichkeitsentwicklung dienen, sind dann rückwirkend auch für die Dynamik im Team fruchtbar, da immer ein Wechselspiel zwischen individuellen psychischen Prozessen und Kommunikationsprozessen in der Gruppe stattfindet. Problemlösungen im Individuum tragen zu gelingender Kommunikation im Team bei und vice versa stellen funktionierende Gruppenprozesse eine förderliche Umgebung für die persönliche Weiterentwicklung der Teammitglieder dar. Beides wird mit einem angemessen gestalteten Debrief unterstützt.

Allgemeine Debrief-Struktur

Um die Reflexionsphase möglichst gewinnbringend für alle Beteiligten zu gestalten und um Lernprozesse durch das Debrief sicherzustellen, ist es sinnvoll, die Moderation eines Debriefs nach bestimmten Kriterien zu strukturieren. Wegen seiner zentralen Bedeutung für den Lernprozeß ist es wichtig, das Debrief gut vorzubereiten (McMahon u. Coote 1988). Natürlich existiert hier wiederum ein breites Spektrum verschiedener Strukturierungsmöglichkeiten. Im wesentlichen beinhaltet jedes Debrief die gemeinsame Beschreibung der Erfahrungen, die die Teilnehmer im Spiel gemacht haben, die Auseinandersetzung mit deren Gedanken, Gefühlen und Reflexionen zur Anwendung der auf den Erfahrungen beruhenden neuen Erkenntnissen und der ihnen zugewiesenen Bedeutungen auf Situationen der Realität (Lederman u. Kato 1995). Ein einfaches und zugleich doch wirkungsvolles Modell, das das Debrief in sechs Phasen (in Anlehnung an Thiagarajan 1996) einteilt, denen spezifische Reflexionsthemen und Basisfragen zugeordnet werden können, soll hier ausführlich dargestellt werden:

- *Phase 1: »Wie hast du dich gefühlt?«* Die Teilnehmer werden aufgefordert, ihre momentanen Emotionen nach Beendigung der Teamübung und ihre Gefühle während der Teamübung zu beschreiben. Diese Phase ermöglicht es, in gewisser Weise Spannungen abzubauen und eine größere Ruhe, Gelassenheit und Konzentration für eine weniger emotionale Diskussion der Erfahrungen in den folgenden Phasen zu gewährleisten. Funktion dieser Phase ist es, eine größere Distanz zum vorangegangenen Spielgeschehen herzustellen, und sie dient dazu, die Teilnehmer aus ihrer Rolle, die sie in der Spielaktivität übernommen hatten, zu entlassen. Manchmal, wenn besonders lange dauernde oder intensive emotionale Prozesse im Spielgeschehen auftreten, die auch nach Beendigung der Spielaktivität fortwirken und eine rationale Auseinandersetzung mit dem Erlebten stark einschränken, ist es sogar hilfreich, diese Loslösung vom Spiel und den erfolgten Rollenidentifikationen durch Rituale zu unterstützen. Beispiel für ein solches Ritual ist es, die Teilnehmer aufzufordern, ihre Hände und ihr Gesicht mit kaltem Wasser abzuwaschen und sich sinngemäß mehrmals vorzusagen »Das Spiel ist vorbei. Ich bin nicht mehr der, den ich im Spiel verkörpert habe. Ich bin wieder (...).« Auch eine Pause zwischen Spielaktivität und Reflexionsrunde von etwa 15 Minuten ist in den meisten Fällen sinnvoll, damit sich die Teilnehmer regenerieren und gleichzeitig etwas Abstand gewinnen können.
  Die Diskussion der genannten Frage ist aber auch wichtig, um verschiedene Gefühle und emotional gefärbte Bewertungen von Teilnehmern über zentrale Situationen des Spiels transparent zu machen. Die Teilnehmer können so erfahren, daß dieselbe Situation ganz unterschiedlich wahrgenommen und bewertet werden kann und verschiedenste Gefühle auslösen kann. Einerseits ist in dieser Phase bereits ein Klima gegenseitigen Vertrauens und der Wertschätzung notwendig, damit die Teilnehmer sich offen über ihre Gefühle austauschen, und andererseits kann diese Phase zu einem tieferen gegenseitigen Verständnis beitragen. Wichtig ist es für den Trainer, niemand zu einer Aussage zu drängen und zu akzeptieren, wenn manche Teilnehmer nicht offen oder nur recht oberflächlich über ihre Gefühle berichten, wobei es häufig eher Männern schwerfällt, Zugang zu ihren Gefühlen zu bekommen. Wenn typische Abwehrmechanismen auftreten, wie Rationalisierungen des Erlebten, Erklärungen und Rechtfertigungen von Verhalten, Lächerlichmachen der Frage nach Gefühlen, kann vom Trainer durchaus die Bedeutung dieser Phase und auch der anderen erläutert werden, damit sich die Teilnehmer darauf einstellen können, was sie im Debrief erwartet, und sie eine Begründung zu Sinn und Zweck der einzelnen Phasen erhalten. Gleich-

zeitig sollte der Trainer die Teilnehmer immer wieder sanft auf das Thema dieser Phase, den Ausdruck von Gefühlen, zurückführen. Das Gesagte sollte vom Trainer dabei niemals abgewertet oder kritisiert werden (angemessen ist z. B.: »Gut, du hast jetzt erklärt, warum du dich in der Situation für diese Strategie entschieden hast, das ist wichtig, und wir werden später auch noch über euer Verhalten und die Gründe dafür reden. Was waren aber deine Gefühle in der Situation?«). Besonders für Teams, die mit Feedback und Reflexion wenig Erfahrung haben, ist diese Phase, wie auch das gesamte Debrief, gewöhnungsbedürftig, es wird aber mit der Zeit zu einem natürlichen Geschehen werden und in dem Ausmaß, in dem das Team mehr und mehr Vertrauen aufbaut, wird auch der Ausdruck von Gefühlen und eine Öffnung füreinander stattfinden und als Bereicherung erkannt werden.

- *Phase 2: »Was ist geschehen?«* Die Teilnehmer werden in dieser Phase dazu ermutigt, über ihre Wahrnehmungen und Beobachtungen oder ihre aktuellen Gedanken zum Spielgeschehen zu sprechen. Ziel ist es, Informationen und verschiedene Sichtweisen zum Ablauf des Spielgeschehens zu sammeln und gemeinsam zu analysieren. Dabei kann das Spielgeschehen zunächst im Überblick rekonstruiert werden, um dann bei einzelnen kritischen Situationen ins Detail zu gehen. Einerseits sollten in dieser Phase Sachaspekte diskutiert werden, wie eine Bewertung verschiedener Entscheidungen und Lösungsstrategien des Teams, das heißt auch die Beantwortung von Fragen zum achtstufigen Prozeß der Entscheidungsfindung, auf den wir später eingehen. Andererseits ist es wichtig, die mit den Sachaspekten verbundenen gruppendynamischen Prozesse und Beziehungsaspekte zu thematisieren. In dieser Phase kann auch das Geben und Nehmen von persönlichem Feedback einbezogen werden. Ein weiterer zentraler Bestandteil dieser Phase ist es, daß der Trainer spezifische Fragen in die Reflexion einbringt, die auf die jeweiligen Lernziele der gewählten Spielaktivität und des Teams Bezug nehmen (z. B. Führungsqualität, Konfliktmanagement, Kundenorientierung).

- *Phase 3: »Was hast du gelernt?«* In dieser Phase sollen die Teilnehmer ihre wichtigsten Erkenntnisse identifizieren und über ihre Schlußfolgerungen berichten, die sie aus der Spielerfahrung ziehen. Damit wird zugleich das in der vorangegangenen Phase Reflektierte nochmals verdichtet und zusammengefaßt. Die Teilnehmer versuchen in dieser Phase, die gemachten Erfahrungen in ihre kognitiven Strukturen einzugliedern. Die gezogenen Schlußfolgerungen werden aus verschiedenen Perspektiven untersucht und es wird versucht, Hypothesen für Ursache-Folge-Beziehungen und Gesetzmäßigkeiten oder Regelhaftigkeiten aufzustellen. Ziel ist es, die zunächst einmalige Spielerfahrung zu Generalisieren, also in Beziehung zu typischen Verhaltensmustern zu setzten. Die Teilnehmer stellen ihre gegenwärtigen mentalen

Modelle und gebildeten subjektiven Handlungstheorien, Attributionen und Personenwahrnehmungen in Frage. Im Sinne des bekannten Ausspruchs von Lewin, »nichts ist praktischer als eine gute Theorie«, sollen die Teilnehmer ihre handlungsleitenden kognitiven Schemata, Annahmen und Überzeugungen durch neues Erfahrungswissen erweitern.

- *Phase 4: »Wie hängen Spiel und Realität miteinander zusammen?«* In dieser Phase wird die Beziehung des im Spiel Erlebten zur Realität eingehend reflektiert, um einen Transfer der Lernerfahrungen und Erkenntnisse in die reale Lebenswelt der Teilnehmer und des Teams zu gewährleisten. An dieser Stelle diskutieren die Teilnehmer die Bedeutung des Spiels für die Gestaltung ihrer Teamprozesse am Arbeitsplatz. Ein zentrales Thema dieser Phase ist die Frage, ob bestimmte im Spiel gezeigte Verhaltensweisen lediglich zufällig und einmalig aufgetreten sind oder ob das Verhalten im Spiel in Beziehung zu den realen im Team ablaufenden Kommunikations- und Handlungsmustern steht. Im ersten Fall hat das im Spiel Erlebte wenig mit der Realität des Teams zu tun und ist für die weitere Reflexion nicht relevant. Im zweiten Fall sollte die Reflexion weiter vertieft werden, und es ist von Bedeutung, Konsequenzen für Veränderungen und Verbesserungen der Teamprozesse festzulegen. Bei Planspielen ist es auch Teil dieser Phase, das das Simulationsmodell und die Realität miteinander verglichen werden (es geht dabei nicht um einen Vergleich mit einer objektiven wahren Wirklichkeit, sondern um einen Vergleich mit der im Team kollektiv konstruierten Realität). Nicht nur Übereinstimmungen, sondern auch Unterschiede zwischen Spielerfahrung und Realität sollten reflektiert werden, um falsche Generalisierungen und Schlüsse zu vermeiden.

- *Phase 5: »Was wäre gewesen, wenn ... ?«* In dieser Phase spekulieren die Teilnehmer über hypothetische Szenarien. Sie reflektieren, welche möglichen Veränderungen und Folgewirkungen auf das Verhalten im Team andere Regeln und Rahmenbedingungen, andere Entscheidungen ausgelöst hätten. Ziel dieser Phase ist es, die Teilnehmer zu einer weiter vertieften Exploration der wesentlichen Prinzipien und Bedingungen des Spiels anzuregen. Dadurch können nochmals neue Erkenntnisse darüber gewonnen werden, in welchen Situationen und Kontexten welche Handlungsmuster im Team ablaufen.

- *Phase 6: »Wie geht es nun weiter?«* Die letzte Phase verfolgt den Zweck, eindeutige, realistische und meßbare Ziele und Konsequenzen für alle Beteiligten und für die zukünftige gemeinsame Teamarbeit festzulegen. Die Teilnehmer sollen möglichst konkret beschreiben, wie sie sich in einer mit der Spielsituation vergleichbaren realen Arbeitssituation (anders) verhalten wollen.

Pläne für Handlungsschritte werden konkretisiert. Im Sinne einer gesteigerten Teamkompetenz und einer Optimierung der Qualität von Entscheidungen, Arbeitsprozessen und Arbeitsergebnissen kann der Trainer auf dieser Phase aufbauend zu einer zielorientierten Aktionsplanung mit dem Team übergehen. Dabei geht es dann vorwiegend um die Gestaltung und Moderation von realen Veränderungsprozessen in der Organisation und im Arbeitsteam, wobei allerdings immer wieder auf die Spielerfahrungen und die im Debrief reflektierten Lernerfahrungen und Erkenntnisse Bezug genommen werden kann.

Die dargestellte Struktur zum Ablauf eines Debrief gilt dabei nicht nur für eine Gesamtreflexion, die nach Beendigung der Spielaktivität als abschließender Teil der Lernerfahrung stattfinden sollte, sondern kann auch für die Gestaltung kürzerer »Zwischendebriefings«, die zwischen verschiedenen Runden eines Planspiels oder zwischen verschiedenen Versuchsdurchgängen bei einer Teamübung durchgeführt werden können, benutzt werden, um die Reflexion der in den Runden oder Versuchen getroffenen Entscheidungen zu fördern.

Um das Debrief möglichst hilfreich für die Lernenden zu gestalten, werden verschiedene notwendige Fähigkeiten des Trainers in der Literatur immer wieder genannt (vgl. Gibb 1961; Hammel 1986; Lederman 1984; Thatcher 1990):

- *Fragen stellen und Antworten zuhören:* Neben den genannten Hauptfragen können weitere wichtige Fragen zum Teamprozeß gestellt werden. Es sollte von den Trainern möglichst vermieden werden, selbst Antworten auf ihre Fragen zu geben. Trainer sollten nicht erklären, was man aus der Teamübung lernen kann, sondern die Teilnehmer einfühlsam dahin führen, ihre eigenen Schlußfolgerungen zu ziehen. Dies beinhaltet ein eher non-direktives Moderationsverhalten.
- *Ambiguitätstoleranz:* Beim erfahrungsorientierten Lernen sind die Erfahrungen und Lernergebnisse der Teilnehmer individuell und weniger vorhersehbar wie bei einem Vortrag. Trainer sollten ihr Bedürfnis nach umfassender Kontrolle aufgeben. Spontaneität ist wichtiger als eine aufgezwängte Struktur.
- *Beobachten von Verhalten:* Trainer sollten das Verhalten der Teilnehmer genau beobachten. Sie sollten im Debrief auch vorwiegend Beobachtungen zulassen und keine Bewertungen oder Interpretationen von Verhalten vornehmen und vornehmen lassen.
- *Zeit:* Beim Debrief sollte sich der Trainer mit der Gruppe genug Zeit nehmen, so daß alle Personen ausführlich reflektieren können. Zeitdruck oder vorzeitiges Abbrechen des Debrief sind möglichst zu vermeiden.

Debrief-Fragen zu speziellen Team-Themen

Bei der gemeinsamen Reflexion von Gaming Simulation-Anwendungen und Teamübungen ist es Aufgabe des Trainers, die Teilnehmer behutsam dabei zu unterstützen, die Erlebnisse zu diskutieren, zu bewerten und Konsequenzen zu erarbeiten. Zur Aufarbeitung des Spielgeschehens sollten in die allgemeine Debrief-Struktur vom Moderator weitere spezifische Themen in die Reflexion eingebracht werden, die mit entsprechenden Trainings- und Lernzielen in Übereinstimmung stehen. Eine hilfreiche Liste mit möglichen Fragen, die im Debrief gestellt werden können, wurde von Knapp (1984) entwickelt. Einige dieser Fragen werden in der folgenden Übersicht – zum Teil modifiziert und ergänzt – wiedergegeben (vgl. auch W. C. Kriz 2000b, S. 252 ff.). Der Trainer muß aus diesen vorgeschlagenen Fragen natürlich auswählen, diese der Situation entsprechend flexibel anpassen und andere relevante Themen ansprechen, die sich aus dem spezifischen Gruppenprozeß ergeben.

Fragen zu Team-Themen

Kommunikation

- Können Sie ein Beispiel für eine Situation (gelungene Kommunikation) angeben, in der Sie mit jemandem anderen – aus Ihrer Sicht – erfolgreich kommuniziert haben?
- Woher oder wie wußten Sie oder haben Sie sichergestellt, daß das Gesagte vom anderen richtig verstanden wurde?
- Wann wurde eine Kommunikation mißverstanden? Was hat zu dem Mißverständnis geführt?
- Was könnte der Sender beim nächsten Mal anders machen, um seine Interaktion verständlicher und annehmbarer zu gestalten?
- Was könnte der Empfänger beim nächsten Mal anders machen, um die Information zu verstehen?
- In welchen verschiedenen Formen haben wir miteinander kommuniziert (schriftlich, verbal, Körpersprache, Befehle, freundliche Bitten, Nachfragen usw.)
- Welche Formen der Kommunikation waren besonders erfolgreich?
- Wie stark haben Sie sich an der Kommunikation in der Gruppe beteiligt? Warum?
- Was haben Sie aus der Kommunikation im Team und aus Ihrer eigenen Art zu kommunizieren gelernt?

Angemessener Ausdruck von Gefühlen
- Können Sie ein Gefühl benennen, das Sie während der Aktivität hatten?
- Wo in Ihrem Körper haben Sie das Gefühl besonders gespürt?
- Welche Gedanken haben das Gefühl begleitet?
- Ist Ihnen dieses Gefühl bekannt? Haben Sie dieses Gefühl häufiger in Ihrem Leben? In welchen Situationen?
- Haben Sie dieses Gefühl anderen gegenüber ausgedrückt? Warum nicht?
- Wie gehen Sie sonst mit Gefühlen um? In welchen Situationen drücken Sie Gefühle aus und in welchen Situationen unterdrücken Sie Ihre Gefühle?
- Hätten Sie sich gern anders gefühlt? Wie?
- Was müßte geschehen, damit Sie sich anders fühlen könnten? In bezug auf Ihre Umwelt und in bezug auf Sie selbst?
- Wie – glauben Sie – haben sich andere in der Situation gefühlt?
- Haben Sie die Gefühle anderer wahrgenommen? Wie haben Sie auf Gefühle anderer reagiert?
- In welchen Situationen fällt es Ihnen schwer, Ihre eigenen Gefühle wahrzunehmen?
- Welche Gefühle lassen sich leicht, welche schwer ausdrücken?
- Welche Gefühle wurden nonverbal ausgedrückt?
- Wann ist der Ausdruck von Gefühlen förderlich oder hinderlich in der Zusammenarbeit?

Über andere urteilen
- Können Sie Beispiele angeben, wann Sie in der Aktivität andere be- oder verurteilt haben?
- Haben Sie Ihre Urteile mitgeteilt?
- Ist es schwer für Sie, über andere nicht zu urteilen?
- Welche Vor- bzw. Nachteile können Urteile in der Zusammenarbeit haben?
- Wie urteilen Sie in anderen Situationen?
- Wie sollten Urteile angemessen ausgedrückt werden?

Zuhören
- Wer machte Vorschläge für die Lösung von Problemen?
- Wurden diese Vorschläge von allen gehört?
- Auf welche Vorschläge wurde besonders reagiert? Wie wurde reagiert?
- Ist jeder zu Wort gekommen?
- Welche Vorschläge wurden eingebracht, aber von der Gruppe überhört?
- Wie haben Sie sich gefühlt, als ein Vorschlag von Ihnen diskutiert/aufgegriffen wurde?

- Wie haben Sie sich gefühlt, als Sie übergangen wurden/als Ihnen niemand zugehört hat?
- Warum war es schwer für Sie zuzuhören? Was hat Sie abgelenkt?
- Wie hören Sie in anderen Situationen zu?
- Wie kann man die Teamarbeit so gestalten, daß sich alle einbringen können und daß allen zugehört wird?

Rollen und Führung
- Wer hat Führungsrollen übernommen?
- Wer hat nie Führungsrollen übernommen?
- Welche anderen Rollen wurden übernommen?
- Wie haben Sie die Rollen festgelegt?
- Gab es Kompetenzstreitigkeiten? Wie wurden diese gelöst?
- Waren Sie mit Ihrer Rolle zufrieden?
- Welches Führungsverhalten (demokratisch, autoritär usw.) hat/haben die Führungsperson/en gezeigt?
- Können die gezeigten Führungsverhaltensweisen von allen akzeptiert werden?
- Wie haben Sie auf die Führungsperson und deren Verhalten reagiert?
- Wie haben sich die Geführten gefühlt? War es schwer, geführt zu werden?
- Wie haben sich die Führungspersonen gefühlt? War es schwer zu führen?
- Haben Sie sich an die Anweisungen der Führungsperson gehalten? Warum? Warum nicht?
- Wurden (Führungs-)Rollen in der Aktivität abgewechselt?
- Welche Führungsaufgaben wurden wie erfolgreich ausgeführt?
- War es schwierig, mit dem Thema Führung, Autorität, Macht umzugehen?
- Was sind notwendige Führungseigenschaften?

Gruppen-Entscheidungen
- Wie wurden Gruppenentscheidungen getroffen?
- Waren Sie zufrieden mit den getroffenen Entscheidungen? Warum nicht?
- Wie wurde mit Fehlentscheidungen umgegangen?
- Waren Sie Zufrieden mit der Art und Weise Entscheidungen zu treffen? Warum nicht?
- Konnte jede Person ihre Meinung beitragen? Warum nicht?
- Wurden Meinungen unterdrückt? Von wem?
- Was wurde beim Entscheidungsprozeß gut oder schlecht gemacht?
- Welche Vor- und Nachteile haben verschiedene Entscheidungsformen?

- Was soll beim nächsten Mal anders gemacht werden?

Respekt
- Welche Unterschiede (Ziele, Werte, Kompetenzen, Persönlichkeit usw.) bestehen in der Gruppe?
- Welche Gemeinsamkeiten bestehen in der Gruppe?
- Was haben Sie mit jemand anderem gemeinsam?
- Zu wem erkennen Sie besonders große Unterschiede?
- War es schwer, mit Differenzen umzugehen? Wie wurde damit umgegangen?
- Welche Vor- und Nachteile haben Unterschiede und Gemeinsamkeiten für die Zusammenarbeit?
- Konnten Sie die anderen akzeptieren/respektieren?
- Ist Ihnen ausreichend Respekt und Akzeptanz entgegengebracht worden?
- Wo sind ihre persönlichen Toleranzgrenzen?

Vertrauen
- Können Sie ein Beispiel für eine Situation geben, in der Sie jemand anderem vertraut haben?
- Wann/Warum konnten Sie jemandem nicht vertrauen?
- Hat jemand Ihr Vertrauen mißbraucht oder ihre Vertrauenswürdigkeit verletzt?
- Haben Sie sich selbst als vertrauenswürdig erwiesen?
- Wie könnte das Vertrauen in der Gruppe weiter gestärkt werden?
- Welches Verhalten ist zum Aufbau von gegenseitigem Vertrauen notwendig?

Feedback im Team geben und nehmen als Debrief-Thematik

Im Prozeß des Debrief sollte die Möglichkeit geboten werden, offenes Feedback innerhalb der Gruppe zu geben und zu erhalten. Während des Spiels kommunizieren die Teilnehmer miteinander, lösen Probleme und sind zueinander in einer für sie charakteristischen Art und Weise in Kontakt. Feedback eröffnet den Teilnehmern nun die Möglichkeit, einander darüber Rückmeldung zu geben, wie sie ihr Verhalten empfunden haben. Speziell für Arbeitsteams ist es bedeutsam, Feedback als eine Methode der Entwicklung effektiver interpersonaler Beziehungen einzusetzen. Das führt zu einem besseren Verstehen von Gruppenrollen, wechselseitigen Erwartungen und dysfunktionalen Verhaltensmustern. Feedback ist auch Voraussetzung für selbstorganisierte Lernprozesse, da mit Feedback alle Beteiligten Verantwortung für das individuelle und gemeinsame Lernen, Kommunizieren und Handeln übernehmen. »Durch die Anwendung von Feedback ist jeder Beteiligte herausgefordert, seine persönliche Stellungnahme zu formulieren, um die eigene augenblickliche Position im Lernprozeß sowie seine inhaltlichen und prozessoralen Bedürfnisse deutlich zu machen und sowohl den persönlichen Beitrag zur Lernsituation zu reflektieren, als auch widerfahrende Erlebnisse im Umgangsverhalten mitzuteilen« (Freimuth u. Hoets 1996, S. 224). Feedback trägt auch dazu bei, die Angemessenheit von Verhaltensmustern immer wieder zu hinterfragen und nicht einfach nur aus Gewohnheit an ihnen festzuhalten. Empirische Forschungen belegen, daß Gruppenfeedback und die Rückmeldung von Leistungsergebnissen wesentlich zu einer Verbesserung der Leistung, der Zielbildung und Informationssuche in Gruppen beitragen (Korsgaard u. Diddams 1996).

Feedback zu erhalten wird vom Empfänger jedoch nicht immer als hilfreich erlebt. Das kann an der Form, am Inhalt oder an den Rahmenbedingungen liegen. Daher betrachten wir es als wesentliche Aufgabe des Trainers, angemessene Feedback-Prozesse zu ermöglichen und die Rahmenbedingungen und Voraussetzungen dafür zu schaffen. Dazu wird zunächst ein Grundverständnis von Feedback dargestellt, und es werden Konsequenzen für die Gestaltung von Feedback-Prozessen daraus abgeleitet.

Feedback ist eine Mitteilung an eine Person, die diese darüber informiert, wie ihre Verhaltensweisen von anderen wahrgenommen, verstanden und erlebt werden. Es stellt damit eine gemeinsame Verständigungsleistung von zwei oder mehreren Personen dar.

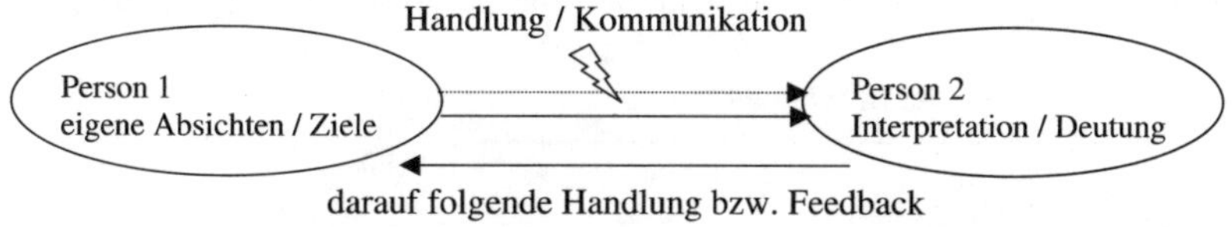

Abbildung 12: Feedback als Information über Handlungswirkungen

Das Modell geht davon aus, daß eine Person 1 Handlungen auf Grundlage einer subjektiven Handlungstheorie, also mit bestimmten Absichten setzt. Diese können in der intendierten Weise, aber auch völlig anders verstanden werden. Person 2 handelt jedoch in jedem Fall auf Basis seiner Interpretation/Deutung. Unsere Interaktionen mit anderen Personen können als stetige Fortführung dieser wechselseitigen Handlungen begriffen werden. In diesem Sinne sind sie stets auch eine Art Feedback zur vorher gesetzten Handlung des Gegenüber.

Dies ist so lange selbstverständlich und unproblematisch wie Kommunikation gelingt. Gibt es aber einen Bruch zwischen der intendierten Handlung und der Interpretation durch das Gegenüber, so kommt es beispielsweise zu folgender Situation:

- A: »Wohin hast du meine Socken getan?«
- B: »Such sie dir selbst!«

Man kann sich leicht vorstellen, wie ein derartig problembehaftetes Wechselspiel (z. B. durch Vermischung von Sach- und Beziehungsebene) weiterhin verlaufen könnte. Es kann jedoch durchbrochen werden, wenn die Wirkungen und Interpretationen, die das Handeln beim Gegenüber auslöst, angesprochen werden. Feedback hat den Zweck, diese Deutungen offen zu legen. Es ist demnach eine Information, wie eine (sprachliche) Handlung angekommen ist und was sie auslöst. Dieser Prozeß findet auf einer Meta-Ebene statt und durchbricht den wechselseitig aufeinander bezogenen Handlungszyklus, indem es ihn selbst zum Thema macht. Feedback kann somit als eine Form der Metakommunikation bezeichnet werden.

In einem Team ist Feedback ein wesentliches Element der Beziehungsklärung und Entwicklung von Beziehungen. Josef Ingram und Harry Luft entwickelten ein Persönlichkeitsmodell, das folgende vier Dimensionen in der Beziehung zwischen dem Selbst und den anderen aufzeigt (Luft 1971; zit. nach Nagl 1998, S. 32).

Sie teilen die Beziehungen zwischen zwei Personen in vier Quadranten ein, die in der Realität jedoch unterschiedlich groß sind und sich im Lauf der Zeit verändern. Der Bereich der »gemeinsam geteilten Realität« beschreibt jene Sachverhalte, Verhaltensweisen, und Informationen, die sowohl für die Person selbst als auch für andere wahrnehmbar und durch soziale Repräsentationen

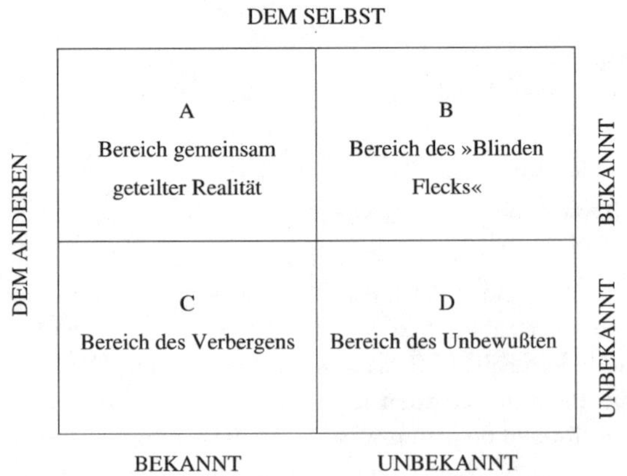

Abbildung 13: Modell zwischenmenschlicher Beziehungen

abgebildet sind. Es ist der Bereich der Konversation, die wir öffentlich halten können, weil sie nicht riskant ist.

Der »Blinde Fleck« umfaßt Bilder, die sich andere von uns machen und die uns selbst nicht bewußt sind. Sie werden häufig »hinter unserem Rücken gehandelt« oder überraschen uns, wenn uns darüber die Augen geöffnet werden.

Der »Bereich des Verbergens« hingegen enthält jene Informationen, Verhaltensweisen, Gefühle oder Einstellungen, die für andere unbekannt sind oder die wir bewußt für uns behalten. Sie werden verborgen, weil wir meinen, daß sie zu viel über uns verraten oder daß sie andere nichts angehen.

Der »Bereich des Unbewußten« ist weder uns selbst noch der anderen Person bekannt, oder es handelt sich um kulturell geteilte Selbstverständlichkeiten (kollektives Unbewußtes), die wir nicht mehr thematisieren (Vilsmeier 2000). In Arbeitsteams ist es meist nicht explizites Ziel, dieses Feld zu bearbeiten. Es kann aber in interkulturell zusammen gesetzten Teams relevant werden.

Die Größe der vier Quadranten zueinander ist je nach Art und Dauer einer Beziehung sehr unterschiedlich. In guten Freundschaften werden die Bereiche B und C zugunsten des Bereichs A zurückgedrängt sein. Wenn man eine Person zum ersten Mal trifft, ist es wahrscheinlich umgekehrt. Ein humanistisches Menschenbild geht davon aus, daß in einer reifen Beziehung der Bereich A relativ groß ist. Auch das persönliche Wachstum eines Individuums ist dadurch gekennzeichnet, daß die Person bestrebt ist, den Bereich A in seinen sozialen Beziehungen auszudehnen. Feedback trägt dazu bei, in zwischenmenschlichen Beziehungen die Bereiche B und C zugunsten von A zu verkleinern:

- *Die Verkleinerung des »Bereichs des Verbergens«* kann geschehen, indem man das Gegenüber wissen läßt, wie sein Verhalten angekommen ist, was man darüber denkt und wie man sich fühlt (geben von Feedback). Dabei werden möglicherweise unterschiedliche Perspektiven sichtbar. Die Feedback-Partner sollen nicht herausfinden, was wirklich richtig oder wahr ist, sondern was jeweils für den einzelnen in dieser konkreten Situation gültig ist. Wenn zehn Personen eine unterschiedliche Einschätzung zu einem Verhalten haben, ist jede davon legitim. Daß ein Feedback als Deutungsangebot verstanden werden kann setzt voraus, daß es in entsprechender Form und unter passenden Rahmenbedingungen gegeben wird.
- *Die Verkleinerung des »Blinden Flecks«* geschieht dadurch, daß die Person Rückmeldung über ihr Verhalten durch andere erbittet und sie annimmt. Diese Rückmeldung hat den Charakter einer subjektiven Perspektive des Feedback-Gebers und ist (im Idealfall) weder Kritik noch Ratschlag oder Besserwisserei. Wer die Idee dieser bewußten, subjektiven Perspektive nicht verstanden hat, reagiert manchmal unwirsch und antwortet: »Dein Eindruck ist falsch!«, »Das habe ich ganz anders gemeint!« Aber der Eindruck des Gebers ist eben nicht falsch, sondern seine subjektive und persönliche Sichtweise. Sie mag unscharf oder gut begründet, abstrakt oder lebendig be-

schrieben sein, aber als Perspektive hat sie zunächst ihre Berechtigung. Vielleicht kann der Feedback-Nehmer nichts damit anfangen – auch das ist legitim. Es steht dem Feedback-Nehmer frei, seine Schlüsse daraus zu ziehen (Fengler 1998).

Aus diesem Modell ergeben sich folgende Spielregeln für das Geben und Nehmen von Feedback (in Anlehnung an Antons 1971; Freimuth u. Hoets 1996; Nagl 1998; Vilsmeier 2000):

- Feedback bezieht sich ausschließlich auf beobachtete Ereignisse und Verhaltensweisen und deren Wirkung auf den Feedback-Geber. Es ist keine Analyse der Persönlichkeit oder möglicher Ursachen für das Verhalten. Wir können in einer spezifischen Situation nur begrenztes Verhalten wahrnehmen, das sollte im Feedback auch so zum Ausdruck kommen.
- Feedback wird als Wahrnehmung und Eindruck des Feedback-Gebers, als seine spezifische Perspektive formuliert. Am besten geeignet ist eine Formulierung in der Ich-Form (»Ich hatte den Eindruck«, »Für mich warst du in dieser Situation ...«) anstatt die Fürwörter »wir« oder »man« zu verwenden. Auch eine Etikettierung wie »du bist« verabsolutiert Aussagen und bringt das Gegenüber leichter in eine ablehnende Haltung oder Verteidigungsposition.
- Feedback ist dann hilfreich, wenn es konkrete Beobachtungen enthält und die Wirkungen beschreibt, die das Verhalten beim Feedback-Geber ausgelöst hat und auf Werturteile verzichtet. Die Aussage »Für mich warst du in der Diskussion dominant« hilft einer Person wahrscheinlich weniger, als wenn jemand sagt: »Gerade jetzt, wo wir in dieser Sache zu einer Entscheidung kommen wollten, hast du überhaupt nicht darauf gehört, was die anderen gesagt haben. Das hat mich geärgert.«
- Feedback nennt mögliche Folgen von Verhalten aus Sicht des Gebers und gibt konkrete und praktikable Beispiele und Ideen, wie das Verhalten des Nehmers verändert werden könnte. Wesentlich ist hier – wie im ganzen Feedback-Prozeß –, daß der Geber nicht als Experte auftritt, der anderen von oben herab Ratschläge erteilt. Der Geber sollte deutlich machen, daß seine Vorschläge als subjektive Meinungen zur Optimierung des gemeinsamen Handelns zu verstehen sind.
- Feedback wird so direkt wie möglich nach dem Verhalten gegeben. Wenn Feedback sofort gegeben wird, kann der Empfänger am besten verstehen, was damit gemeint ist, da sich beide an die Situation erinnern können und auch ihre Gefühle dazu noch präsent sind.
- Wirkungsvolles Feedback ist mit dem Empfänger abgestimmt, ihm angeboten, von diesem gewollt oder erbeten worden. Es empfiehlt sich, bei Feedback-Prozessen eine Stop-Regel einzuführen, mit der ein Feedback-Nehmer den Prozeß beenden kann, wenn er kein Feedback (mehr) erhalten möchte.

– Der Feedback-Nehmer hört aufmerksam zu und fragt nach, er verzichtet darauf zu argumentieren oder sich zu verteidigen. Feedback stellt die eigene Wahrnehmung nicht in Frage, sondern bietet eine weitere Perspektive dazu an, die geprüft werden sollte.

Das Feedback, wie es hier beschrieben wird, geht davon aus, daß sich gleichberechtigte Partner miteinander austauschen. Bei Trainingsprozessen wird dem Trainer in gewissen Zusammenhängen von der Gruppe auch eine andere Rolle zugewiesen: die eines Experten, (Be-)Lehrers oder Ratgebers. Dies geschieht auch dann, wenn ihn eine Gruppe zu einer Stellungnahme drängt, was in einer bestimmten Situation »richtiges Verhalten« darstellt, oder wenn er gebeten wird, Leistungen, Kompetenzen oder Wissen einzuschätzen. Dann agiert der Trainer als Experte, und die Gruppe erwartet auch eine Experten-Einschätzung. Dies stellt aber eine Form von Beurteilung dar, bei der die Partner (Trainer und Teilnehmer) nicht gleichberechtigt sind. Eine solche Beurteilung ist in manchen Fällen durchaus legitim und sinnvoll, es sollte aber nicht mit Feedback im beschriebenen Sinne verwechselt werden.

Im allgemeinen raten wir aus unserer Erfahrung jedoch dazu, als Leiter Rahmenbedingungen für Feedback zur Verfügung zu stellen, sonst jedoch nicht eine privilegierte Experten-Rolle in bezug auf die Einschätzung der ablaufenden Prozesse einzunehmen. Dies würde auch den formulierten Lernprinzipien widersprechen. Auch die Teilnehmer sollten versuchen, bei der Beschreibung von Verhalten zu bleiben und nicht in die Beurteilung von Verhalten überzugehen. Insbesondere bei der Feedback-Regel der Angabe von Verbesserungsvorschlägen vom Feedback-Geber in bezug auf das Verhalten des Feedback-Nehmers ist dies eine Gratwanderung. Deshalb ist es in vielen Fällen sinnvoll, bei noch nicht so feedbackerfahrenen Gruppen oder bei Gruppen in denen der Aspekt Vertrauen gering ausgeprägt ist, zunächst keine Verbesserungsideen in das persönliche Feedback einzubeziehen. Die Nehmer sollten jedoch das Recht bekommen, die Geber bei Interesse auch um die Angabe von Verbesserungsvorschlägen für das eigene Verhalten zu fragen. In Fall der direkten Anfrage durch die Feedback-Nehmer können die Geber dann ihre Perspektive für Veränderungsmöglichkeiten anhand von Beispielen deutlich machen.

Bei Feedback-Prozessen im Team ist es wichtig, sich nicht nur auf unangemessenes als negativ empfundenes Verhalten zu beziehen, sondern Personen auch eine Rückmeldung über ihre Stärken und über gelungene Handlungen zu geben. Auch positive Lernerfahrungen des Gebers, die dieser in der Interaktion mit dem Geber gemacht hat, sind Bestandteil eines Feedback (z. B.: »Bei unserem Gespräch habe ich heute von dir eine ganz neue Sichtweise auf die Problemstellung erhalten. Das hat mich sehr angeregt.«).

Diese Auffassung von Feedback ist kompatibel mit dem Modell des erfahrungsorientierten Lernens. Die aus der Grundidee von Feedback abgeleiteten

Spielregeln sind dabei als Orientierungshilfen anzusehen. Sie finden auch weitgehende Entsprechung im sogenannten Full Value Contract, also in jenem Verhaltenskodex auf den sich die Teilnehmer von Trainingsmaßnahmen und Teammitglieder einigen sollten, um angemessen miteinander umzugehen. Einerseits ist die Bereitschaft zu offenem Feedback im Team ein zentraler Wert jedes Full Value Contracts, der als Voraussetzung für echte Teamarbeit gilt (Rohnke u. Butler 1995) und andererseits Resultat der Wirkung und Verwirklichung anderer im Team gelebter Werte. Besonders aus dem Menschenbild der Humanistischen Psychologie können eine Reihe von essentiellen Werten abgeleitet und Prinzipien formuliert werden, die für gruppendynamische Prozesse (u. a. das Feedback) und für die Beziehungsfähigkeit von Personen entscheidende Bedeutung haben: das aufrichtige Bemühen Echtheit, positive Wertschätzung, einfühlendes Verstehen, Übernahme von Verantwortung, Offenheit für die Auseinandersetzung mit Gefühlen, aktives Einbringen der eigenen Person, Bereitschaft zu Vertrauen umzusetzen (Rogers 1983; Heinerth 1978, J. Kriz 2001). Es handelt sich bei dem Geben und Nehmen von Feedback daher um keine mechanische Anwendung der beschriebene Regeln, sondern vielmehr um das kongruente Leben einer Grundhaltung.

Reflexion von Entscheidungs- und Problemlösungsprozessen als Debrief-Thematik

Gemeinsam Problemlösungen zu erarbeiten und Entscheidungen zu treffen ist eine der wichtigsten Aufgabenstellungen in vielen Arbeitsteams. Dies ist auch der Grund dafür, daß in Planspielen und Teamübungen Entscheidungs- und Problemlösungsprozesse einen besonders hohen Stellenwert einnehmen. In jedem Planspiel und in jeder Teamübung existieren Aufgabenstellungen oder Probleme, die im Team gelöst werden müssen. Im Debrief ist es daher notwendig, den Problemlösungs- und Entscheidungsfindungsprozeß des Spielgeschehens zu reflektieren, auf reale vom Team eingesetzte Entscheidungsabläufe und Problemlösungsstrategien zu beziehen und Konsequenzen für die Teampraxis abzuleiten. In diesem Kontext stellt die Anlehnung an den *Acht-Stufen-Entscheidungsfindungsprozeß* (Furnham 1997) einen geeigneten Ansatz für das Debrief dar. Diesen acht Stufen können jeweils entsprechende Fragen zugeordnet werden, die in der folgenden Übersicht exemplarisch vorgestellt werden.

Ein vergleichbares Problemlösungsmodell beschreibt auch Greif (1996b), der allerdings zwischen Phase 6 (Entscheidung treffen) und Phase 7 (Entscheidung evaluieren) noch die Phase der »Planung der Durchführung von Aktio-

Achtstufiger Prozeß der Entscheidungsfindung

1. Analyse der Ausgangssituation und der Rahmenbedingungen
- Was waren die wesentlichen Faktoren, die in diesem Planspiel/in dieser Teamübung eine Rolle spielten?
- Welche Rahmenbedingungen und Beschränkungen waren mit der Ausgangssituation verbunden?
- Welche Ressourcen standen zur Verfügung (Zeit, Personen, Informationen, technische Hilfsmittel, finanzielle Mittel usw.)?

2. Ist-Soll-Analyse (oder Analyse der Problemlage und der Ziele)
- War das Problem oder die Aufgabenstellung für jeden klar? Was war die Aufgabenstellung oder das Problem?
- Hat jeder seine spezielle Rolle verstanden? Was war Ihre Rolle?
- Welche Verantwortung haben Sie übernommen, was war Ihr Verantwortungsbereich?
- Wußten Sie, woran Sie arbeiten sollten?
- Hatten alle dieselbe Vision? Haben Sie die gleichen Ziele geteilt?
- Was waren Ihre Bedürfnisse? Was waren Ihre wichtigsten Ziele?

3. Auswahl von Entscheidungsmethoden und Bewertungskriterien
- Haben Sie einen Konsens darüber hergestellt, wie Sie Entscheidungen treffen wollten? Welchen?
- Haben Sie einen Konsens darüber hergestellt, wie Sie nach Problemlösungsalternativen suchen wollten? Welchen?
- Welche Bewertungskriterien für die Problemlösungsalternativen haben Sie festgelegt?

4. Suche nach Problemlösungsalternativen
- Haben Sie versucht, all Ihre zur Verfügung stehende Information einzubeziehen?
- Haben Sie nach alternativen Lösungsideen gesucht?
- Haben Sie Ihr Wissen ausgetauscht?
- War es für alle möglich ihre kreativen Ideen einzubringen, ohne daß diese sofort be- oder abgewertet wurden?
- Haben Sie unterschiedliche Methoden zur Ideensammlung angewendet? Welche?

5. Bewertung von Problemlösungsalternativen
- Hatten Sie klare Richtlinien entwickelt, wie Sie Problemlösungsalternativen bewerten wollten? Welche Kriterien?

- Hat jeder die Bedeutung der festgelegten Bewertungskriterien verstanden?
- Wurden manche Ideen in einer Pilotphase getestet?
- Wie sind Sie mit unterschiedlichen Meinungen und Konflikten über die Bewertung von Alternativen umgegangen?

6. Treffen der Entscheidung
- Welche Entscheidung wurde getroffen?
- Wie wurde letztendlich die gewählte Alternative ausgesucht? – Abstimmung, Konsens, autoritäre Entscheidung?
- Wie stark konnten Sie sich mit der gewählten Alternative identifizieren?
- Wer hat die Entscheidung nicht mitgetragen und/oder auch im Nachhinein noch boykottiert?

7. Evaluation der Entscheidung
- Haben Sie die Entscheidung evaluiert? Wie?
- Gab es meßbare und eindeutige Kriterien für die Evaluation Ihrer Entscheidung?
- Woher wußten Sie, ob die Entscheidung zum Erfolg, zur nachhaltigen Problemlösung geführt hat?

8. Festlegung von weiteren Konsequenzen
- Welche Konsequenzen ziehen Sie für die Zukunft?
- Welche Aspekte Ihres Entscheidungs- und Problemlösungsprozesses waren hilfreich oder hinderlich?
- Wie werden Sie in Zukunft Probleme lösen und Entscheidungen treffen?

nen« und die Phase der »Durchführung von Aktionen« einfügt. Auch dazu können relevante Fragen gestellt werden, wie beispielsweise diese: »Wußten Sie, wie die getroffene Entscheidung effektiv in die Tat umzusetzen war?«, »Welche Handlungsschritte und Aktionen haben Sie auf Grundlage der Entscheidung praktisch durchgeführt?«, »Wie ist das auf die Entscheidungen bezogene Handeln gelungen?«

Die Reflexion der Entscheidungs- und Problemlösungsprozesse der Simulation und Teamübung kann in der Folge dazu genutzt werden, nach dem gleichen (eventuell nach Greif erweiterten) 8-Stufen-Modell bestimmte Problemlösungs- und Entscheidungsprozesse aus der Arbeitsrealität des Teams zu analysieren und diese zu optimieren.

Überblick zu Debrief-Methoden

Es existieren eine Reihe von konkreten Debrief-Methoden, um die Reflexionsphase möglichst effektiv zu gestalten. An dieser Stelle sollen zunächst einige grundsätzliche und häufig gebrauchte Formen aufgelistet werden, um darzustellen, in welcher Weise ein Debrief ablaufen kann (Thiagarajan 1993):

- *Debrief ohne Moderation:* Die Teilnehmer halten eine selbstorganisierte Diskussion über die Erfahrungen aus der Teamübung ab. Zwar hat diese Variante den Vorteil, daß die Teilnehmer selbst entscheiden, welche Aspekte sie reflektieren wollen, sie birgt allerdings auch die Gefahr, daß die Reflexion oberflächlich wird oder sich in eher unwesentlichen Details verliert.
- *Debrief mit Moderation:* Ein Trainer moderiert die Reflexionsphase und stellt gezielte Fragen, die in Übereinstimmung mit festgelegten Lernzielen stehen. Eine Moderation ist insbesondere in Gruppen notwendig, die wenig Erfahrung mit Reflexionsprozessen haben. In der Reflexionsphase auftretende Emotionen und Konflikte bedürfen zumeist der (möglichst wenig direktiven) »Lenkung« und »Vermittlung« durch gruppendynamisch erfahrene Moderatoren.
- *Videounterstütztes Debrief:* Während Plan- und Rollenspielen und Teamübungen werden die Aktivitäten mit einer Videokamera gefilmt. Einzelne besonders relevante Verhaltenssequenzen werden dann beim Debrief ein- oder mehrmals abgespielt und gemeinsam diskutiert. Dadurch kann eine verfeinerte Wahrnehmung für gruppendynamische Prozesse und individuelle Verhaltensmuster gefördert werden und die Teilnehmer erhalten unmittelbares Feedback über die Wirkung ihrer eigenen Person aus einer anderen Perspektive.
- *Schriftliches Debrief mit Lernjournalen:* Die Teilnehmer machen sich während des Lernprozesses immer wieder Notizen über wesentliche Erkenntnisse und führen eine schriftliche Selbstreflexion in Lernjournals oder »Lerntagebüchern« durch. Diese Methoden lassen sich nicht nur zur Selbstreflexion einsetzen, sondern können mit anderen Teilnehmern desselben Lernprozesses ausgetauscht und gemeinsam diskutiert werden. Mit diesen Methoden können sehr gut typische Verhaltensmuster, die in bestimmten Situationen immer wieder auftreten, von den Personen identifiziert und bearbeitet werden.
- *Schriftliches Debrief mit Fragebögen:* Die Lerner reflektieren die Erfahrungen, in dem sie von Trainern vorbereitete und mit schriftlichen Fragebögen vorgegebene offene oder geschlossene Fragen beantworten, die der Evaluation des Trainingsprogramms dienen (z. B. Einschätzung der Ausprägung von Kompetenzen im Team oder der Person selbst) und/oder die in Einklang mit definierten Lernzielen der Gruppe stehen.

- *Debrief mit Arbeitsauftrag:* Hier wird einer Gruppe zunächst die Gelegenheit gegeben, anhand einer Liste von Fragen selbst zu reflektieren. Die Ergebnisse des Diskussionsprozesses sollen schriftlich festgehalten werden, und es soll dann eine zusammengefaßte Präsentation der wichtigsten Resultate stattfinden (z. B. Gestaltung und Durchführung einer Flip-Chart-Präsentation).
- *Debrief mit Panel-Diskussion:* Bei dieser Variante des Debriefs werden einige Teilnehmer ausgewählt, die mit einem Moderator gemeinsam verschiedene von ihm vorgegebene Themen reflektieren. Es eignen sich dafür verschiedene Formate aus Talkshows, Gesprächen am »runden Tisch« oder Pressekonferenzen. Es ist auch möglich einige Fragen jener Gruppenmitglieder zuzulassen, die als »Zuschauer« fungieren. Diese Form des Debriefs ist insbesondere bei sehr großen Gruppen geeignet, bei denen nicht alle Teilnehmer selbst zu Wort kommen könnten.
- *Debrief-Spiele:* Der Ansatz der sogenannten Framegames kann auch zur Strukturierung von Reflexionsrunden genutzt werden.
- *Debrief-Dialog:* Teilnehmer reflektieren in Paaren und interviewen sich gegenseitig über ihre Erfahrungen und Erkenntnisse.
- *Teamorientiertes Debrief:* Die Teilnehmer bilden Reflexionsteams (normaler Weise 3–7 Mitglieder pro Team), um ihre Erfahrungen zu diskutieren. Solche Debrief-Teams können dabei sowohl aus jenen Teilnehmern gebildet werden, die auch in der Teamübung oder im Planspiel ein Team gebildet haben, als auch aus Teams bestehen, für die die Teilnehmer in vollkommen neuen Gruppen zusammengesetzt werden. Je nach Zusammensetzung der Gruppen werden unterschiedliche Erkenntnisse möglich.
- *Gesamtgruppen-Debrief:* Durchführung der Reflexionsrunde in der Gesamtgruppe aller Teilnehmer.

Die genannten Formen und Ansätze des Debrief schließen einander keineswegs aus, sondern können auf verschiedene Weise sinnvoll miteinander kombiniert werden. Die Teilnehmer an einer erfahrungsorientierten Übung können beispielsweise zuerst individuell mit Hilfe von Fragebögen reflektieren, dann in Kleingruppen zu speziellen Fragen eine selbständige Diskussion abhalten, deren Ergebnisse sie später in der Gesamtgruppe präsentieren, und daran anschließend eine vertiefte vom Trainer moderierte Reflexion in der Gesamtgruppe unter Einbeziehung von Videoanalysen durchführen.

Spezielle Debrief-Methoden

Debrief mit dem Reflecting Team

Eine Möglichkeit, die sozial konstruierte Realität im Team in Frage zu stellen, ist das »Reflecting Team« (Andersen 1990). Bei dieser ursprünglich systemisch-therapeutischen Interventionstechnik versucht ein Therapeut mit der Familie (Klientensystem) verschiedene Sichtweisen über die Realitäten der Familienmitglieder und somit auch über die unterschiedlichen Problemdefinitionen herauszuarbeiten. Ein reflektierendes Team bestehend aus weiteren Therapeuten hört diesen im Gesprächsprozeß der Therapiesitzung mitgeteilten Informationen eine Zeit lang schweigend zu (das reflektierende Team befindet sich meist im selben Raum, ist aber in einiger Entfernung zum »Klientensystem« plaziert). Nach einer gewissen Zeit sprechen (reflektieren) diese zusätzlichen Berater über das Wahrgenommene, in dem sie möglichst viele Deutungen, Ideen und Perspektiven zum Gehörten anbieten. Die Äußerungen der Reflecting-Team-Mitglieder entsprechen dabei einigen Grundregeln (J. Kriz 1997): a) Verwendung von wertschätzenden, positiven Konnotationen, b) hypothetische Formulierung von Aussagen und Fragen (Konjunktiv) und c) möglichst große Neutralität gegenüber dem Klientensystem, das heißt das Gespräch soll nicht auf Kosten einer oder weniger Personen geführt werden. Damit werden neue Deutungen von Realität angeboten, Denk- und Kommunikationsmuster der Klienten werden hinterfragt und umgedeutet (Reframing). Wichtiger als die Erklärung oder Interpretation von Klientenverhalten (die weitestgehend nicht stattfinden sollte) ist das Stellen von Fragen, die geeignet sind neue Sichtweisen bei den Klienten entstehen zu lassen. Die Wirksamkeit dieser Technik wird dadurch erhöht, daß es zu keiner direkten Kommunikation zwischen Reflecting-Team und Klientensystem kommt. Die Klienten hören lediglich neue Interpretationsmöglichkeiten ihres Handelns und Denkens, Rechtfertigungen und Verteidigungen werden so ganz bewußt ausgeschlossen.

Der Einsatz des Reflecting Teams im therapeutischen Rahmen ist in den letzten zehn Jahren erfolgreich auf eine Reihe weiterer Anwendungskontexte übertragen worden (Hargens u. von Schlippe 1998). Diese Technik kann in jeder Form der Beratung angewandt werden, so stellt dann ein Arbeitsteam das Klientensystem dar, wobei ein Berater direkt mit dem Team kommuniziert und mehrere weitere Berater als reflektierendes Team fungieren. Da diese Technik darauf abzielt, eine Vielfalt an Beschreibungen und Deutungen von Situationen sichtbar zu machen, ist sie als Klärungs- und Konfliktmoderationsinstrument geeignet, verschiedene Sichtweisen von Organisationsmitgliedern über die Definitionen ihrer Situation oder ihres Problems gemeinsam mit dem Berater(team) zu erarbeiten.

Im Bereich des Debrief von Planspielen und Teamübungen haben wir ein weiteres Anwendungsgebiet gefunden. Im Debrief kann diese Technik so eingesetzt werden, daß ein Trainer mit dem Team das Debrief durchführt und daß weitere Trainer das Reflecting Team bilden. Nach beispielsweise jeweils 15–20 Minuten normaler Reflexionstätigkeit (oder nach jeder Phase des strukturierten Debrief-Prozesses) reflektiert dann das Reflecting Team 5–10 Minuten über die beobachteten Verhaltensweisen der Teilnehmer während der Teamübung und im Sinne einer Metareflexion über die Beobachtungen zum Ablauf des Debrief (z. B. über die Umsetzung von bestimmten Feedback-Regeln). Damit werden neue Perspektiven angeboten. Danach wird das Debrief des Teilnehmerteams mit dem das Debrief leitenden Trainer fortgesetzt. Insgesamt kann es im Verlauf zu mehreren Wechseln zwischen Team und Reflecting Team kommen. Statt das Reflecting Team aus weiteren Trainern zu bilden, ist es auch möglich, dieses aus jenen Teilnehmern zusammenzusetzen, die während einer Teamübung nur als Beobachter teilgenommen hatten. Eine solche Form der Anwendung führt über eine längere Zeitdauer des Einsatzes dazu, daß es den Teammitgliedern insgesamt leichter fällt, mit alternativen Meinungen und Perspektiven umzugehen.

Gerade beim Einsatz in der Teamentwicklung und im Debrief von entsprechenden Trainingsmaßnahmen ist es häufig nicht möglich oder sinnvoll, das klassische Setting aus der Therapie zu verwenden. Es geht hier mehr um das »Spiel mit reflektierenden Positionen« zu dem die Teilnehmer angeregt werden sollen. So kann das Reflecting Team auch von den am Debrief teilnehmenden Personen direkt gebildet werden. Jeweils nach einiger Zeit klassischen Debriefs lädt der Trainer einige Teammitglieder (eine Minderheit der Gesamtgruppe) dazu ein, ein reflektierendes Team zu bilden, das auf der Metaebene über das Teamverhalten in der Übung und im Debrief spricht (dabei gelten auch bei dieser Form der Anwendung die beschriebenen Regeln). Die Teilnehmer an dem Reflecting Team sollten dabei aber den Platz wechseln, um eine deutliche Kontextveränderung des nun ablaufenden Reflexionsprozesses anzuzeigen. Diese neue Position kann dadurch erreicht werden, in dem die Teilnehmer am Reflecting Team in einen kleinen Stuhlkreis neben dem großen Stuhlkreis des Debrief (dort verbleibt die Mehrheit der Teammitglieder) wechseln. Die Reflecting-Team-Teilnehmer in die Mitte des Debrief-Kreises zu setzen ist in vielen Fällen nicht geeignet, da sie hier im Zentrum des Konflikts stehen. Nach einiger Zeit im Reflecting Team nehmen die Mitglieder wieder ihre Plätze in der Gesamt-Debrief-Gruppe ein. Das Reflecting Team kann dabei je nach Kontext zusammengesetzt werden, etwa aus den im Debrief bisher besonders stillen Personen oder aus anderen spezifischen Subsystemen. Geht es um die Bearbeitung von Konflikten, so sollte es aber vermieden werden, in das Reflecting Team nur die Vertreter einer Konfliktpartei zu entsenden, sondern das Reflecting Team sollte bei Konflikten immer Vertreter aller Interessengruppen beinhalten.

Nachdem das Reflecting Team die Reflexion aus der Metaperspektive abgeschlossen hat und wieder räumlich bei der Debrief-Gruppe Platz nimmt, sollten die Denkanstöße und Fragen des Reflecting Teams auch inhaltlich in das Debrief eingeflochten werden. Der Trainer kann hier in der Gesamtgruppe eine Reflexion über das von Reflecting Team Diskutierte anregen (z. B. »Was war neu für Sie als Sie dem Reflecting Team zugehört haben?«, »Welche Frage, die aufgeworfen wurde, beschäftigen Sie am meisten?«, »Was wäre besser nicht gesagt worden und warum?«).

Eine Variante des Reflecting Teams, die auch in sehr großen Gruppen angewendet werden kann, besteht aus vier definierten Perspektiven (vgl. Brandau u. Schüers 1995). Den Teilnehmern werden dabei vier Rollen vorgestellt, die sie dann übernehmen und aus deren typischen Perspektiven sie die ablaufenden Teamprozesse genauer betrachten sollen. Dabei können in einem ersten Schritt kleine Gruppen aus Teilnehmern gebildet werden, die alle dieselbe Rolle innehaben. Diese reflektieren anschließend (etwa 20–30 Minuten) über eine vom Trainer gegebene Fragestellung aus Sicht ihrer Rolle und bereiten eine Präsentation vor. Danach werden die Antworten aus der jeweiligen Rollenperspektive von den Kleingruppen in der Gesamtgruppe präsentiert, beispielsweise in mündlicher oder szenischer Form, eine Präsentation nach der anderen. Eine andere Präsentationsart ist die schriftliche Form, in dem entsprechende Texte mit Antworten in den vier Ecken eines Raums, die die vier Rollen repräsentieren, auf Pinwände geheftet werden (die Teilnehmer erhalten dann Zeit zum Lesen). Auf die Inhalte der Präsentation kann dann im weiteren Debrief-Verlauf Bezug genommen werden. Die vier Rollen bzw. Perspektiven sind:

- *Die Narren* haben die Aufgabe, Probleme aus einer provokanten und witzigen Perspektive zu überzeichnen. Sie liefern eine Art Karikatur eines Problems oder Konflikts. Sie stellen ihre Perspektive möglichst plastisch und spielerisch vor. Sie haben das Privileg, auch »verrückte« Problemlösungen zu präsentieren.
- *Die Weisen* haben die Aufgabe, die Problemsituation und deren Widersprüche, aber auch ihre Lösungsvorschläge in eine Geschichte zu kleiden, die als Metapher dient. In ihrer Geschichte erzählen sie die beobachteten Zusammenhänge aus einer möglichst ganzheitlichen Sichtweise, in der die Vernetzungen von verschiedenen Problemen und Beziehungen zwischen Personen zum Ausdruck kommen.
- *Die Hüter der Gerechtigkeit* haben die Aufgabe, alle beteiligten Personen zu würdigen. Sie warnen vor den negativen Folgen unreflektierter Handlungen und vor Gefahren des Machtmißbrauchs. Sie ergreifen Partei für Ausgegrenzte, Vergessene und Sündenböcke. Sie formulieren in erster Linie Fragen, um ihre Perspektive zu vermitteln.
- *Die guten Geister des Muts* unterstützen alle Personen in ihren Stärken. Sie versuchen, eine optimistische Haltung einzunehmen und teilen vermutete

oder beobachtete Ressourcen der beteiligten Personen und Lösungsideen mit. Ihre Sichtweise geben sie in Form ermutigender Kommentare ab.

Debrief mit dem Lerntagebuch

Auch wenn nicht alle Menschen ein Tagebuch führen, so kennt doch fast jeder das private Tagebuch als Möglichkeit, Erfahrungen und Gefühle aufzuschreiben und zu verarbeiten. Im *Lerntagebuch* geht es um die persönliche Auseinandersetzung mit einem für sich selbst relevanten Thema oder Umfeld und mit der eigenen Person. Es ist daher ein Instrument, das dem individuellen Lernprozeß dient, andererseits werden Erfahrungen mit anderen Lernenden ausgetauscht (Altrichter u. Posch 1998). Von Werder und Schulte-Steinicke (1998, S. 299) fassen die Funktion des Lerntagebuchs am Beispiel der Universität wie folgt zusammen: »Ziel des Austausches ist es, daß alle Studierenden die eigenen Lernerfahrungen in der Gruppe nochmals reflektieren und einander Feedback geben können. Und ebenso selbstverständlich: Der Dozent/die Dozentin führt ihr eigenes Tagebuch über den Werdegang dieser Arbeitsphase – als Element der Selbstkontrolle und Selbstevaluation.« Das Lerntagebuch nimmt also individuell bedeutsame Erfahrungen, Eindrücke, Gefühle, Fragen oder Erkenntnisse und Lösungen auf. Durch die Verschriftlichung und Ausformulierung dient es der Klärung individueller Lernerfahrungen. Es macht aber auch eine spätere Weiterbearbeitung sowie den Austausch der Erfahrungen zwischen den Teilnehmern leichter möglich. Im Rahmen des Debrief unterstützt das Lerntagebuch dabei, persönliche Erfahrungen, individuelle Betroffenheit, Zielsetzungen oder Schlußfolgerungen aus der erlebten Übung oder Planspielrunde zunächst für sich selbst zu klären und festzuhalten. Für die Eintragungen empfiehlt sich ein eigenes Heft.

Formen des Lerntagebuchs

Wir haben sowohl mit unstrukturierten wie auch mit fragegeleiteten Formen des Lerntagebuchs gute Erfahrungen gemacht. Bei der unstrukturierten Variante sind alle Ideen, innere Bilder und Gedanken rund um das Thema erlaubt, die beim Erinnern an die Übungssituation auftauchen. In dieser Phase ist es irrelevant, ob etwas später noch interessant und brauchbar sein wird.

Bei wenig reflexionserfahrenen Teilnehmern hat es sich bewährt, sogenannte Schreibstarthilfen zu formulieren (von Werder u. Schulte-Steinicke 1998), welche die Gedanken der Tagebuchschreiber lenken. Schreibstarthilfen sind Fragen, die den Einstieg in die Aufzeichnungen erleichtern sollen. Eine Strukturierungs- und Fokussierungshilfe für das individuelle Lerntagebuch bietet ei-

Mögliche Reflexionsdimensionen beim Lerntagebuch

1. **Chronologische Perspektive (Entwicklung des Gesamtprozesses)**
- Welche besonderen Ereignisse haben das Geschehen geprägt?
- Gab es Phasen besonderer Anspannung? Welche? Warum?
- Wie habe ich den bisherigen Verlauf erlebt (konkrete Geschehnisse)?
- Was hat zu einem Konflikt in der Gruppe geführt?

2. **Themenzentrierte Perspektive (Inhalte)**
- Was waren inhaltliche Schwerpunkte des Geschehens?
- Welche Themen tauchten immer wieder auf?
- Welche Themen wurden immer wieder zurückgestellt?
- Gab es neben den offen diskutierten auch latente Themen? Welche?`
- Welche offenen Fragen ergeben sich aus den Inhalten?
- Wo erlebe ich Widersprüchlichkeiten?
- Was waren für mich neue/bekannte Themen/Themenfacetten/Perspektiven auf ein bestimmtes Thema?

3. **Gruppenbezogene Perspektive**
- Wer nahm welche Rollen ein?
- Wie wurden Entscheidungen getroffen?
- Sehe ich Konflikte? Wurden sie angesprochen? Wie wird damit umgegangen?
- Wer kümmert sich um Konflikte?
- Wie sieht die Rollenverteilung innerhalb der Gruppe aus?
- Wie ist das Klima in der Gruppe bezüglich Zuhören, Akzeptanz, Dominanz einzelner?
- Was sollte die Gruppe tun, um besser und effektiver zu arbeiten?
- Inwieweit haben wir die Fähigkeiten der Gruppe gut genutzt?
- Wie war die Zielorientierung des Arbeitsprozesses?

4. **Personzentrierte Perspektive (Schreiber selbst oder andere Person/en):** Mittelpunkt ist ein auffälliges Erleben des Tagebuchschreibers selbst oder möglicherweise auch anderer Personen
- Fühle ich mich zur Gruppe gehörig (woran zeigt sich das)?
- Was waren für mich neue Erfahrungen?
- Was waren Erfahrungen, die ich schon kenne/die ich immer wieder mache? Was bedeutet das für mich?
- In welche neuen/bekannten Rollen bin ich geschlüpft?
- Gab es genügend Raum für meine Ideen?
- Was habe ich getan, um für die Erreichung meiner Ziele zu sorgen?
- Welche Rolle(n) hatte ich in der Gruppe? Wie fühlte ich mich darin?
- Falls ich mit einem bestimmten Verlauf unzufrieden war: Was tat ich, um eine Änderung herbeizuführen?

ne »Prozeßanalyse« (s. folgende Übersicht). Hier werden vier Dimensionen unterschieden, die Schwerpunkte der Reflexion sein können. Je nach Situation sind die einzelnen Fragen mehr oder weniger relevant. Der Tagebuchschreiber beantwortet immer nur jene Fragen, auf die er spontan anspricht.

Formen des Einsatzes von Lerntagebüchern innerhalb des Debrief-Prozesses

Im Rahmen des Debriefs von Teamübungen und Planspielen setzen wir Lerntagebücher selten isoliert ein, sondern beziehen sie in den Debrief-Prozeß mit ein. Dabei arbeiten wir zum Beispiel in folgenden Schritten: Individuelle Eintragung unmittelbar nach Ende der Übung – mündlicher Austausch in der (Klein-)Gruppe – Ergänzung der Eintragungen oder Debrief in der Gesamt- oder Kleingruppe – individuelle Eintragung.

Gegebenenfalls kann auch am Seminarende in Kleingruppen eine Zusammenschau der wesentlichen Erkenntnisse auf Basis der Lerntagebuch-Eintragungen erfolgen. Die Teilnehmer sollten aber stets zu Beginn erfahren, daß auch ein Austausch der Eintragungen geplant ist. Niemand sollte gezwungen werden, alle seine Eintragungen preiszugeben.

Besonders wesentlich ist aus unserer Erfahrung, daß der Trainer explizit Schreibphasen innerhalb des Trainings vorsieht. Die Zeiträume für die Eintragung sollten nicht den Teilnehmern selbst überlassen werden oder in die Pausen reichen.

Die folgenden sieben Kurzzitate und ein längerer Ausschnitt stammen jeweils von verschiedenen Teilnehmern des selben Trainingsprogramms (angehende Schulpsychologen, tätige Lehrer und angehende Beratungslehrer). Sie beziehen sich auf die im nächsten Kapitel vorgestellte Teamübung »Team Juggle«. Die Zitate sind einerseits als Beispiele für die Reflexionstechnik des Lerntagebuchs zu verstehen und zeigen andererseits, daß nicht nur beim entwickelten Wurfmuster, sondern auch in der Kommunikationsdynamik des Teams strukturbildende Kräfte wirksam werden (in dieser großen Gruppe von ca. 30 Personen entstand z. B. während der Übung eine geordnete Diskussion mit Moderator).

Beispiel Lerntagebuch zu »Team Juggle« (Auszüge)

»Ich habe erfahren, daß es für einen Problemlösungsprozeß in Gruppen wichtig ist, zuerst eine gemeinsame Vision zu entwickeln. Was wollen wir eigentlich? ... Ich überlege mir, ob und inwiefern die Übung für die Jugendlichen in unserem Freizeitheim geeignet ist. Ich sollte mich mal mit unserem Soz. Päd. darüber unterhalten.«

»Es bildet sich eine Struktur und man hält daran fest, weil man sie kennt. Ich hatte vorgeschlagen, das sogenannte ›Speichenmodell‹ zu probieren, worauf aber zuerst nicht eingegangen wurde ... Wichtig erscheint es mir, eine Umgebung zu schaffen, in der selbstgesteuertes Lernen möglich wird ... Für meinen Unterricht habe ich mir vorgenommen, das Prinzip des selbstgesteuerten Lernens mehr zu bedenken.«

»In der großen Gruppe mußten wir darauf achten, daß nicht alle durcheinander redeten und das Ganze nicht im Chaos endete.«

»Es ist ein super Training für ein effektives und wertschätzendes Kommunikationsverhalten.«

»Erstaunlich fand ich immer wieder die Ordnungstendenzen, die bald in unseren Gruppen auftauchten, sobald wir den Eindruck hatten, unsere Interaktionen drohten chaotisch zu werden.«

»Die einzelnen Lösungen waren recht kreativ, doch bis wir uns geeinigt hatten, wurde heftig diskutiert. M. wurde zum Moderator ... Wir einigten uns auf eine neue Form des Gruppengesprächs.«

»Im gemeinsamen ›Juggle‹ hat sich für mich gezeigt, daß in einer großen Gruppe die Moderation die beste Alternative ist.«

»Hierbei fühlte ich mich persönlich fast peinlich berührt. Denn zum einen wußte ich nicht, was genau auf mich zukommen würde: wie würde das Ballspiel genau aussehen, würde ich vielleicht daneben werfen, würde ich den Anforderungen genügen? Und war man denn nicht schon zu alt für so ein Spiel? ... Hierzu war die Ausarbeitung einer Strategie notwendig, da das Ganze am Anfang sehr unkoordiniert und ohne Absprachen und dementsprechend sehr ineffektiv ablief: die Bälle fielen häufig zu Boden, jeder warf relativ unbeteiligt den Ball zum nächsten ... In demokratischer Weise wurde ein System entworfen, das den Anforderungen gerecht werden würde. Hierbei konnte sich jeder melden und Vorschläge vor der Gruppe einbringen. Wichtig erscheint mir in diesem Zusammenhang, daß diese aufmerksam zuhörte ... Im Anschluß wurden die Vorschläge besprochen und es wurde über die Tauglichkeit abgestimmt ... Der Ablauf wurde dadurch immer glatter, es fielen immer weniger Bälle auf den Boden und ›man war Teil des Systems‹. Resultat war hier die Optimierung der begonnenen Handlung, wobei die ungeordneten Strukturen durch die Gesamtheit der Gruppe in eine Ordnung übergeführt wurden ... Nach der anfänglichen Ambivalenz war folglich die positive Leistung, die die Gruppe erzielte, auch für mich ein sehr positiver Effekt: die Unsicherheit/Beklemmung am Anfang verwandelte sich in Zufriedenheit bzw. Freude, Bestätigung und Halt in der Gruppe gefunden zu haben.«

Debrief mit »zirkulären Fragen«

Wenn im Zusammenhang mit dem Debrief Fragen gestellt werden, so sind dies zunächst üblicher Weise direkte Fragen. Der Trainer könnte beispielsweise den Teilnehmer Tom in Phase 1 des strukturierten Debrief-Prozesses fragen: »Tom, wie hast du dich in Situation X gefühlt?« Eine solche direkte Frage zielt also ab auf eine Erklärung eines Verhaltens des Gefragten oder fordert die Mitteilung über die subjektiven Bedeutung eines Verhaltens für den Betroffenen. Diese Frage ist wesentlich, weil dadurch die Gefühle des anderen angesprochen werden. Dem anderen wird bekundet, daß sein Verhalten wahrgenommen wurde und daß man an ihm interessiert ist (Situation X könnte z. B. eine Situation sein, in der Tom einen Wutanfall bekam). Aber das direkte Fragen ist nur eine Möglichkeit des Trainers, im Debrief Fragen zu stellen. Zusätzlich kann die im Kontext systemischer Therapie entwickelte konstruktivistische Frageform des »zirkulären Fragens« eingesetzt werden, um eine größere Vielfalt an unterschiedlichen Perspektiven in die Reflexion des Teams einzubringen. Zirkuläres Fragen (Jones 1995) stellt eine Fragetechnik dar, die dazu dient, Bedeutungszusammenhänge und soziale Konstruktionen von Realität aufzudecken und besser verstehbar zu machen.

Aus systemisch-konstruktivistischer Sicht ist jedes Verhalten (z. B. Wutausbruch) nicht allein Ausdruck eines Prozesses, der in einem Individuum stattfindet, sondern gleichzeitig immer auch eine soziale Botschaft, die etwas aussagt über die Beziehung zwischen Menschen. Der kommunikative Bedeutungsaspekt wird mit zirkulärem Fragen angemessener angesprochen. Der Trainer könnte beispielsweise die Teilnehmerin Sylvia fragen: »Wie, glaubst du, hat sich Tom in Situation X gefühlt?«, oder Tom fragen: »Was meinst du, was dein Wutausbruch bei Franz ausgelöst hat?«. Mit dieser Fragetechnik wird eine neue Bedeutung durch Deutungsalternativen eingebracht. »Diese Art der Informationsgewinnung fragt nach Mustern, nicht nach Dingen. Ein Symptom, ein Problem, eine Krankheit sind keine Dinge, sondern Prozesse, gebildet durch Handlungen und Kommunikationen verschiedener Personen« (von Schlippe u. Schweitzer 1996, S. 141).

Eine typische zirkuläre Frage bezieht die Interpretation »dritter« Personen zu einem Verhalten als Ausdruck eines kommunikativen Beziehungsmusters mit ein. In Phase 3 des strukturierten Debriefs könnte der Trainer fragen: »Was glaubst du, Sylvia, was hat Franz heute in der Zusammenarbeit mit Elfi gelernt?«, oder Anna fragen: »In Situation X war Tom wütend auf Max. Ist das ein typisches Kommunikations- und Reaktionsmuster? Wie schätzt du die Kommunikation zwischen Tom und Max in eurem Arbeitsteam ein?«

Debrief mit Framegames

Framegames stellen eine spezielle Methode innerhalb des Gaming-Simulation Ansatzes dar. Sie dienen nicht zur Simulation eines realen Prozesses, sondern bezeichnen eine Art von Lernspiel. Jedes Spiel hat Strukturen und Inhalte. Framegames stellen eine spezifische Spielstruktur als Raster zur Verfügung, die aber mit beliebigen Lerninhalten gefüllt werden kann. Neben der Anwendung von Framegames zum Wissenserwerb (vgl. das Framegame »Kategorien« im folgenden Kapitel), können Framegames auch zur Strukturierung von Debrief-Abläufen verwendet werden. Im folgenden wird zur Veranschaulichung ein praktisches Beispiel von Thiagarajan (1996) aufgegriffen und in modifizierter Form wiedergegeben, so daß es als konkrete Handlungsanweisung für einen Trainer dienen kann.

a) Wählen Sie ein Thema oder Problem aus. Beispiel: »Was haben Sie bei dieser Teamübung heute gelernt?«
b) Geben Sie jedem Teilnehmer einige Moderationskarten (ca. 4–5). Bitten Sie die Teilnehmer in einer vorgegebenen Zeit jeder für sich allein, Antworten oder Aussagen auf die gestellte Frage oder Problemstellung aufzuschreiben. Geben Sie jedem Teilnehmer dazu einen Flip-Chart-Stift (Dauer ca. 8 Minuten).
c) Sammeln Sie die Karten ein, mischen Sie sie und geben Sie jedem Teilnehmer 3 der gemischten Karten nach dem Zufallsprinzip. Plazieren Sie die verbliebenen Karten auf einem großen Tisch (Dauer ca. 4 Minuten).
d) Bitten Sie die Teilnehmer ihre Karten zu lesen und diese nach persönlicher Präferenz zu ordnen, etwa nach dem Ausmaß ihrer Zustimmung zu den Aussagen auf den Karten (Dauer ca. 3 Minuten).
e) Bitten sie die Teilnehmer so viele Karten wie sie wollen auf dem Tisch mit den verbliebenen Karten auszutauschen. Sie dürfen dazu die Karten auf dem Tisch ohne miteinander zu sprechen lesen und Karten nehmen, deren Aussagen sie mehr bevorzugen. Sie sollen aber am Ende wieder genau drei Karten haben (Dauer 5–10 Minuten).
f) Bitten Sie die Teilnehmer, Karten mit anderen Teilnehmern zu tauschen. Dazu dürfen die Teilnehmer miteinander sprechen. Sie sollen mindestens eine Karte tauschen und am Ende wieder drei Karten besitzen (Dauer 5–10 Minuten).
g) Bitten Sie die Teilnehmer, kleine Teams zu formen (3–5 Mitglieder). In diesen Teams sollen die Teilnehmer nun all ihre Aussagen vorlesen und gemeinsam im Konsens drei Aussagen auswählen, die sie als Gruppe als die wichtigsten Aussagen identifizieren und behalten wollen. Die anderen Karten werden beiseite gelegt (Dauer 5–10 Minuten).
h) Teilen Sie Flip-Chart-Papier und Stifte an die Teams aus. Die Teams sollen ihre drei Aussagen in ausschließlich graphischer Form (keine geschriebenen Worte) in einem Poster darstellen (Dauer ca. 5 Minuten).
i) Bitten Sie jedes Team, eine kurze Präsentation zu ihrem Poster vorzustellen (Dauer ca. 10 Minuten).

Dieselbe Spielstruktur kann auch für ganz andere Anwendungsgebiete genutzt werden. Denkbar ist etwa der Einsatz für die Gestaltung eines Brainstorming zur Sammlung und Auswahl kreativer Problemlösungsalternativen. In dem hier ausgeführten Beispiel wird das Framegame für die Phase 3 der allgemeinen Debrief-Struktur genutzt. Die Teilnehmer reflektieren über ihre Lernerfahrungen und wählen in gemeinsamer Diskussion die für das gesamte Team gültigen wichtigsten Erkenntnisse aus.

Debrief mit der »Fishbowl-Technik«

Die Fishbowl-Technik oder der »Samoan Circle« wurde als Instrument für Diskussionen speziell in großen Gruppen entwickelt (Beaulieu u. Pernick 1999). Diese Methode kann für verschiedene Diskussionsprozesse verwendet werden, so bei der Lösungssuche für ein Problem oder bei der Entscheidungsfindung für die Auswahl einer Problemlösungsalternative, und auch als Reflexionstechnik für das Debrief (Steinwachs 1992). Die Technik kann insbesondere dann verwendet werden, wenn es wegen der Gruppengröße nicht möglich ist, daß sich alle Personen direkt in das Gespräch einbringen.

Beim Fishbowl-Debrief sitzen die Teilnehmer im Kreis. In der Mitte dieses Stuhlkreises wird ein weiterer kleiner Stuhlkreis gebildet (4–5 Stühle). In diesen inneren Kreis werden nun vom Trainer einige Personen eingeladen, die als Vertreter der gesamten Gruppe fungieren. Sinnvoller Weise sind dies Teilnehmer, die in der Teamübung oder im Planspiel unterschiedliche Rollen inne hatten, oder Personen, die im Arbeitsteam selbst verschiedene Standpunkte, Interessen oder Funktionen vertreten. Der kleine Kreis sollte somit möglichst repräsentativ und nicht einseitig aus dem großen Kreis zusammen gesetzt werden. In der Mitte bleibt einer der Stühle frei. Dann wird das Debrief oder die Diskussion nur mit der kleinen Gruppe durchgeführt. Eine Kommunikation zwischen dem kleinen inneren Kreis und dem großen äußeren Kreis ist nicht erlaubt, nur die Vertreter im inneren Kreis dürfen miteinander sprechen. Die Teilnehmer im äußeren Kreis hören aufmerksam zu. Es ist jedoch jederzeit möglich, daß jemand aus dem äußeren Kreis freiwillig in den inneren Kreis wechselt und dann an dem Gespräch teilnimmt. Dazu setzt sich dieser Teilnehmer auf den freien Stuhl im inneren Kreis. Gleichzeitig muß eine der im inneren Kreis sitzenden Personen (wenn möglich durch freie eigene Entscheidung, sonst durch Entscheid des Trainers/Moderators) in den äußeren Kreis wechseln und darf dann nur noch zuhören. Es bleibt also immer ein Stuhl im inneren Kreis frei (dies erleichtert es, den Schritt in den inneren Kreis zu tun). Die Teilnehmer des inneren Kreises dürfen nicht von selbst ihre Position wechseln, wenn kein Teilnehmer des äußeren Kreises in die Mitte wechseln will. Die Wechsel sollten dabei nicht in zu kurzen Abständen erfolgen. Den Teilnehmern des inneren Kreises sollte zunächst ausreichend Zeit zur Verfügung stehen, um ihre Meinung darzustellen und ihre Argumente oder Beobachtungen mitzuteilen und im inneren Kreis gemeinsam zu reflektieren.

Debrief mit Stimmungsanzeigern und expressiven Instrumenten

Stimmungsanzeiger dienen, wie der Name schon aussagt, dem Ausdruck der Gefühle. Sie eignen sich daher insbesondere zum Beginn der Phase 1 des strukturierten Debrief. Neben der Möglichkeit, die eigene Stimmung verbal mitzuteilen, existieren auch Methoden, um die Emotionen zunächst in anderer Form auszudrücken und erst danach zu besprechen.

- *Adjektivliste:* Die Teilnehmer beschreiben ihre momentanen Gefühle in der Teamübung mit zwei oder drei Adjektiven. Die Teilnehmer haben dazu 2–3 Minuten Zeit, um sich ihre Beschreibung zu überlegen. Es werden dann diese Adjektive einfach genannt, ohne weitere Erklärungen abzugeben. Alternativ können die Adjektive auf Moderationskarten aufgeschrieben und an eine Pinwand geheftet werden.

- *Gefühlsstern:* Die Teilnehmer stehen im Kreis. Jeder, der möchte, teilt seine Gefühle mit und sagt dazu einen Satz (»Ich fühle/fühlte mich . . .«) und stellt sich in die Mitte des Kreises. Dann stellen sich auch alle anderen Teilnehmer so auf, daß zum Ausdruck kommt, wie sehr sie der Aussage zustimmen oder in welchem Ausmaß sie ebenfalls dieses Gefühl haben/hatten. Bei vollkommener Übereinstimmung treten Teilnehmer in die Mitte des Kreises, bei vollkommenem Nicht-Zutreffen bleiben sie im äußeren Kreis stehen. Es ist aber je nach Zutreffen auch eine Position zwischen den Extrempositionen »Mitte innen« und »außen« erlaubt. Alternativ können statt Gefühlen auch Meinungen und Zustimmungsgrade ausgedrückt werden.

- *Teamskulptur:* Bei dieser Technik geht es nicht nur um die Gefühle in einer Übung, sondern es können auch die (emotionalen) Beziehungen im Team in Szene gesetzt werden. Rationalisierungen und Intellektualisierungen werden damit teilweise unterlaufen. Jeweils ein Teammitglied fungiert als »Bildhauer« oder »Teamsteller«, der die anderen Teilnehmer in Raum plaziert. Damit kann die Nähe oder Distanz der Teilnehmer zueinander veranschaulicht werden. Die Skulptur kann aber auch so angefertigt werden, daß der Steller auch spezielle Ausdrucksformen angibt (Gesichtsausdruck der Personen, Gestik, z. B. eine geballte Faust, ein auf eine Person gerichteter Zeigefinger). Damit werden weitere emotional gefärbte Beziehungsaspekte thematisiert. Es ist möglich, daß sich der Steller am Schluß selbst in seine Skulptur integriert. Der Trainer sollte die Skulptur dann zum Reflexionsthema machen. Es sollte darüber gesprochen werden, wie sich jeder in seiner Skulptur-Position fühlt und was als stimmig oder unstimmig erlebt wird. Es können auch Veränderungsvorschläge gemacht werden (vom Trainer, vom Steller oder auch anderen Teilnehmern) und diese dann in einer veränderten

Skulptur dargestellt werden. Vorteilhaft ist es, wenn unterschiedliche Teilnehmer die Möglichkeit erhalten, ihre Skulptur zu stellen. Dadurch werden mehrere unterschiedliche Perspektiven und Beziehungsdeutungen der beteiligten Teammitglieder konkret erlebbar. Alle Teilnehmer können mit dieser Technik gemeinsam an einer Skulptur oder Struktur arbeiten, die als Abbild einer Ist-Situation eine geteilte Realität über die Beziehungsmuster im Team darstellt oder die als Wunsch- oder Zielskulptur eine neue Soll-Realität verwirklichen hilft.

- *Gefühle mit Farben und Bildern ausdrücken:* Emotionen können auch sehr gut mit Bildern und Farben vermittelt werden. Es sind hier viele verschiedenen konkrete Anwendungsformen denkbar. Die Teilnehmer können etwa Bilder malen, die ihre Gefühle beschreiben sollen. Diese Bilder werden ausgestellt und es kann anschließend auch deren Bedeutung von den Malern erklärt werden. Als Beispiel kann die folgende Abbildung dienen:

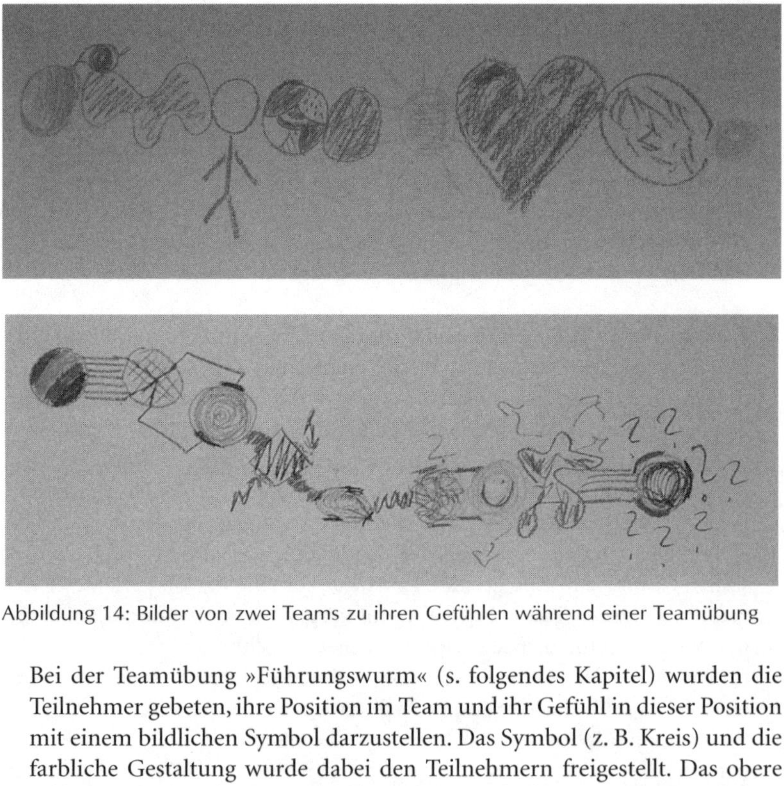

Abbildung 14: Bilder von zwei Teams zu ihren Gefühlen während einer Teamübung

Bei der Teamübung »Führungswurm« (s. folgendes Kapitel) wurden die Teilnehmer gebeten, ihre Position im Team und ihr Gefühl in dieser Position mit einem bildlichen Symbol darzustellen. Das Symbol (z. B. Kreis) und die farbliche Gestaltung wurde dabei den Teilnehmern freigestellt. Das obere Bild zeigt das Ergebnis einer Gruppe deren Teilnehmer insgesamt sehr zufrieden mit dem Teamprozeß waren und die auch die gestellte Aufgabe schnell und gut lösen konnten; hier drücken auch die gewählten Symbole (Herz, Sonne usw.) und deren Farben (helle, kräftige, fröhliche Farben) die empfundene Harmonie aus. Die untere Zeichnung stammt dagegen von einer Gruppe, bei der es Konflikte und Unsicherheiten gegeben hatte und bei der die Teilnehmer mehrheitlich mit dem Teamprozeß nicht zufrieden waren; die Symbole (u. a. Fragezeichen, Blitzzeichen) und auch die Farbwahl (Schwarz) veranschaulichen den Teamprozeß.

– *Skalen:* Der Trainer bereitet auf einem Flip-Chart eine ein- oder zweidimensionale Skala vor, die im Verlauf des folgenden Debriefs als Impuls für die Diskussion eingesetzt wird. Beispiele für eindimensionale Skalen:
»Mit dem Spielergebnis bin ich ... zufrieden-unzufrieden.«
»In der Übung war meine Rolle ... aktiv-passiv.«
»Die Zusammenarbeit zwischen den Gruppen war ... kooperativ-konkurrierend.«
Die Teilnehmer erhalten einen Klebepunkt ausgeteilt und überlegen sich zunächst individuell, wo sie ihn hinsetzen würden. Dann stehen alle auf und kleben ihren Punkt in die Skala. Da jeweils nur eine Einschätzung in bezug auf eine oder maximal zwei Fragen möglich ist, eignet sich diese Form nur als Impuls für eine anschließende Diskussion. Sie kann die gemeinsame Reflexion nicht ersetzen, aber durch das entstandene »Gesamtbild« anregen. Wir haben mit dieser Methode sehr gute Erfahrungen gemacht, wenn sie unmittelbar nach Spielende (Zufriedenheit mit dem Ergebnis) eingesetzt wurde. Es ist jedoch auch ein späterer Zeitpunkt möglich, wenn etwa die Rede auf spezifische Themen kommt, auf die sich die Frage bezieht. Dem Trainer ist es so möglich, aus seinen Beobachtungen oder den Zielen der Übung heraus spezielle Themen zu fokussieren.

Debrief mit Reflexionsfragebögen

Das Verhalten einer Person kann auch anhand von Skalen eingeschätzt werden. Dazu werden Paare gebildet (z. B. durch Los oder Personen, die viel zusammengearbeitet haben). Die Personen schätzen sich wechselseitig ein und erläutern die Einschätzung an Hand konkreter Situationen und Beobachtungen. Es sollten weniger die Skalierungen im Vordergrund stehen als das verbale Feedback dazu. Die Skalen dienen im wesentlichen als Impuls dafür (s. Abb. 15 als ein Beispiel).

Dem Grundgedanken des Feedback folgend wurde die Skala nicht als Gut-Schlecht-Polarisierung gestaltet. Der Trainer sollte vor dem Einsatz zum Aus-

innovativ							beständig
energisch							zurückhaltend
spricht viel							spricht wenig
zeigt Gefühle							kontrolliert Gefühle
zielstrebig							flexibel
konfliktbereit							verträglich
aufgabenorientiert							beziehungsorientiert
planend							spontan
kämpferisch							diplomatisch
an Sicherheit orientiert							risikofreudig
kritisch hinterfragend							zustimmend unterstützend
lebhaft							ruhig
ungeduldig							ausdauernd
dominierend							anpassungsfähig

Abbildung 15: Beispiel für eine Reflexionsskala zur Einschätzung des Debrief-Partners

druck bringen, daß es nicht um eine wertende Einschätzung geht, sondern daß es unterschiedlicher Rollen bedarf, um effizient zusammenzuarbeiten.

Debrief mit Reflexionsübungen

Zum Abschluß dieses Kapitels sollen noch einige weitere Reflexionsübungen exemplarisch aufgezählt werden, die ein Debrief abwechslungsreich und zugleich wirkungsvoll werden lassen:

- *Brief an sich selbst:* Zu einem gegebenen Reflexionsthema sollen die Teilnehmer individuell einen Brief an sich selbst verfassen (Dauer der Aktivität ca. 30 Minuten). In diesem Brief werden die wichtigsten Lernerfahrungen festgehalten, und die Personen sollen einige Konsequenzen formulieren, die sie aus den gemachten Erfahrungen für sich selbst ziehen. Die Teilnehmer sollen sich überlegen, was sie in ihrer realen Lebenswelt verändern wollen und zumindest ein konkretes Vorhaben benennen, das sie in der Zukunft umsetzen wollen. Die Teilnehmer sollen auch alles aufschreiben, was sie sich selbst gern in zwei Wochen sagen wollen, oder an was sie sich selbst erinnern wollen. Einerseits ist dies eine spezielle Anwendung schriftlicher Reflexion, andererseits soll es die Teilnehmer zu einem späteren Zeitpunkt an die Erfahrungen des Teamtrainings und an gute Vorsätze erinnern. Die Teilnehmer adressieren den Brief an sich selbst und kleben ihn zu. Der Trainer behält die Briefe (ohne sie zu lesen!) und senden sie nach etwa 10 Tagen an die Teilnehmer. Es kann auch eine Frist bis zu drei Monaten gewählt werden.

– *Rück(en)meldungen:* Jedem Teilnehmer wird ein DIN-A3-Blatt auf den Rücken geklebt, und jede Person erhält einen Stift. Diese Übung kann für persönliches Feedback genutzt werden, wobei die genannten Feedback-Regeln gelten. Dann gehen die Teilnehmer im Raum herum und jeder kann jedem etwas auf den das Papier auf seinem Rücken schreiben (Dauer ca. 20 Minuten). Später können dann alle lesen, was auf ihrem Blatt steht. Es ist allerdings sinnvoll, zusätzlich nochmals in der Gesamtgruppe zu reflektieren und den Teilnehmern die Möglichkeit zu geben, in der Gruppe mitzuteilen, was das Gelesene in ihnen auslöst. Ein Thema kann es auch sein zu diskutieren, wie einzelne Teilnehmer damit umgehen, daß sie sehr viele oder sehr wenige (eventuell auch gar keine) Rückmeldungen bekommen haben.

– *Postkasten:* Die Teilnehmer sitzen im Kreis. Alle legen vor sich eine Schachtel, einen Sack oder ein Kuvert auf den Boden. Jeder Teilnehmer überlegt sich, wem er eine Rückmeldung geben möchte. Er schreibt, was er sagen möchte, auf ein Blatt Papier, unterschreibt es und legt es der betreffenden Person in den »Postkasten«. Jede Person kann beliebig vielen anderen Personen eine Rückmeldung geben. Man kann die Rückmeldephase auch unterbrechen, wenn in jedem Postkasten eine Nachricht liegt. Alle lesen ihre Rückmeldungen, dann wird die Feedback-Phase fortgesetzt (Dauer 20–30 Minuten).

– *Stilles Feedback*: Der Trainer bereitet Kärtchen aus festem Papier vor (DIN-A6). Auf jedes Kärtchen wird ein Personmerkmal geschrieben, zum Beispiel mutig, zurückhaltend, lustig, ruhig, sicher, freundlich, kompetent, abwesend, kooperativ, angespannt, vorsichtig. Es sollten dabei keine eindeutig negativen Merkmale verwendet werden, sondern nur positive oder neutrale Merkmale aufgeschrieben werden. Diese Kärtchen bilden gemeinsam mit 5–10 leeren Kärtchen eine Serie (pro Serie ca. 25–30 Kärtchen). Es werden so viele identische Serien vorbereitet wie Feedback-Gruppen gebildet werden sollen. Jede Gruppe erhält nun eine Serie der vorbereiteten Karten mit folgender Aufforderung:
  1. Legen Sie die Kärtchen gut sichtbar auf den Tisch und ordnen Sie den jeweils anderen Personen jene Kärtchen zu, von denen Sie den Eindruck haben, daß sie zu der Person passen. Dabei wird nicht miteinander gesprochen. Es müssen nicht alle Kärtchen vergeben werden, bei Bedarf können auch neue geschrieben werden. Jede Person sollte mindestens drei Kärtchen haben. Es stehen dafür 10 Minuten zur Verfügung.

2. Nun haben Sie Gelegenheit nachzufragen, warum Ihnen die anderen gerade diese Kärtchen zugeordnet haben. Dabei ist es wichtig zuzuhören und sich nicht zu verteidigen oder Richtigstellungen zu äußern.
3. Wenn Sie alle Kärtchen erklärt haben, kann jede Person von den erhaltenen Kärtchen jene in die Mitte zurücklegen, die sie sich selbst nicht zugeordnet hätte.

Diese Form der Rückmeldung eignet sich besonders gut für feedbackunerfahrene Gruppen, weil der Feedback-Geber seine Rückmeldung im ersten Schritt nicht mehr formulieren muß. In der 2. Phase fällt es leicht, durch Bezugnahme auf das gemeinsam Erlebte die Merkmale zu konkretisieren. Durch die positiv bis neutral gehaltenen Merkmale kann das Feedback gut angenommen werden (Dauer 20–30 Minuten).
Wir setzen diese Übung auch ein, um die Wirkung des ersten Eindrucks zu demonstrieren. Dazu verwenden wir Kategorien wie »lustig«, »hat eine Katze«, »spielt ein Instrument«, »sportlich«, »ißt gern italienisch«, »selbstsicher«. Die Übung läuft so ab wie beschrieben.

– *Wandzeitung:* Diese Methode eignet sich, wenn in einem Planspiel unterschiedliche Rollen oder Funktionen von Einzelpersonen oder Kleingruppen eingenommen werden, beispielsweise verschiedene Abteilungen eines Unternehmens oder verschiedene Funktionsträger.
Nach der Teamübung bereiten die einzelnen Personen oder Gruppen etwa ein Plakat mit folgenden Aussagen vor:
»Wie wir euch erlebt haben ...« und
»Was wir euch noch sagen möchten«
Diese Plakate werden in den Spielbereich der jeweiligen Akteure gehängt. Nun gehen die einzelnen Gruppen im Uhrzeigersinn zu den Plakaten der jeweils anderen Gruppen und schreiben ihnen Nachrichten zu den jeweiligen Aussagen auf ihr Plakat. Der Trainer achtet darauf, daß alle Gruppen relativ gleichzeitig zum nächsten Plakat wechseln und jede Gruppe ausreichend Zeit hat, ihre Nachrichten zu hinterlassen. Wenn jede Gruppe wieder beim eigenen Plakat angekommen ist, werden die Nachrichten der anderen gelesen und eventuell offene Fragen in eine anschließende Plenumrunde eingebracht.

Materialsammlung – Anleitungen zu Teamübungen und Planspielen

Vorbemerkungen

In die Materialsammlung haben wir ein breites Spektrum verschiedener erfahrungsorientierter Übungen einbezogen, die wir in unserer Praxis mit einer Vielzahl unterschiedlicher Teams im Rahmen von Teamentwicklungsmaßnahmen und Trainingsprogrammen in Unternehmen und Schulen sowie in Universitätsausbildungen und betrieblichen Fort- und Weiterbildungen erfolgreich einsetzen.

Im dritten Abschnitt dieses Kapitels stellen wir einige Warming-up-Übungen vor, die insbesondere am Beginn eines Seminars oder am Anfang eines Workshoptages verwendet werden können und die dem besseren Kennenlernen der Teilnehmer dienen. Es folgt die Darstellung von »Energizern«. Die Grenzen zu Warming-up sind hier fließend, es sind dies aber Übungen, in denen der Aspekt der körperlichen Bewegung wichtig ist und die von uns verwendet werden, wenn die Teilnehmer Energie tanken und/oder entspannen sollen. Bei beiden Übungskategorien kann das Debrief entfallen. Eine Reflexionsphase ist nur im Bedarfsfall – bei besonderen Vorfällen in der Übung – notwendig, sie kann aber natürlich jederzeit durchgeführt werden, wenn der Trainer diese Übungen im Rahmen spezifischer Lernziele einsetzen möchte.

Im fünften Abschnitt beschreiben wir 18 Teamübungen, die in erster Linie der Entwicklung von Teamkompetenz dienen. Der sechste Abschnitt enthält das gesamte Material zu zwei Plan- und Rollenspielen. Bei allen Übungen und Planspielen werden spezielle Lernziele, Hinweise zu Zeitdauer, Platzbedarf, Anzahl der Teilnehmer und notwendigem Material angegeben. Die Beschreibung der Übungen erfolgt nach einer festen Struktur: Ablauf und Regeln, besondere Hinweise, mögliche Variationen und Debrief. Bei einigen Übungen geben wir beispielhaft auch ein mögliches Briefing und Metaphern zur weiteren Arbeit mit der Übung an. Bei den Übungen »Marshmallows« und »Pipeline« haben wir zusätzlich Anweisungen für Designteams einbezogen. Bei »Pipeline« stellen wir beispielhaft auch Ergebnisse von Designteams dar. Damit wollen wir unseren Ansatz verdeutlichen, nicht nur die Durchführung, sondern auch das Design von Teamübungen für die Förderung von Teamkompetenz anzuwenden. Es ist uns ein besonderes Anliegen, unsere Erfahrungen bei der Darstellung der Teamübungen genau zu dokumentieren, also die Vorzüge, Gefahren, Einsatz- und Reflexionsmöglichkeiten zu benennen. Bei den Angaben zum Debrief haben wir uns in der Darstellung nur auf jene Aspekte konzentriert, die uns bei der Anwendung der Übung besonders wichtig sind. Es können und müssen (je nach Lernzielen, Situation und Gruppendynamik) aber natürlich weitere Debrief-Fragen gestellt werden. Außerdem sind die angegebenen Debrief-Themen immer in eine Debrief-Struktur einzugliedern, die wir an dieser Stelle jedoch nicht wiederholen wollen. 28 Abbildungen[5] veranschaulichen zentrale Spiel- oder Ausgangssituationen. Einen Kurzüberblick zu diesen Teamübungen schließt sich im nächsten Abschnitt an. Das Buch schließt mit dem Beispiel eines Framegames, das als Team-Lernspiel verwendet werden kann.

Übersicht zu den Teamübungen

Name	**Lernziele**	**Teilnehmer**	**Minuten**	**Platzbedarf**	**Materialbedarf**
Kreis im Kreis	Strategieoptimierung, Umgang mit neuen Anforderungen	10–30	5–20	mittel	gering
Mergers	Kooperation, Perspektivenwechsel	10–30	25–45	mittel	mittel
Luftballon-Wägen	Führung, Kommunikation, Aufmerksamkeit	6–40	25–45	mittel	mittel
Erdball	Strategieoptimierung, Wirkung von Anspruchsniveaus	10–30	25–45	groß	gering
12-Bits-Information	Problemlösen, Wissensaustausch	12	30–75	klein	gering
Computer-Code	Kooperation, Umgang mit Ziel-konflikten, Rollenverteilung	5–25	45–60	groß	groß
Egg Drop	Kreativität, Projektmanagement Umgang mit Ressourcen	6–40	60–75	groß	groß
Zauberstab	Koordination, Sensibilität füreinander	10–20	25–45	klein	gering
3-D-Minenfeld	Vertrauen, Kommunikation, Aufmerksamkeit	8–24	60–90	groß	groß

5 Für uns gezeichnet von der Architektin Dr. Ulrike Rohrhofer, München.

Name	Lernziele	Teilnehmer	Minuten	Platzbedarf	Materialbedarf
Führungswurm	Führung, Geführt-Werden, Kommunikation	10–30	25–45	groß	mittel
Blindes Puzzle	Führung, Kommunikation, Ressourcennutzung	12–20	30–60	klein	mittel
Spinnennetz	Vertrauen, Optimierung von Abläufen und Strategien	10–30	60–90	mittel	mittel
Zipper	Vertrauen, Kommunikation, Aufmerksamkeit	10–30	15–45	groß	keines
Labyrinth	Vertrauen, Kommunikation, Strategieplanung	10–30	45–60	mittel	gering
Team Juggle	Kooperation, Führung, Umgang mit Teamzielen	10–30	45–60	groß	groß
Marshmallows	Kooperation, Strategieplanung, Wir-Gefühl stärken	10–30	30–45	groß	mittel
Pipeline	Kooperation, Strategieplanung, Qualitätsmanagement	3–40	25–45	groß	groß
Quadratur des Kreises	Vertrauen, Zuhören, Kommunikation	10–30	25–45	groß	gering

Warming-up-Übungen

Willkommens-Kreis

Kategorie:	Warming-up (kein Debrief)
Lernziele:	In der Gruppe Willkommen geheißen werden, Kennenlernen, Wahrnehmen und Respektieren von Gemeinsamkeiten und Unterschieden in der Gruppe
Teilnehmeranzahl:	beliebig
Zeit:	5–10 Minuten
Ort:	Raum mit offener Fläche oder im Freien
Material:	nicht erforderlich

Ablauf und Regeln

Die Teilnehmer stellen sich in einem weiten Kreis auf. Jede Person kann sich nun überlegen, wer begrüßt werden soll. Es wird dazu der folgende Spruch verwendet: »Ich begrüße alle Teilnehmer die ...« (»Ich begrüße alle Teilnehmer die Frauen sind«, »... gern italienisch essen«, »... eine Sportart betreiben« usw.). Alle Teilnehmer, die die genannte Bedingung »...« erfüllen treten nun in die Mitte des Kreises. Die im äußeren Kreis verbleibenden Personen (die die Bedingung nicht erfüllen) klatschen Applaus für die in der Mitte versammelten Personen. Dann verlassen die in der Kreismitte stehenden Personen ihre Position und gehen zurück auf ihre ursprüngliche Position im Kreis. Der Trainer sollte am Beginn mit gutem Beispiel vorangehen und selbst einen Satz nennen. Wenn alle Personen, die offensichtlich eine Begrüßung aussprechen wollten (niemand sollte dazu gezwungen oder direkt aufgefordert werden) an der Reihe waren, so kann der Trainer nochmals in die Runde fragen, ob noch jemand eine Begrüßung aussprechen will. Wenn nicht, so endet damit die Warming-up-Aktivität. Eventuell kann der Trainer auch selbst zum Abschluß einen weiteren Begrüßungssatz beitragen, wenn aus dem Teilnehmerkreis sehr wenige Aussagen gekommen sind. Mit einer gezielten Frage kann der Trainer bereits für ihn relevante Informationen für den weiteren Trainingsablauf gewinnen (z. B. »Ich begrüße alle, die selbst schon Teamübungen angeleitet haben«).

Namen lernen

Kategorie	Warming-up (kein Debrief)
Lernziele:	Kennenlernen
Teilnehmeranzahl:	10–30 Personen
Zeit:	8–15 Minuten
Ort:	großer Raum mit offener Fläche oder im Freien
Material:	nicht erforderlich

Ablauf und Regeln

Diese Übung ist eine unserer Favoriten, wenn es darum geht, sich Namen einzuprägen und eine angenehme und persönliche Anfangsatmosphäre entstehen zu lassen. Sie gibt jeder Person die Chance, als solche sichtbar und wahrgenommen zu werden.

Die Teilnehmer stellen sich im Kreis auf. Der Trainer bittet alle, sich eine Eigenschaft zu überlegen, die sie selbst charakterisiert und die mit dem gleichen Buchstaben beginnt wie der eigene Vorname, z. B. »Ulrike, die Unternehmungslustige«. Dazu soll sich jede Person eine passende Hand- oder Körperbewegung ausdenken. Er gibt etwas Zeit, bis alle etwas gefunden haben. Dann erklärt er die Übung: Die erste Person beginnt, indem sie ihren Vornamen und die Eigenschaft nennt und dazu die Körperbewegung macht. Alle anderen wiederholen Namen, Eigenschaft und Körperbewegung. Die nächste Person setzt fort und alle wiederholen, aber beginnend mit der ersten Person. Dann schließt die dritte Person an, alle wiederholen die erste, die zweite und die dritte Person usw. Auch der Trainer macht bei der Übung mit, eventuell gleich als erste Person: »Ich werde jetzt beginnen: ›Katharina, die Kämpferische‹ (ballt dabei die Fäuste)«.

Mögliche Variationen

Wir führen die Übung auch mit den Familiennamen durch, wenn die Vornamen nicht angebracht sind. Denkbar ist es auch, den Teilnehmern offen zu lassen, wie sie angesprochen werden wollen und sich danach eine Eigenschaft zu überlegen.

Bei mehr als 12 Personen lassen wir ab der Hälfte der Teilnehmer nicht mehr von Beginn an alle Namen nennen. Haben wir z. B. 25 Teilnehmer, so beginnen wir etwa bei Person 12 wieder von neuem. Wir lassen dann aber am Ende nochmals alle Personen gemeinsam wiederholen.

Man kann die Gruppe nach der Übung mehrmals in einem neu durchmischten Kreis Aufstellung nehmen lassen und dann nochmals von der gesamten Gruppe zu allen Teilnehmern im oder gegen den Uhrzeigersinn Name, Eigenschaft und Bewegung wiederholen.

Nonverbales Aufstellen

Kategorie:	Warming-up
Lernziele:	Kennenlernen, in der Gruppe Unterstützung geben und Hilfe bekommen
Teilnehmeranzahl:	10–30 Personen
Zeit:	5 Minuten
Ort:	Raum mit offener Fläche oder im Freien
Material:	nicht erforderlich

Ablauf und Regeln

Die Teilnehmer stellen sich im Kreis auf. Dann wird die Aufgabe erklärt: Die Aufgabe ist es, daß alle Personen im Uhrzeigersinn einmal laut und deutlich ihren Vornamen sagen. Ist ein Name akustisch nicht deutlich verstanden worden, so ist eine Nachfrage erlaubt. Dann sollen sich alle Personen in alphabetischer Reihenfolge von A bis Z in einer Reihe geordnet aufstellen, ohne daß dabei verbal oder schriftlich kommuniziert werden darf. Gesten oder Zeichensprache sind hingegen erlaubt.

Der Trainer sagt nun deutlich seinen Namen und die Teilnehmer sagen im Uhrzeigersinn ihre Namen. Dann fordert der Spielleiter die Teilnehmer auf, die alphabetisch geordnete Reihe zu bilden und erinnert, daß nicht gesprochen werden darf. Sind die Teilnehmer sichtlich mit der Lösung einverstanden (es finden keine Positionswechsel mehr statt), so werden die Teilnehmer gebeten, nochmals laut ihre Namen zu sagen und danach etwaige Verbesserungen nichtverbal vorzunehmen. Es wird Gelegenheit gegeben, diesen Vorgang so oft zu wiederholen bis die Reihenfolge stimmt. Meistens ist dazu aber nur ein Verbesserungsdurchgang notwendig, vielfach gelingt es auch in großen Gruppen schon beim ersten Mal.

Besondere Hinweise

Die Teilnehmer sollten zu diesem Zeitpunkt (noch) keine Namensschilder tragen. Wenn der Vorname nicht geeignet erscheint, so können auch Nachnamen verwendet werden (sowie auch andere Ordnungskategorien anstatt der Namen, z. B. Geburtstagsdaten, Lieblingsautoren).

Der Trainer sollte sich erst als letzter in die Reihe eingliedern und sich während des Ordnens der Gruppe zurückziehen.

Mögliche Variationen

»Silent Line Up«: Man kann auch Zeichensprache, Gestik und Mimik verbieten.

Debrief

Das Debrief kann bei Warming-up-Übungen auch entfallen. Bei Bedarf kann reflektiert werden, ob die Situation Streß oder ein Gefühl der Unsicherheit ausgelöst hat. Ein weiteres Debrief-Thema kann die Frage sein, inwieweit die Teilnehmer zur gegenseitigen Hilfeleistung bereit waren und Sensibilität füreinander gezeigt haben.

Gemeinsamkeiten und Unterschiede

Kategorie: Warming-up (kein Debrief)
Lernziele: Kennenlernen, Kontakt aufnehmen, Wahrnehmen und Respektieren von Gemeinsamkeiten und Unterschieden in der Gruppe
Teilnehmeranzahl: beliebig (eine der wenigen Übungen, die sogar für sehr große Gruppen über 50 Personen noch gut geeignet ist)
Zeit: 10 Minuten
Ort: Raum mit offener Fläche oder im Freien
Material: nicht erforderlich

Ablauf und Regeln

Die Teilnehmer stellen sich beliebig im Raum verteilt auf. Jede Person kann sich nun Ordnungskategorien ausdenken. Es wird dazu der folgende Spruch verwendet: »Ich würde gern wissen, wer von euch . . .«. Solche Kategorien können sein: ». . . wieviele Fremdsprachen spricht«, »wieviele Geschwister hat«, »welche Lieblingsfarbe hat« usw. Die Teilnehmer müssen sich dann in Gruppen zusammenfinden, die dieselbe Antwort geben. Die Teilnehmer müssen dazu zuerst geeignete Antwortkategorien auswählen (z. B. Gruppen mit keinen Geschwistern, einem Geschwister, zwei, drei und mehr als 3 Geschwister usw.). In den so gebildeten Gruppen sollen sich die Teilnehmer kurz miteinander bekannt machen (d. h. ihre Namen austauschen). Der Trainer sollte am Beginn mit gutem Beispiel vorangehen und selbst einen Satz aussprechen. Nach 5–10 Durchgängen endet diese Aktivität. Mit einer gezielten Abfrage kann der Trainer bereits für ihn wichtige Informationen für den weiteren Trainingsablauf gewinnen (z. B. »Ich würde gern wissen, wie viele Mitarbeiter ihr zu führen habt«).

Einführungsübung

Kategorie: Warming-up

Lernziele: Kennenlernen der Teilnehmer, Bereitwerden, an dem Seminar/Workshop aktiv teilzunehmen, Festlegung von Zielen und Werten (Verhaltensregeln für den Umgang miteinander), Erkennen der Wichtigkeit von Gemeinsamkeiten und Unterschieden in der Gruppe

Teilnehmeranzahl: beliebig

Zeit: 1 Stunde

Ort: jeder Ort ist geeignet

Material: Flip-Chart, Flip-Chart-Papier, Stifte in unterschiedlichen Farben, Klebeband

Ablauf und Regeln

Man teilt die Gruppe in mehrere Kleingruppen (jeweils 3–5 Personen) auf. Jede Kleingruppe erhält mehrere verschiedenfarbige Flip-Chart-Stifte und mehrere Bögen Flip-Chart-Papier. Dann wird die Aufgabe präsentiert (wir geben den Kleingruppen diese Aufgabe auch zusätzlich in schriftlicher Form):

1) Klären der drei folgenden Fragen, Diskussion in der Kleingruppe und später Präsentation der Ergebnisse in der Großgruppe:
   - Was erwarte ich von dem Seminar/Workshop, was will ich bekommen?
   - Was erwarte ich von mir selbst, was will ich beitragen?
   - Welche Bedingungen müssen realisiert sein, damit ich mich in dem gemeinsamen Arbeits- und Lernprozeß während des Seminars/Workshops in der Gruppe wohl fühlen kann? Welches Verhalten ist in der Gruppe angemessen?

2) Findet zwei Gemeinsamkeiten, die ihr als Mitglieder eurer Kleingruppe gemeinsam habt. Auch dieses Ergebnis soll dann später in der Gesamtgruppe vorgestellt werden.
   - Eine oberflächliche Gemeinsamkeit (z. B. Hobbys)
   - Eine tiefergehende Gemeinsamkeit (Werthaltungen, Lebenseinstellungen usw.)

Für die Aufgabe haben die Kleingruppen 30 Minuten Zeit. Danach sollen die Ergebnisse kurz in der Gesamtgruppe vorgestellt werden und bei Bedarf diskutiert und präzisiert werden.

Besondere Hinweise

Die Ergebnisse/Flip-Chart-Bögen können aufgehoben werden und dann am Ende des Seminars oder Workshops nochmals in die gemeinsame Evaluation oder in ein Seminarfeedback mit einbezogen werden (z. B.: Wurden die am Beginn formulierten Erwartungen erfüllt?).

Wenn sich bereits einige Teilnehmer kennen, dann sollten die Kleingruppen so aufgeteilt werden, daß jene Personen zusammenkommen, die sich jeweils möglichst wenig persönlich kennen.

Debrief

Kein Debrief im klassischen Sinn. Die Ergebnisse der Kleingruppen sollten jedoch gemeinsam im Plenum diskutiert und reflektiert werden.

Die erste Aufgabe dient dazu, daß sich die Teilnehmer über ihre Erwartungen an das Seminar, an die Trainer, an die Gruppe und an sich selbst klar werden können. Dabei ist es wichtig, a priori den Aspekt der Erwartung an sich selbst einzubeziehen, um klarzustellen, daß ein aktives, gemeinsames Lernen und ein eigenverantwortliches Einbringen der eigenen Person für das Seminar wesentlich ist, und um einer passiven Konsumhaltung vorzubeugen. Gleichzeitig liefern die Antworten auf die erste Aufgabe wichtige Hinweise für die Trainer, welche Erwartungen und Anforderungen an sie und das Seminar gestellt werden. Die Diskussion der Antworten sollte auch zur Formulierung eines sogenannten Full Value Contracts führen, einer Art Verhaltenskodex zum gemeinsamen Umgang miteinander in der Gruppe. Dabei können die wichtigsten Punkte der Teilnehmer zur Frage, welches Verhalten in der Gruppe angemessen ist, nochmals in eine Rangreihe gebracht werden und eventuell weitere Verhaltensregeln (z. B.: Offenheit für ehrliches Feedback geben und nehmen in der Gruppe) von den Trainern eingebracht werden. Es ist sinnvoll, eine Liste mit den wichtigsten 5–7 Werten oder Regeln, auf die sich die Gruppe in einem möglichst großen Konsens einigen konnte, schriftlich festzuhalten. Dies eröffnet die Möglichkeit, sich während des Seminars von Zeit zu Zeit in den Reflexionsphasen auf diese Liste zu beziehen und das Ausmaß der Verwirklichung und Verbesserungsvorschläge zur Umsetzung und Gestaltung der eigenen Gruppendynamik zu diskutieren.

Die zweite Aufgabe dient dem genaueren Kennenlernen einiger Seminarteilnehmer. Die Teilnehmer können Gemeinsamkeiten und Unterschiede erfahren. Es bietet sich hier an, über die Folgen von Gemeinsamkeiten und Unterschieden für Teamarbeit zu reflektieren, um zu erkennen, daß sowohl Gemeinsamkeiten als auch Unterschiede für die Teamarbeit wertvoll sind und daß Unterschiede akzeptiert werden können: Welche Auswirkungen kann es haben, wenn in einem Team viele Gemeinsamkeiten vorhanden sind? (Gemeinsamkeiten erzeugen Sympathie, Zusammenarbeit wird dadurch zunächst einfacher, schnellere Gruppenkohäsion, aber auch die verstärkte Gefahr von Group Think und zu einseitige und einstimmige Vorgehensweise bei Problemlösungen, wodurch qualitativ bessere Problemlösungen eventuell übersehen werden). Welche Folgen können viele Unterschiede und Gegensätzlichkeiten für die Arbeit im Team haben? (Konflikte, die die Zusammenarbeit und Entscheidungsfindung behindern und verlangsamen, aber auch konstruktive Konflikte und unterschiedliche Perspektiven und Fähigkeiten, die zu qualitativ neuen und besseren Problemlösungen beitragen können). Was bedeuten Unterschiede für einen angemessenen Umgang miteinander im Team? Was bedeuten die Werte Toleranz und gegenseitige Akzeptanz und wie können diese im laufenden Handlungsgeschehen tatsächlich realisiert werden?

Symbole

Kategorie: Warming-up
Lernziele: Kennenlernen
Teilnehmeranzahl: 10–20 Personen (bei mehr Teilnehmern Untergruppen bilden)
Zeit: 15–20 Minuten
Raum: Raum mit freier Fläche
Material: Postkartensammlung mit sehr unterschiedlichen Motiven oder Schachtel/Koffer/Kiste mit verschiedenem Krimskrams (zu diesem Zweck wurde eine »Schatzkiste« zusammengestellt, die wir immer fertig und griffbereit haben. Sie enthält z. B. eine Dose mit Murmeln, Steinschleuder, Spielzeughandy, Spielzeugauto, Trillerpfeife, Muschel, Golfball, eine leere Flasche Seifenblasen etc.).

Ablauf und Regeln

Alle Teilnehmer sitzen im Kreis. In der Mitte werden die Postkarten gut sichtbar ausgelegt oder es wird die noch geschlossene Schachtel mit den Symbolen aufgestellt. Es sollten bei beiden Varianten etwa doppelt so viele Gegenstände wie Teilnehmer vorhanden sein. Nun werden die Personen aufgefordert, sich eine Karte/ein Symbol auszusuchen. Dabei gibt es verschiedene Instruktionsvarianten:

- Als Vorstellrunde: »Sucht euch bitte eine Karte, von der ihr glaubt, daß sie besonders gut zu euch paßt.«
- Als Neueinstieg ins Seminar: »Sucht euch bitte eine Karte, die eure wichtigsten Erwartungen an dieses Seminar ausdrückt.«
- Als Einstieg in einen neuen Seminartag: »Bitte sucht euch jetzt eine Karte, die besonders gut eure Stimmung heute Morgen ausdrückt.«

Wenn alle Teilnehmer eine Karte/ein Symbol ausgesucht haben, dann stellen sie sich mit Hilfe der Karten/Symbole vor oder drücken ihre Stimmung/Erwartungen durch die gewählte Karte aus (reihum oder in beliebiger Reihenfolge).

Mögliche Variationen

Die Übung läßt sich ausbauen, wenn man nach der Auswahl der Karten/Symbole die Teilnehmer auffordert, sich in Kleingruppen zusammenzufinden. Kriterium für die Gruppenfindung ist eine Ähnlichkeit der Symbole oder Kartenmotive. In den Kleingruppen werden dann vertiefende Aufgabenstellungen bearbeitet: sich gegenseitig vorstellen an Hand bestimmter Fragen, gemeinsam die Erwartungen an die Veranstaltung formulieren und auf einem Flip-Chart darstellen usw. In dieser Variante eignet sich die Übung auch für mehr als 20 Personen.

Rücken an Rücken

Kategorie: Warming-up
Lernziele: Führen und Geführtwerden, Aufmerksamkeit, Bedeutung von Kontakt
Teilnehmeranzahl: ab 10 Personen
Zeit: 10–15 Minuten
Raum: großer Raum mit offener Fläche oder im Freien
Material: nicht erforderlich

Ablauf und Regeln

Je zwei Teilnehmer, die annähernd gleich groß sind, stellen sich Rücken an Rükken zueinander, so daß sich die Schultern berühren. Sie versuchen nun, sich in dieser Formation durch den Raum zu bewegen und zwar ohne miteinander zu sprechen. Der Spielleiter fordert nach einer bestimmten Zeit auf, Richtung oder Tempo zu variieren. Nach einigen Minuten suchen sich die Teilnehmer neue Partner und probieren das gleiche noch einmal aus.

Debrief

Diese Übung zeigt sehr gut, wie wichtig es ist, einerseits auf den Partner zu reagieren, andererseits aber selbst auch Signale zu geben, was man möchte. Die Herausforderung ist, sich zu bewegen und dabei aber stets in Kontakt zu bleiben. Das könnte auch als Beziehungs- und Aufgabenkomponente in Dyaden oder Arbeitsgruppen gedeutet werden. Insofern stellt die Übung eine schöne Metapher für die Arbeit in Seminaren oder Gruppen dar.

Mögliche Debrief-Fragen: Wie war es, als ihr euch zu bewegen begonnen habt? Welche Rollenverteilung hattet ihr während der Übung? Wann war es leicht/wann war es schwierig, den Kontakt zu halten? Wie habt ihr euch über Tempo und Richtung verständigt? Wie habt ihr es erlebt, als ihr die Übung mit einer neuen Person gemacht habt?

Energizer

Die Hinweise gelten für die folgenden sieben »Klopf-Spiele«.

Kategorie:	Energizer (kein Debrief)
Lernziele:	Bewegung, Spaß, Energie tanken
Teilnehmeranzahl:	ab 6 Personen
Zeit:	beliebige Dauer durch Wiederholung eines Spieles, pro Spiel ca. 5 Minuten
Ort:	Raum mit großer offener Fläche oder im Freien
Material:	nur für Spiel 5 sind einige Softbälle oder weiche Wurfgeschosse erforderlich

Jäger und Beute

Die Teilnehmer verteilen sich in einer abgegrenzten Spielfläche, deren Begrenzungen niemals überschritten werden dürfen. Jeweils zwei Personen bilden ein Team. Innerhalb jedes Zweierteams wird eine Person als »Jäger« und eine Person als »Beute« bestimmt (durch Los oder freie Abmachung). Die Beute hält nun einen Abstand von ca. 2 Metern. Ziel des Jägers ist es, die Beute so lange zu jagen bis diese berührt werden kann, und Ziel der Beute ist es, möglichst lange zu entkommen. Dabei ist Laufen nicht erlaubt, nur schnelles Gehen ist gestattet. Wird die »Beute« berührt, so muß sie sich dreimal um die eigene Achse drehen und wird dann automatisch zum Jäger und der Jäger zugleich zur Beute (die das Sichdrehen des neuen »Jägers« nutzen kann, um schon einen kleinen Vorsprung herauszuholen). Eine neue Jagd beginnt. Alle Teams bewegen sich gleichzeitig auf der Spielfläche. Das Spielende wird vom Trainer bestimmt.

Paarjäger und Paarbeute

Dieselbe Aufgabe wie bei »Jäger und Beute«, allerdings bilden nun vier Personen ein Spielteam. Jeweils zwei sind »Jäger« und zwei »Beute«, wobei sich die beiden Jäger und die beiden Beutepersonen während der gesamten Übung immer gegenseitig an den Händen festhalten müssen. Wird das Beuteteam vom Jägerteam berührt, dreht sich eine Beuteperson dreimal um die andere (Umrundung) und beide werden dann sie zu Jägern usw. Wieder ist nur schnelles Gehen und kein Laufen erlaubt.

Verwandeln

Die Teilnehmer verteilen sich auf einer abgegrenzten Spielfläche, deren Begrenzungen nicht überschritten werden dürfen. Nun wird die Hälfte der Personen als »Alphas« und die andere als »Betas« bestimmt. Die Alphas müssen eine Hand auf den Bauch legen, die Betas müssen eine Hand auf den Kopf legen. Nun sollen die Alphas versuchen, mit der anderen freien Hand Betas zu berühren, und umgekehrt versuchen die Betas möglichst viele Alphas zu berühren. Bei dieser Übung ist auch Laufen erlaubt. Wird ein Beta berührt, so muß die Hand vom Kopf genommen und auf den Bauch gelegt werden. Dadurch wird der berührte Beta zum Alpha und jagt nun Betas! Umgekehrtes gilt, wenn ein Alpha berührt wird. Dann muß der Alpha seine Hand vom Bauch nehmen und auf den Kopf legen, er wird damit zum Beta und macht nun Jagd auf Alphas. Spielende ist, wenn nur noch Alphas oder Betas existieren. Diese Art hat im Kampf »survival of the fittest« (Darwin) gewonnen.

Jeder ist es

Die Teilnehmer verteilen sich in einer abgegrenzten Spielfläche, deren Begrenzungen nicht überschritten werden dürfen. Bei diesem Spiel sind alle Personen zugleich »Jäger« und »Beute«. Ziel ist es, andere zu berühren und selbst nicht berührt zu werden. Wird eine Person berührt, so muß sie zum Zeichen der Verwundung eine Hand auf jene Stelle legen, die berührt wurde. Diese Hand darf nicht mehr verwendet werden, sondern muß auf der jeweiligen Stelle liegenbleiben. Wird eine Person ein zweites Mal berührt, so muß auch die zweite Hand auf die entsprechende Stelle gelegt werden. Eine solche Person kann selbst nicht mehr jagen, da nur die Hände zum Berühren einer anderen Person erlaubt sind. Diese Person kann aber noch flüchten. Wird eine Person dann zum dritten Mal berührt, so scheidet sie aus, in dem sie in die Hocke geht und still verharrt. Das Spiel ist zu Ende, wenn nur noch eine bewegungsfähige Person übriggeblieben ist. Besonders interessant ist es zu beobachten, welche Strategie die beiden zuletzt verbliebenen Personen anwenden um Sieger zu werden.

Team-Jagd

Die Teilnehmer verteilen sich auf einer abgegrenzten Spielfläche, deren Begrenzungen nicht überschritten werden dürfen. Eine Gruppe von 2–4 Personen wird als Jäger bestimmt, sie bilden das »Jägerteam«. Die verbleibende Mehrheit ist das »Beuteteam«. Etwa 10 % der Beutepersonen erhalten einen Softball. Die Jäger versuchen nun die Beutepersonen zu berühren. Gelingt eine Berührung, so scheidet die Beute aus und setzt sich in die Hocke. Immer wenn eine Beuteperson jedoch einen Ball in der Hand hält, so ist diese gegen die Berührung von Jägern immun und scheidet auch bei Berührungen nicht aus. Der Ball schützt aber jeweils nur eine Person, es ist nicht erlaubt, daß mehrere Beutepersonen einen Ball halten. Es ist aber erlaubt, die Bälle an andere Beutepersonen weiterzugeben (oder weiterzuwerfen), die dann dadurch geschützt werden, allerdings verliert dadurch die Person, die vorher den Ball hatte, ihren Schutz. Spielende ist, wenn nur noch so viele Beutepersonen bewegungsfähig sind, wie insgesamt Schutzbälle im Spiel sind. Auf den Boden fallende Bälle dürfen von allen Spielern aufgehoben werden. Interessant zu beobachten ist es, inwieweit Jäger- und Beuteteams gemeinsame Handlungsstrategien umsetzen und ob die Schutzbälle weitergegeben werden.

Namen-Klopfen

Die Teilnehmer stehen in einem Kreis. Eine Person wird als Anfangsperson ausgewählt. Diese muß den Vornamen des linken Nachbarn sagen und diesen linken Nachbarn dabei an der Schulter berühren. Dieses Prinzip wird im Uhrzeigersinn einmal für den gesamten Kreis fortgesetzt, bis die erste Person selbst berührt und ihr Name gesagt wird. Alternativ (oder zusätzlich, nach einigen Durchgängen) kann dieses Spiel auch gegen den Uhrzeigersinn durchgeführt werden, somit wird immer der rechte Nachbar berührt und dessen Name genannt. Spielziel ist es, daß der gesamte Vorgang möglichst wenig Zeit in Anspruch nimmt. Die Gruppe hat mehrere Versuche, um die Zeit jeweils zu verbessern. Der Trainer stoppt die Zeit und gibt der Gruppe Rückmeldung über die jeweilige Dauer des Versuchs. Das Spiel kann auch zum Namenlernen benutzt werden. Dazu ist es hilfreich, jeweils nach einigen Versuchen die Gruppe in einer anderen Ordnung im Kreis Aufstellung nehmen zu lassen.

Knie-Klopfen

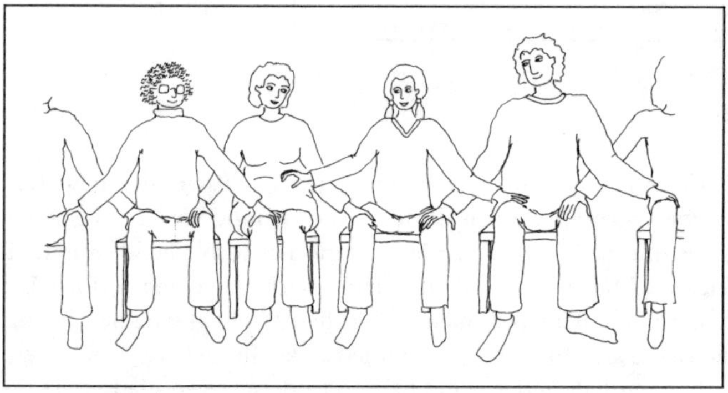

Die Teilnehmer sitzen in einem Stuhlkreis, wobei ein nur sehr geringer Abstand zu den Nachbarn bestehen sollte. Jeder Teilnehmer legt nun seine linke Hand auf das rechte Knie seines linken Nachbarn und seine rechte Hand auf das linke Knie seines rechten Nachbarn. Nun müssen die Hände (!) in der richtigen Reihenfolge (!) im Uhrzeigersinn oder gegen den Uhrzeigersinn bewegt werden durch einen sanften Schlag mit der Hand auf das Knie. Dies erfordert einigen Abstimmungsbedarf mit den Nachbarn. Nach einigen Runden Übung sollte die Koordination hinreichend gelingen. Dann können mehrere Spielvarianten ausprobiert werden:

a) Ziel ist es, in einer Richtung (z. B. im Uhrzeigersinn) einmal von einer Anfangsperson ausgehend möglichst schnell die Handberührungen auf die Knie in richtiger Reihenfolge in dem Kreis durchzuführen. Der Trainer stoppt die Zeit und gibt der Gruppe einige Versuche für Verbesserungen; Fehler in der Reihenfolge werden mit Strafen (z. B. 5 Strafsekunden) geahndet;
b) wie unter a), jedoch können durch vorher besprochene Vor- und Zurückbewegungen bei den Berührungen immer komplexere Bewegungsmuster definiert und ausprobiert werden (z. B. mit den Händen in richtiger Reihenfolge berühren, aber dabei jeweils 5 Hände im Uhrzeigersinn bewegen und dann 3 Hände zurück gegen den Uhrzeigersinn, dann wieder 5 im Uhrzeigersinn usw.);
c) als Ausscheidungsspiel: hier ist es für jede Person möglich, durch zweimaliges Klopfen mit der Hand auf ein Knie einen Richtungswechsel im Berühren anzugeben; macht eine Person nun einen Reihenfolgefehler oder zögert sie zu lange (Limit 3 Sekunden), so muß diese Hand vom jeweiligen Knie zurückgezogen und darf nicht mehr benutzt werden. Am Spielende existieren nur noch wenige Personen die noch Hände »im Spiel« haben.

Bei diesem Spiel und seinen drei genannten Varianten wird insbesondere die Aufmerksamkeit und Konzentration der Teilnehmer gefordert und gefördert. Das Spiel eignet sich daher auch sehr gut, um eine (unruhige) Gruppe »zu sammeln« und auf nachfolgende Lernprozesse vorzubereiten, die ein erhöhtes Ausmaß an Aufmerksamkeit erfordern.

Gordischer Knoten

Kategorie:	Warming-up/Energizer (kein Debrief)
Lernziele:	Bewegung, Kooperation
Teilnehmeranzahl:	5–20 Personen
Zeit:	5–10 Minuten
Ort:	Raum mit offener Fläche oder im Freien
Material:	nicht erforderlich

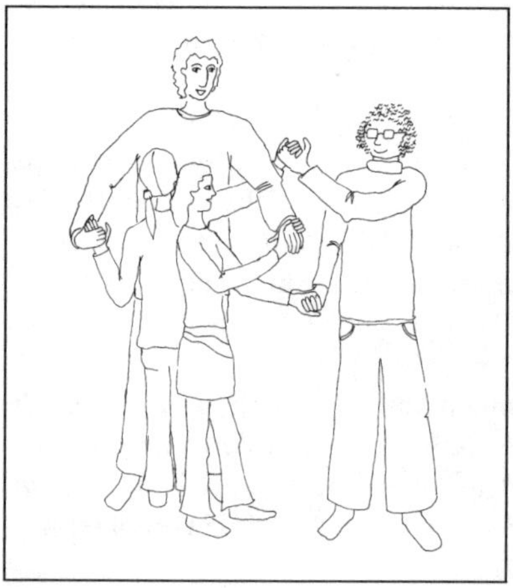

Ablauf und Regeln

Die Teilnehmer werden gebeten, sich im Kreis aufzustellen, die Augen zu schließen und beide Hände nach vorn gerichtet auszustrecken. Dann sollen die Personen langsam in die Mitte des Kreises gehen. Sobald jemand mit seiner Hand eine Hand eines anderen Teilnehmers berührt oder mit ihr zusammentrifft, sollen sich die beiden Personen (nur) an den jeweiligen Händen für den Rest der Übung festhalten. Ist jeder Teilnehmer auf diese Weise mit anderen Teilnehmern händehaltend verbunden, so dürfen die Augen geöffnet werden, die Hände müssen jedoch weiter festgehalten werden. Aufgabe ist es nun, weiterhin händehaltend den »Gordischen Knoten« durch Bewegungen, Drehungen und Umgruppierungen zu entwirren. Dieses Entwirren soll solange fortgeführt werden, bis einer oder mehrere Kreise von Teilnehmern entstanden sind. Je nach zufällig entstandenem »Anfangsknoten« läßt sich dieser zu einem großen Kreis auflösen, bei dem alle Teilnehmer in einem Kreis stehen und jeweils die Hände mit ihren rechten und linken Nachbarn halten, oder es entstehen mehrere kleine Teilnehmerkreise.

Stuhlkreis

Kategorie:	Warming-up/Energizer (Teamübung)
Lernziele:	Aufmerksamkeit, Koordination innerhalb einer Gruppe
Teilnehmeranzahl:	15–30 Personen
Zeit:	20–35 Minuten
Ort:	Raum mit Stuhl pro Teilnehmer
Material:	nicht erforderlich

Ablauf und Regeln

Jeder Teilnehmer nimmt sich einen Stuhl. Die Stühle werden so in einem engen Kreis aufgestellt, daß die Stuhllehnen nach außen zeigen. Dabei dürfen sich die Stühle aber nicht berühren oder ineinander verkeilt werden. Jeder Teilnehmer stellt sich so hinter seinen Stuhl, daß seine linke Schulter der Stuhllehne zugewendet ist, d. h. die Teilnehmer stehen hintereinander so um den Stuhlkreis, daß sie ihn im gegen den Uhrzeigersinn umrunden können. Ein Teilnehmer und sein Stuhl erhalten vom Spielleiter einen Punkt aufgeklebt. Dann nehmen alle Personen ihren Stuhl mit der linken Hand an der Rückenlehne und kippen ihn etwas zurück, so daß er nur mehr auf den beiden hinteren Beinen steht. Die rechte Hand darf im Spiel nicht benutzt werden; sie wird in die Hosentasche gesteckt oder auf den Rücken gelegt.

Ziel der Übung ist es, daß die gesamte Gruppe in dieser Formation den Stuhlkreis einmal umrundet, ohne einen Stuhl umzuwerfen oder auf mehr als zwei Beinen landen zu lassen. Wenn dies passiert, muß die gesamte Gruppe wieder in die Ausgangsposition zurück.

Besondere Hinweise

Wenn unterschiedliche Stühle verwendet werden (Größe, Gewicht), so erhöht dies die Schwierigkeit dieser Übung.

Mögliche Variationen

Bei mehr als 30 Personen ist es denkbar, daß ein zweiter Stuhl einen Punkt erhält (z. B. in der Hälfte des Kreises). Dann ist die Aufgabe erfüllt, wenn die Person mit dem Punkt dort angelangt ist. Sonst dauert die Lösung unter Umständen zu lang.

Debrief

Kann bei Verwendung als Warming-up oder Energizer auch entfallen. Mit dieser Übung kann sehr schön gezeigt werden, wie wichtig Aufmerksamkeit und Konzentration für gemeinsames Arbeiten sind. Man muß dabei nicht nur darauf achten, selbst den Stuhl gut zu erwischen, sondern muß auch darauf Rücksicht nehmen, wie man den Stuhl der nachkommenden Person übergibt. Darüber hinaus ist die Aufgabe nur dann zu lösen, wenn die Gruppe die Einzelaktivitäten in irgendeiner Form koordiniert, wenn also ein gemeinsamer Rhythmus in der Gruppe entsteht.

Mögliche Debrief-Fragen: Welches Verhalten hat das Übernehmen des Stuhls erleichtert? Was hat es erschwert? Welche Verhaltensweisen waren ausschlaggebend für die Aufgabenlösung der Gruppe? Wer hat die Initiative zur Koordination übernommen? Wie hat die Gruppe darauf reagiert?

Wie wurde über Personen gedacht, deren Stuhl umgefallen ist? Welche vergleichbaren Situationen gibt es im Arbeitsalltag der Teilnehmer? Was können die einzelnen aus dieser Übung mitnehmen?

Teamübungen

Kreis im Kreis

Kategorie:	Teamübung (oder Warming-up)
Lernziele:	Optimierung von Strategien und Handlungen, Umgang mit neuen Anforderungen
Teilnehmeranzahl:	10–30 Personen
Zeit:	5–20 Minuten
Ort:	großer Raum mit offener Fläche oder im Freien
Material:	ein Hula-Hoop-Reifen (eventuell mehrere Reifen mit unterschiedlicher Größe)

Ablauf und Regeln

Die Teilnehmer stellen sich Hand in Hand im Kreis auf. Dann wird ein Hula-Hoop-Reifen zwischen zwei Personen plaziert, so daß der Reifen in der Mitte über den sich haltenden Händen dieser zwei Personen liegt. Die Aufgabe für die Gruppe ist es nun, den Reifen im Uhrzeigersinn einmal möglichst schnell durch die ganze Gruppe wandern zu lassen, bis er wieder in seine Ausgangsposition zwischen den beiden Startpersonen zurückkehrt. Die einzige Regel dabei ist, daß alle Personen zu jeder Zeit durch Händehalten verbunden bleiben müssen, es ist also nicht erlaubt, die Hände des Nachbarn loszulassen.

Besondere Hinweise

Wenn mehrere Reifen verwendet werden müssen diese unterschiedliche Größen (Durchmesser) haben, damit ein kleiner Reifen auch durch einen größeren Reifen hindurch gegeben werden kann.

Mögliche Variationen

Man kann der Gruppe mehrere Versuche zubilligen und die Zeit stoppen (und der Gruppe die erreichte Zeit zurückmelden) und die Gruppe dazu auffordern, eine Verbesserung der Zeit zu versuchen und zu planen, wie diese Optimierung erreicht werden kann. Es sind dabei viele Verbesserungen möglich (z. B. bei der Weitergabe des Reifens an die nächste Person den Reifen über deren Kopf werfen, dies führt zu einem schnelleren und kontinuierlicheren Bewegungsmuster usw.).

Man kann nach ein paar Versuchen im Uhrzeigersinn die Richtung wechseln und die Aufgabe stellen, den Reifen nun gegen den Uhrzeigersinn durch die Gruppe wandern zu lassen.

Man kann nach ein paar Versuchen mit einem Reifen einen zweiten oder mehrere weitere Reifen ins Spiel bringen, die ebenfalls jeweils einmal durch die ganze Gruppe wandern müssen. Besonders interessant ist es dabei, wenn die verschiedenen Reifen in verschiedene Richtungen durch den Kreis wandern müssen und die lustigen und Verwirrung auslösenden Situationen zu erleben, wenn sich zwei Reifen in der Kreisbewegung bei zwei Personen treffen.

Debrief

Das Debrief kann bei Einsatz als Warming-up auch entfallen. Bei Bedarf kann reflektiert werden, welche Verbesserungsvorschläge eingebracht wurden und wie die Diskussion um die Verbesserung abgelaufen ist (Konnte jeder seine Vorschläge einbringen? Wurde einander zugehört, wenn jemand einen Vorschlag gemacht hat? usw.). Es ist auch möglich, den individuellen Umgang mit Streßsituationen zu diskutieren (Wie war das für dich, als der Reifen immer näher kam und du nun selbst an der Reihe warst, durch den Reifen zu steigen und ihn schnell weiterzugeben und die ganze Gruppe in diesem Moment auf dich schaute? Was fühltest du in dieser Situation? usw.). Ein weiteres Debrief-Thema kann die Reflexion über die Auswirkungen und Bewältigung neuer Anforderungen sein, die das bisher gewohnte Handlungsmuster des Teams verändern (Bewegungsrichtung des Reifens im oder gegen den Uhrzeigersinn, mehrere Reifen usw.). Hier kann auch eine Übertragbarkeit des Erlebten auf die reale Situation des Teams im Arbeitsprozeß diskutiert werden (Was geschieht bei euch im Team, wenn eine neuartige Aufgabe bewältigt werden muß und bisherige Denk- und Handlungsmuster offensichtlich nicht mehr so effizient zum Ziel führen?).

Mergers

Kategorie: Teamübung
Lernziele: das Potential von Kooperation statt Konkurrenz erkennen, mentale Modelle und Handlungsmuster durch Perspektivenwechsel in Frage stellen und verändern
Teilnehmeranzahl: 10–30 Personen
Zeit: 25–45 Minuten
Ort: Raum mit einer freien Fläche oder im Freien
Material: Nylonschnüre von ca. 1 Meter (pro Teilnehmer je eine Schnur) und eine lange Schnur (ca. 3,5 Meter Länge)

Ablauf und Regeln

Um mit der Aufgabe zu beginnen, sagt man den Spielern, daß sie eine Schnur nehmen und eine Schleife bilden sollen (mit Verknoten der Schnur). Die Teilnehmer werden gebeten, die Schleifen auf den Boden zu legen und sich mit beiden Füßen hineinzustellen. Kein Teil der Füße darf die Grenze der Schnur überschreiten oder gar außerhalb stehen. Wenn sich alle Personen in einer Schleife befinden, sind sie sicher und die Aufgabe kann beginnen. Es wird ihnen nun erklärt, daß sie nur dann sicher sind, wenn sie sich mit beiden Füßen innerhalb der Schleife befinden. Die Schleifen dürfen von ihrem Standort nicht bewegt werden und sie dürfen auch nicht vergrößert werden. Bei Ertönen des Kommandos »wechseln« (das vom Spielleiter gegeben wird), muß jeder eine neue sichere Schleife finden, d. h. man darf nicht dieselbe Schleife benutzen, in der man gerade steht. Der Spielleiter zählt dabei langsam und laut bis drei. Während des Zählens, so wird den Teilnehmern versichert, können sie wie durch einen Zauber überall sicher herumgehen. Bei »3« müssen jedoch alle die Aufgabe erfüllt haben. Diese Aufgabe (jedes *einzelne* Wort ist wichtig!) wird den

Teilnehmern nun nochmals deutlich vorgesagt (wir geben den Teilnehmern die Aufgabe auch noch zusätzlich in schriftlicher Form, z. B. mit einem Overheadprojektor an die Wand projiziert): »*Die Aufgabe ist: Alle Personen sollen sich mit beiden Füßen innerhalb einer sicheren Schleife befinden.*«

Nun wird mehrmals das Kommando »wechseln« gegeben und es wird langsam und laut bis drei gezählt, so daß es allen Personen jeweils problemlos gelingt, eine neue sichere Schleife zu finden. Erst nach einigen solchen Durchgängen (etwa 4–6) beginnt der Spielleiter während des Wechselns Schleifen wegzunehmen (zuerst nur eine einzige). Es ist interessant zu beobachten, was nun passiert. Meistens findet eine Person keine Schleife und meint, sie sei nun ausgeschieden und gibt einfach auf. Wenn dieser Person von niemandem ein Platz angeboten wird, wiederholt der Spielleiter die Aufgabe (s. o.) mit einer Betonung auf dem Satzteil »*Alle Personen sollen* ...« und fragt: »Was könntet ihr tun, damit alle einen Platz innerhalb einer sicheren Schleife finden?« Die Gruppe wird also mehr oder weniger stark dazu hingeführt zu erkennen, daß es ja nicht verboten ist, wenn sich mehrere Personen eine Schleife teilen (natürlich müssen sie dazu zum Teil recht eng zusammenrücken). Manchmal bietet jedoch auch ein Teilnehmer der übrigbleibenden Person von sich aus einen Platz an. Jedenfalls geht es dann noch einige Wechseldurchgänge (etwa 2–3) weiter, so daß immer mehr Schleifen weggenommen werden und sich somit immer mehr Personen Schleifen teilen müssen.

Dann beginnt die letzte Phase des Spiels. Es werden alle Schleifen vom Spielleiter entfernt und nur eine einzige große Schleife vom Spielleiter auf den Boden gelegt (dazu benutzt der Spielleiter die längere Schnur, die dazu verknotet werden muß). Der Spielleiter sagt nun, die Gruppe habe dieselbe Aufgabe, aber solange Zeit hat, wie sie braucht (d. h. es wird nicht mehr gezählt) und nur diese eine Schleife gelte als sicher, die nicht von ihrem Standort fortbewegt oder verändert werden darf. Die Aufgabe wird nochmals vorgelesen.

Meistens versuchen nun die Teilnehmer – dem bisher gewohnten Handlungsmuster entsprechend – sich stehend dicht aneinander gedrängt in der Schleife anzuordnen, es kommt auch vor, daß einige Teilnehmer von anderen auf die Schultern gehoben werden. Die Schleife ist jedoch für die Personengruppe zu klein (siehe besondere Hinweise), so daß die Aufgabe nicht für alle Personen erfüllt werden kann. Der Spielleiter akzeptiert diese Lösung nicht, und wenn die Gruppe keine andere Lösung findet, so wird die Aufgabe nochmals genannt, mit Betonung auf dem Satzteil »... *mit beiden Füßen innerhalb* ...«. Die Gruppe wird also mehr oder weniger stark dazu hingeführt zu erkennen, daß die Personen nicht unbedingt mit dem ganzen Körper innerhalb der Schleife sein müssen. Früher oder später (eventuell mit weiteren Hilfen des Spielleiters, der sich aber natürlich so weit wie möglich beobachtend zurückzieht und die Gruppe arbeiten und entscheiden läßt) wird die Gruppe auf die Idee kommen, wie diese zunächst unlösbar erscheinende Aufgabe bewältigt werden kann: die Personen sitzen im Kreis um die sichere Schleife und halten nur die Füße hinein. Dann wird die Lösung akzeptiert und der Gruppe wird gratuliert, eine solch kreative Lösung gefunden zu haben.

Besondere Hinweise

Insbesondere im Freien sind die Schnüre wesentlich besser geeignet. Man kann sich aber (insbesondere drinnen) auch mit DIN-A3 großen Papierblättern behelfen und statt der einer längeren Schnur auch ein größeres Blatt Papier verwendenden (DIN-A2- oder Flip-Chart-Papier). Es muß den Teilnehmern dann aber auch noch zusätzlich gesagt werden, daß ein Zerreißen der Papierstücke nicht erlaubt ist.

Für die letzte Phase der Teamübung ist es wichtig, daß die durch Seil oder Papier entstandene Fläche nicht zu groß ist, so daß die Aufgabe *nicht* dadurch lösbar wird, daß die Personen dicht gedrängt innerhalb der Fläche stehen. Dies erfordert einige Erfahrung, aber nachdem die Übung ein paar mal durchgeführt wurde, hat man in der Regel ein gutes Gefühl für die richtige Größe. Man sollte es der Gruppe nicht zu leicht machen und die Fläche kann wesentlich kleiner sein als man glaubt. Für eine Gruppe von 15 Personen reicht ein Flip-Chart-Papier (sogar weniger) oder eine 2-Meter-Schnur völlig aus. Es macht aber nichts, wenn die Schleife doch zu groß ist. In diesem Fall wird die Gruppe dafür gelobt, daß sie es geschafft hat, alle Mitglieder dicht aneinander stehend in einer Schleife zusammenzubringen. Es wird danach die Schleife durch Verkürzung des Seils (oder Papierfläche durch Wegschneiden eines Teils) aber entsprechend verkleinert und die Gruppe wird aufgefordert, die Aufgabe nochmals unter den erneut erschwerten Bedingungen zu bewältigen.

Achtung: Nicht bei jeder Gruppe ist diese Übung gut geeignet, die starke körperliche Nähe kann als sehr unangenehm empfunden werden! Eventuell sollte man warten, bis man die Gruppe besser kennt und die Gruppenmitglieder sich gegenseitig besser kennen und offensichtlich wertschätzen.

Mögliche Variationen

Man kann mit verschieden langen Schnüren beginnen (von ca. 70 cm bis 180 cm Länge), damit unterschiedlich große »sichere Schleifenflächen« entstehen und dann zuerst die ganz kleinen Schleifen wegnehmen. Dies entschärft zunächst etwas das Problem zu großer körperlicher Nähe bei einander unbekannten Teilnehmern.

Debrief

Dies ist eine sehr gute Übung, um das Potential von Teamarbeit und Kooperation im Gegensatz zum Prinzip der Konkurrenz zu verdeutlichen. Im Debrief sollten die verschiedenen Phasen des Spiels nacheinander besprochen werden: »Wie habt ihr euch gefühlt, als ihr beim Wechseln eine neue sichere Schnur finden mußtet?«. Es ist dann sinnvoll jene Person anzusprechen, die nach dem Wegnehmen der ersten Schleife zunächst keine eigene Schleife mehr finden konnte: »Wie hast du, ..., dich gefühlt als du keine Schleife gefunden hast?«, »Wer hatte die Idee, daß auch mehrere Personen eine Schleife gemeinsam nützen können?«, »Wie war es für euch, näher zusammenzurücken und gemeinsam eine Schleife zu benutzen« usw. Manchmal erfordert dieser Aspekt eine tiefergehende Reflexion, wenn die körperliche Nähe für mindestens eine Personen unangenehm war: »Inwieweit ist es wichtig, persönliche Einstellungen zu Nähe und Distanz zu respektieren und persönliche Grenzen zu akzeptieren?«, »Wie kann mit einem empfundenen Gruppendruck angemessen umgegangen werden?«. Es kann an dieser Stelle nochmals diskutiert werden, daß jeder Teilnehmer das Recht hat, ohne die zwangsweise Angabe von Gründen (z. B. weil die eigenen persönlichen Grenzen überschritten werden, die ein zu starkes Unwohlsein auslösen) oder Rechtfertigungen bei der Aktivität einer Teamübung nicht weiter mitzumachen. Sowohl die Teilnahme als auch die mögliche Erklärung für eine Nichtteilnahme an einer bestimmten Übung ist prinzipiell freiwillig.

Häufig wird einfach angenommen, daß diese Person ausgeschieden ist, selbst von der übrigbleibenden Person wird diese Tatsache oft einfach akzeptiert. Es ist dann möglich, mit der Gruppe über die Wirkung mentaler Modelle (Denkmuster, Überzeugungen, Vorurteile) zu sprechen und auch zu reflektieren wie eingefahrene Denkmuster das effiziente Handeln im Team erschweren. Vielfach wird das Spiel automatisch als Konkurrenzsituation interpretiert, bei der es darum geht, zunächst auf den eigenen Vorteil, auf die eigene Absicherung zu achten (schneller als die anderen wieder eine sichere Schleife zu finden), bis die Teilnehmer erkennen, daß sie die Aufgabe dazu zwingt eine kooperative Strategie zu finden: »Warum wurde das Spiel anfangs als Konkurrenzdynamik begriffen?«, »Was hast du, . . ., gedacht, als du keine Schleife mehr gefunden hast, warum hast du es einfach akzeptiert, nun ausgeschieden zu sein?« (häufig werden dann Kinderspiele wie z. B. die bekannte »Reise nach Jerusalem« aufgeführt, bei der Kinder, die keinen freien Stuhl mehr finden, ausscheiden). »Welche Denk- und Handlungsmuster sind für echte Teamarbeit förderlich/hinderlich?«, »Gibt es in eurem Team Denk- und Handlungsmuster, die Teamarbeit und kreative Problemlösungen erschweren? – Welche? – Wie könnten diese verändert werden?«

Als weitere zentrale Phase sollte reflektiert werden wie die Problemlösung bei nur noch einer großen Schleife realisiert wurde: »Wie wurde die Lösung der Aufgabe entwickelt?«, »Konnten alle Teilnehmer ihre Ideen beitragen?«, »Wurde einander ausreichend zugehört, oder haben alle chaotisch durcheinandergeredet?«, »Wie kann der gemeinsame Diskussionsprozeß bei der Lösungssuche verbessert werden?«, »Warum wurde die Idee von ... nicht aufgegriffen?«, »Warum habt ihr zuerst versucht, daß alle innerhalb der Schleife stehen?«, »Was erschwert das Finden der funktionierenden Problemlösung oder Aufgabenbewältigung?« usw.

Die Übung kann gut eingesetzt werden, wenn sie im Kontext von »Kürzungen von Ressourcen« (immer weniger Schleifen) eingesetzt wird, um zu zeigen, daß man auch mit weniger Ressourcen viel erreichen kann, wenn eine Zusammenarbeit im Team, kreative Ideen und der Wille nach Veränderung von Perspektiven vorhanden sind.

Wird diese Übung zu Beginn des Seminars (am ersten Halbtag) durchgeführt, so bietet sich eine weiteres wirkungsvolles Framing an: »Diese Übung zeigt als Metapher sehr schön, daß wir alle zunächst von unterschiedlichen Orten hierher kommen. Einerseits kommen viele von euch physisch von unterschiedlichen Heimatorten an diesen gemeinsamen Seminarplatz. Andererseits kommen wir auch alle von verschiedenen geistigen Standpunkten zusammen. Jeder kommt von einer eigenen kleinen Schleife, besitzt verschiedene Einstellungen und Kompetenzen, verschiedene mentale Modelle und individuelle Vorlieben. Die Übung ist aber auch eine Metapher dafür, daß es möglich ist, miteinander zu kooperieren und gemeinsam Probleme zu lösen, ein Symbol dafür, im Team Aufgaben zu bewältigen. Dazu müssen die individuellen Standpunkte bis zu einem gewissen Grad aufgegeben werden und ein gemeinsamer Standort oder eine Standortbestimmung vorgenommen werden. Oft sind dazu bestimmte mentale Modelle hinderlich wie übertriebenes Konkurrenzdenken und Egoismus. Ein Umdenken und Kreativität, neue Denk- und Handlungsmuster sind bei Problemlösungen im Team gefragt, so wir ihr das eine Muster – alle stehen mit dem ganzen Körper eng gedrängt in der Schleife – jetzt erfolgreich hinter euch gelassen habt und durch ein anderes, besseres Muster ersetzt habt (alle sitzen im Kreis und halten nur die Füße in die Schleife). Die Fähigkeit zum Perspektivenwechsel und Standortwechsel ist eine wichtige Voraussetzung für erfolgreiche Teamarbeit. Ein solcher Wechsel kann aber auch Streß und Unsicherheit auslösen, da vertraute, sichere Denkmuster, Handlungsgewohnheiten und Standpunkte aufgegeben werden müssen. Auch das Aufgeben von Distanz und das Zulassen von mehr Nähe (auch im übertragenen nicht-körperlichen Sinne) kann Angst und Abwehr auslösen. In diesem Seminar wollen wir uns ganz intensiv damit beschäftigen, wie Aufgaben durch kooperative Teamarbeit bewältigt werden können und wie notwendige gemeinsame Sicherheit und Vertrauen in der Gruppe realisiert werden können«.

Luftballon – Wägen

Kategorie: Teamübung
Lernziele: Führung, Kommunikation, Aufmerksamkeit
Teilnehmeranzahl: 6–40 Personen
Zeit: 25–45 Minuten
Ort: großer Raum mit offener Fläche oder im Freien
Material: Luftballons (pro Teilnehmer ein Luftballon und Reserveballons) und ggf. Hindernisse

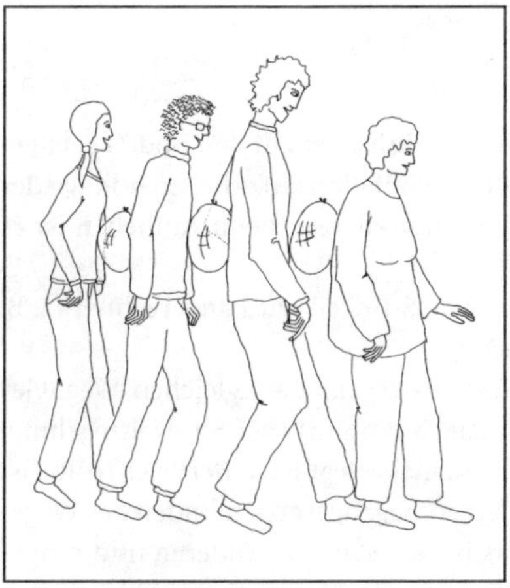

Ablauf und Regeln

Die Teilnehmer stellen sich hintereinander in einer Reihe auf. Jeder Teilnehmer – außer der ersten Person – bekommt einen Luftballon. Die Ballons werden aufgeblasen. Dann werden die Ballons jeweils zwischen zwei Personen eingeklemmt (jeder klemmt seinen aufgeblasenen Ballon zwischen den eigenen Körper und den Körper der Person, die in der Reihe unmittelbar vor ihm/ihr steht). Wenn X für eine Person und O für einen Luftballon steht, würde die Reihe so aussehen: XOXOXOXOX.

Die Aufgabe besteht nun darin, daß das ganze Team eine bestimmte Strecke von einem Startpunkt zu einem Zielpunkt zurücklegen muß, ohne dabei ein Ballon auf den Boden fallen zu lassen (Regel 1). Die Ballons dürfen dabei nicht mit den Händen angefaßt oder mit den Armen gehalten werden (Regel 2). Auch andere Personen dürfen nicht angefaßt werden (Regel 3). In anderen Worten, das Team muß sich simultan bewegen, ohne dabei durch physischen Kontakt verbunden zu sein.

Die Strafregel für den Verlust eines Ballons durch fallenlassen auf den Boden oder durch Zerplatzen oder bei Berührung von Personen oder bei Berühren des Ballons mit Händen oder Armen lautet: Das ganze Team beginnt von vorn (beim Startpunkt). Beim Zurücklaufen bis zum Startpunkt darf das Team die Reihenformation auflösen, muß diese beim erneuten Start dann natürlich wieder einnehmen.

Besondere Hinweise

Es kann vorkommen, daß Luftballons zerplatzen. Deshalb müssen Reserveluftballons vorhanden sein. Personen, deren Ballon zerplatzt ist, bekommen dann einen neuen Ballon.

Mögliche Variationen

Eine andere Strafregel für den Verlust eines Ballons, der auf den Boden gefallen ist, lautet: Das Team muß einen Weg finden, den Ballon aufzuheben und wieder einzugliedern, ohne dabei weitere Ballons zu verlieren (beim Aufheben ist es gestattet, die Hände zu benützen).

Eine weitere Strafregel könnte heißen: Die Strafzeit wird angerechnet (z. B. für jeden Regelverstoß eine Strafminute).

Mehrere konkurrierende Teams befinden sich auf dem gleichen Weg. Gewonnen hat das Team, das als erstes im Ziel ankommt (bei Strafzeitregelung: das den Weg in der kürzesten Gesamtzeit zurückgelegt hat). Bei zwei Teams ist es auch möglich, die beiden Teams von den entgegengesetzten Enden des Weges anfangen zu lassen (das Ziel eines Teams ist der Start des anderen und umgekehrt), so daß sich die beiden Teams (eventuell auf einem möglichst engen Raum) begegnen und aneinander vorbeigehen müssen. Eine Teilung in mehrere Teams bietet sich insbesondere ab 20 Personen an (die Länge einer einzelnen Personen-Ballon-Kette ist mit ca. 12–15 Personen ideal).

Durch Hindernisse kann der Weg zwischen Start und Ziel verschieden schwer gestaltet werden: Kurven und Steigungen (z. B. Treppen), Überqueren von Hindernissen (z. B. gespanntes Seil usw.). Man kann Steckenabschnitte definieren, in denen das Team andere Bewegungen ausführen muß (z. B. Rückwärtsgehen, einmal alle in die Knie gehen usw.), aber auch schon der normale Weg ohne Hindernisse ist meist schwer genug!

Man kann dem Team bzw. den Teams vor einem Startzeichen noch 5–10 Minuten Planungszeit geben, in der die Reihenformation aufgelöst werden darf (zum Start muß diese dann eingenommen werden).

Man kann dem Team verbieten, auf dem Weg miteinander zu sprechen.

Mögliches Briefing/Metapher

Ihr seid Wagen eines Sonderzugs der Deutschen Bahn und müßt eine vorgegebene Strecke von einem Startbahnhof zu einem Zielbahnhof möglichst schnell bewältigen. Leider sind die Verbindungen (Kupplungen; hier die Ballons) recht sensibel. Waggons dürfen sich nicht berühren und die Kupplungen dürfen nicht kaputt gehen (auf den Boden fallen oder zerplatzen), da sonst die Wagen den Kontakt verlieren und der Zug entgleist.

Debrief

Diese Übung soll dem Team helfen, darüber nachzudenken wie unterschiedlich wir miteinander kommunizieren und zusammenarbeiten und eine Diskussion darüber ermöglichen, was Führung bedeutet. Sie kann auch deutlich machen, wie wenig effizient die Kommunikationsstruktur für echte Teamarbeit ist.

Mögliche Fragen: Wie habt ihr als Team miteinander in der Planungsphase kommuniziert? Konnten alle ihre Ideen einbringen? Welche Entscheidungen sind in der Planungsphase getroffen worden? Wie wurden die Entscheidungen getroffen? Wie habt ihr als Team miteinander in der Bewegungsphase kommuniziert? Wie habt ihr, ohne zu sprechen, miteinander kommuniziert? Hast du dir Gedanken über Teilnehmer gemacht, die einen Ballon fallengelassen haben – und über wen? Welches Verhalten war nützlich, um keine Ballons zu verlieren? Welches Verhalten führte dazu, daß Ballons auf den Boden fielen?

Hat jemand etwas gesagt oder getan, das dir das Gefühl gegeben hat, nicht Teil des Teams zu sein? Inwiefern wirkt sich die Reihenstruktur ohne direkten Kontakt (keine Berührung, kein Augenkontakt zu den Nachbarn) auf die Kommunikation und die Zusammenarbeit aus? Welche Kommunikationsstruktur existiert in eurem Team? Wer hatte in der Übung die Führung inne? Wie geht ihr mit dem Thema Führung in eurem Arbeitsteam um? Was könnte der »sensible Ballon« in eurer Arbeitswelt noch bedeuten? Alle von uns, ob sie wollen oder nicht, sind Teil größerer Gruppen mit unsichtbaren Verbindungen, die uns zusammen halten. Wie teilst du dich mit und gestaltest deine Verbindung zu anderen? Welche Veränderungen könnten in eurem Team die Kommunikation und Kommunikationsstrukturen, das Führungsverhalten und den Umgang mit »sensiblen Ballonen« verbessern helfen?

Erdball

Kategorie: Teamübung
Lernziele: Optimierung von Strategien und Handlungen im Team, Wirkung von Anspruchsniveaus, Entscheidungsprozesse in großen Gruppen
Teilnehmeranzahl: 10–30 Personen
Zeit: 25–45 Minuten
Ort: großer Raum mit offener Fläche und hoher Decke oder im Freien
Material: einen mit Luft aufgeblasenen großen Ball (z. B. ein Wasserball mit dem Aufdruck des Globus; Durchmesser 50 cm und größer)

Ablauf und Regeln

Den Teilnehmern wird die Aufgabe erklärt. Ziel ist es, als Gesamtgruppe einen Ball so oft wie möglich zu treffen, ohne daß der Ball auf den Boden fällt. Dabei ist darauf zu achten, daß ein Spieler, der den Ball berührt hat, den Ball erst wieder berühren darf, wenn alle anderen auch an der Reihe waren. Der Ball darf also nur von jeweils einer Person getroffen oder berührt werden und nicht festgehalten werden (Regel 1). Jeder Körperteil ist zulässig (z. B. ein Schlag mit der Hand, ein Kick mit dem Fuß usw.). Der Ball darf den Boden niemals berühren (Regel 2). Eine Person darf erst dann wieder den Ball berühren, wenn vorher alle anderen Personen den Ball berührt oder getroffen haben (Regel 3). Die Gruppe muß also eine selbstdefinierte Reihenfolge einhalten. Für jede Berührung bekommt die Gruppe einen Punkt. Ziel ist es, möglichst viele Punkte zu erlangen. Bei einem Regelverstoß wird ein Versuch abgebrochen. Es werden der Gruppe mehrere Versuche zu Verbesserung ermöglicht. Die Gruppe darf dabei jeweils vor einem Versuch beliebig lange planen und verschiedene Versuche mit unterschiedlichen Strategien durchführen. Der Trainer teilt mit, daß die Teilnehmer ihn informieren, wenn die Planungsphase abgeschlossen ist, um ihm dann einen Spieler zu nennen, dem er den Ball zuwirft.

Besondere Hinweise

Der Trainer sollte den Ball zwar vorzeigen, aber in der ersten Planungsphase nicht von sich aus der Gruppe aushändigen. Nur wenn die Gruppe den Trainer ausdrücklich darum ersucht, übergibt er der Gruppe den Ball. Es ist häufig so, daß die Gruppe nicht nach dem Ball fragt, die Beschaffenheit (Leichtigkeit, Handhabung und somit auch das Flugverhalten) des Balls völlig falsch einschätzt und somit beim ersten Versuch auch dadurch erhebliche Probleme bekommt. Dies ist dann ein interessantes Thema für das Debrief.

Mögliche Variationen

Die Übung nochmals mit anderen Bällen durchführen (z. B. schwerer Basketball, leichter kleinerer Frotteeball usw.).

Zusätzliches Zeitlimit, also als Ziel möglichst viele Punkte in einer Zeitspanne zu erreichen. Möglich ist auch ein Zeitlimit für die Planungsphasen.

Debrief

Beim Debrief spielen insbesondere Fragen zu den verwendeten Lösungsstrategien und zu dem gruppendynamischen Prozeß der Entwicklung von und Entscheidung für Strategien eine zentrale Rolle: »Wie entwickelte sich die erste (zweite usw.) Strategie, die dann auch ausprobiert wurde?«, »Gab es Strategien, die zwar diskutiert, aber ohne Ausprobieren verworfen wurden? – Mit welchen Argumenten wurde die Strategie verworfen?«, »Konnte jeder seine Ideen für eine Strategie ungehindert einbringen?«, »Gab es jemanden, der die Planungsphasen moderierte – wie ist die Moderation gelungen?«, »Gab es Teilnehmer, die den Gruppenprozeß dominierten? – Welche Vor- und Nachteile haben Führungspersönlichkeiten, die die Entscheidungsprozesse leiten und lenken?«, »Wie wurden die Entscheidungen für oder gegen eine Strategie getroffen: autoritär, demokratisch, als Konsens?«, »Wie werden bei euch im Team üblicherweise Entscheidungen getroffen?«; »Wie werden bei euch im Team normalerweise Lösungen für Aufgabenstellungen entwickelt?«, »Welche Strategien zur Durchführung für Entscheidungsprozesse kennt ihr? – Was sind Vor- und Nachteile einzelner Ansätze?«

Es bietet sich häufig auch an, bei der Übung die Vor- und Nachteile zu diskutieren, entweder eine einmal gewählte Strategie (mitunter rigide) beizubehalten und mit jedem Versuch weiter zu perfektionieren (dabei aber eventuelle bessere Strategien gar nicht zuzulassen und zu erfahren) oder die Möglichkeit, viele unterschiedliche Strategien auszuprobieren (mit der Gefahr, keine Strategie wirklich tiefergehend zu erfahren und somit Vor- und Nachteile der Strategie gar nicht richtig einschätzen zu können).

Ein anderes sich anbietendes Debrief-Thema ist der Umgang mit Anspruchsniveaus und deren Wirkungen. Häufig existiert kein Ziel (somit auch oft wenig Leistung und ein niedriger Punktstand) oder ein zunächst völlig unrealistisches Ziel, daß der Ball praktisch endlos von der Gruppe im Berührungsprozeß gehalten werden soll (mit entsprechender Demotivation und Frustration). Hier kann diskutiert werden, welche Möglichkeiten es gibt, sich realistische Ziele zu setzen.

Da die mitunter recht große Gruppe (ca. 20 Personen) hier als Gesamtheit das Problem lösen muß, ist es besonders schwer, daß sich alle aktiv mit Redebeiträgen beteiligen können. Es kann im Debrief reflektiert werden, welche Möglichkeiten für Großgruppen bestehen, um das kreative Potential aller Mitglieder auszuschöpfen und alle zu beteiligen (z. B. Aufteilung in und Diskussion von Lösungen in kleineren Teams, deren zentrale Resultate dann wieder von Teamsprechern in der Gesamtgruppe präsentiert werden, Fishbowl-Strategie).

12-Bits-Information

Kategorie:	Teamübung
Lernziele:	gemeinsames Problemlösen im Team; Gefühl dafür vermitteln, daß jede Personen wichtige Informationen und Kompetenzen einbringen kann und daß ein aktives Mitarbeiten im Team sogar notwendig ist, um zu erfolgreichen Problemlösungen zu gelangen
Teilnehmeranzahl:	12 Personen, die aktiv teilnehmen, beliebig viele weitere Beobachter
Zeit:	30–75 Minuten
Ort:	jeder Ort ist geeignet
Material:	12 kurze Texte

Ablauf und Regeln

Die Teilnehmer sitzen in einem Stuhlkreis. Dann erhält jede der Personen einen kurzen Text (s. u.). Insgesamt handelt es sich dabei um eine Problemlösungsaufgabe. Den Teilnehmern werden jedoch die Texte ohne weitere Erklärung oder Kommentar übergeben. Der Trainer zieht sich dann beobachtend zurück und sagt kein Wort mehr bis die Gruppe ihm eine Lösung präsentiert. Wenn die 12 Übungsteilnehmer für 3–5 Minuten selbst nur still, passiv und erwartungsvoll den Trainer ansehend dasitzen, so kann eine kurze zusätzliche Erklärung gegeben werden: »Ihr habt die gesamte Information. Von mir kommt keine weitere Anweisung!«

Mit der Zeit wird sich die Gruppe mehr oder weniger organisieren, eine Fragestellung festlegen und das gestellte Problem lösen. Auf inhaltliche Fragen der Gruppe antwortet der Trainer nicht, bis ihm eine Lösung präsentiert wird. Wenn die Frage gestellt wird, ob Hilfsmittel verwendet werden dürfen (z. B. Flip-Chart-Papier und Stifte), so ist die Antwort, daß alles, was in den Texten nicht verboten ist, erlaubt ist (also durchaus auch der Einsatz von Hilfsmitteln).

Besondere Hinweise

Die Dauer des Problemlösungsprozesses kann relativ schwer geschätzt werden. Wir haben in der Praxis Erfahrungen mit ganz unterschiedlichen Prozessen gemacht (daß es zum Beispiel mehr als über 30 Minuten gedauert hat, ohne daß sich ein schüchterner oder wenig motivierter Teilnehmer mit der die Frage oder Aufgabe in seinem Text überhaupt zu Wort gemeldet hatte, während sich der Rest der Gruppe in wilden Spekulationen darüber erging, was denn die Aufgabe sein könnte). Lange andauernde Prozesse können auch einige Frustration bei den Teilnehmern auslösen, so daß die Übung in seltenen extremen Fällen vielleicht auch vorzeitig abgebrochen werden muß, ohne daß eine vollständige Lösung erreicht ist. Aber auch in einem solchen Fall ist die Übung sehr gut geeignet, wesentliche dysfunktionale gruppendynamische Prozesse deutlich zu machen und diese kritisch zu reflektieren.

Mögliche Variationen

Diese Übung kann gut mit bestimmten Wissensinhalten verknüpft werden, in diesem Beispiel mit den fünf Disziplinen einer Lernenden Organisation. Unmittelbar vor oder nach der Übung bietet sich dann eine differenziertere Wissensvermittlung in einer Seminareinheit zu diesem Thema an. Es können mit Hilfe des Lösungsschemas leicht andere Texte erstellt werden, die einen Bezug zu anderen Wissensinhalten haben (z. B. vier Aspekte einer Nachricht nach Schulz von Thun 1999), so diese in vier (oder wie hier fünf) Hauptaspekte untergliedert werden können.

Debrief

Im Debrief sind in erster Linie Fragen zum Problemlösungsprozeß relevant: »Wie zufrieden seid ihr mit eurem Problemlösungsprozeß?«, »Was habt ihr gut gemacht?«, »Was ist am Ablauf eurer gemeinsamen Problemlösung noch nicht gut genug gelungen und welche Verbesserungsvorschläge habt ihr für künftige Problemlösungen?«; »Gab es Phasen der Demotivation oder Frustration? – Warum? – Wie seid ihr damit umgegangen?«; »Wie hat sich ausgewirkt, daß ... die Moderation übernommen hat? – Oder: Was wäre anders gelaufen, wenn jemand die Moderation übernommen hätte?«

Die Übung ist auch gut geeignet, deutlich zu machen, daß sich alle Teammitglieder aktiv einbringen und ihre Informationen beisteuern müssen: »Was kann die Tatsache der Notwendigkeit, bei dieser Übung alle 12 Texte in der Gruppe gemeinsam vorzubringen und auszutauschen, als Metapher für eure Arbeitspraxis bedeuten?«, »Wer hat in eurem Team welche wertvollen Fähigkeiten und wichtiges Fachwissen, das für den gemeinsamen Erfolg unbedingt notwendig ist? – Welche Stärken könnte jeder einzelne von euch einbringen? – Werden diese Stärken auch tatsächlich aktiv eingebracht?«

Die Übung zeigt auch sehr anschaulich, daß es absolut notwendig ist, zunächst ein gemeinsames und von allen akzeptiertes Ziel festzulegen, um überhaupt sinnvoll arbeitsfähig zu sein (in diesem Fall herauszufinden, was die Fragestellung ist): »Was sind eure dringlichsten und wichtigsten Arbeitsziele?«, »Gibt es Übereinstimmung, welche Arbeitsziele ihr gemeinsam verfolgt?«

Wenn die Übung mit Beobachtern durchgeführt wird, so bietet es sich an, daß diese zu Beginn des Debrief ihre Beobachtungen der Gruppe zurückmelden.

Das Lösungsschema (richtige Lösung):

Reihenfolge:	ANNE	TOM	JIM	SHEILA
1.	Persönliche Professionalisierung	Mentale Modelle	Team-Lernen	Aufbau einer gemeinsamen Vision
2.	Mentale Modelle	Team-Lernen	Aufbau einer gemeinsamen Vision	Persönliche Professionalisierung
3.	Aufbau einer gemeinsamen Vision	Persönliche Professionalisierung	Mentale Modelle	Team-Lernen
4.	Team-Lernen	Aufbau einer gemeinsamen Vision	Persönliche Professionalisierung	Mentale Modelle

Handout – Die 12 Texte (jede der 12 Personen erhält nur 1 Textabschnitt!)

(1) Das folgende darfst du den anderen zwar mitteilen, aber nicht zu lesen geben oder für andere aufschreiben:

Deine Kollegen (Mitspieler) haben alle Informationen, die ihr braucht, um die Antwort auf die folgende Frage zu finden. Nur eine Antwort ist korrekt:

In welcher Reihenfolge studierte Toms Gruppe die Disziplinen zum Aufbau einer lernenden Organisation?

Die fünfte Disziplin ist systemisches Denken, denn diese Disziplin integriert die anderen vier Disziplinen. Es ist die Disziplin, die uns – wenn sie praktisch ausgeübt wird – zeigt, daß das Ganze mehr ist als die Summe seiner Teile.

- -

(2) Das folgende darfst du den anderen zwar mitteilen, aber nicht zu lesen geben oder für andere aufschreiben:

Die Gruppe, die am Morgen als erste zum Frühstück kam, startete den Tag mit dem Studium der persönlichen Professionalisierung.

- -

(3) Das folgende darfst du den anderen zwar mitteilen, aber nicht zu lesen geben oder für andere aufschreiben:

Die erste Disziplin, die Jim mit seiner Gruppe studierte, war Team-Lernen. Ein lernendes Team produziert effiziente Ergebnisse und die Mitglieder lernen schneller und besser als sie das allein tun würden. Die Team-Intelligenz übersteigt die Intelligenz des einzelnen.

- -

(4) Das folgende darfst du den anderen zwar mitteilen, aber nicht zu lesen geben oder für andere aufschreiben:

Jim studierte mit seiner Gruppe mentale Modelle als dritte Disziplin. Das Üben einer Disziplin bedeutet lebenslanges Lernen. Lebenslanges Lernen ist ein Prozeß zur persönlichen Entwicklung, der aber nie abgeschlossen ist.

- -

(5) Das folgende darfst du den anderen zwar mitteilen, aber nicht zu lesen geben oder für andere aufschreiben:

Einige der Informationen, die dein Team (Mitspieler) hat, sind keine Hilfe, um das Problem zu lösen.

- -

(6) Das folgende darfst du den anderen zwar mitteilen, aber nicht zu lesen geben oder für andere aufschreiben:

Annes Gruppe kam am Morgen als erstes zum Frühstück. Die 5 Disziplinen der lernenden Organisation unterscheiden sich von sonstigen bekannten Ansätzen, weil sie einen stärkeren Bezug zur persönlichen Entwicklung von Personen haben. Sie haben damit zu tun, wie wir denken, was wir wollen, und wie wir von der Interaktion mit anderen lernen können.

- -

(7) Das folgende darfst du den anderen zwar mitteilen, aber nicht zu lesen geben oder für andere aufschreiben:

Von allen Disziplinen war für Anne Team-Lernen die wichtigste Komponente. Tom, Sheila und Jim diskutierten vor dem Trainingsprogramm wie man lernende Organisationen schaffen kann, in denen Personen ihre Potentiale und ihre gemeinsame Kreativität entfalten können.

- -

(8) Das folgende darfst du den anderen zwar mitteilen, aber nicht zu lesen geben oder für andere aufschreiben:

Die Lehrer teilten die Trainingsteilnehmer in vier Gruppen auf und vermittelten vier Disziplinen lernender Organisationen. Um eine lernende Organisation zu schaffen, müssen fünf zentrale Disziplinen erlernt werden. Im Trainingsprogramm wurden aber nur vier studiert.

- -

(9) Das folgende darfst du den anderen zwar mitteilen, aber nicht zu lesen geben oder für andere aufschreiben:

Die vier Gruppen studierten die verschiedenen Disziplinen in vollkommen unterschiedlicher Reihenfolge. Die fünfte Disziplin, die nicht studiert wurde, ist systemisches Denken. Systemisches Denken beinhaltet Grundhaltungen, Wissen, Methoden- und Handlungskompetenzen für einen nachhaltigen Umgang mit und in komplexen Systemen.

- -

(10) Das folgende darfst du den anderen zwar mitteilen, aber nicht zu lesen geben oder für andere aufschreiben:

Sheilas Gruppe lernte über persönliche Professionalisierung bevor sie über Team-Lernen unterrichtet wurden. Das Erlernen der Disziplinen ermöglicht effektive Veränderungsprozesse in der lernenden Organisation und führt zu erhöhter Zufriedenheit der Mitarbeiter im Arbeitsprozeß.

- -

(11) Das folgende darfst du den anderen zwar mitteilen, aber nicht zu lesen geben oder für andere aufschreiben:

Jeder Lehrer war der Meinung, daß eine andere der Disziplinen die wichtigste wäre. Aus diesem Grund unterrichtete jeder Lehrer über die für ihn/sie wichtigste Disziplin am Schluß des Trainingsprogramms. Mentale Modelle beeinflussen die Weise, wie wir die Welt wahrnehmen und aktiv selbst konstruieren.

- -

(12) Das folgende darfst du den anderen zwar mitteilen, aber nicht zu lesen geben oder für andere aufschreiben:

Für Toms Gruppe war die Bildung einer gemeinsamen Vision nicht die erste Disziplin, die ihr vermittelt wurde. Gemeinsame Visionen tragen zu größerer Toleranz füreinander bei und dienen zielgerichtetem Handeln in lernenden Organisationen.

- -

Computer-Code

Kategorie: Teamübung
Lernziele: Zusammenarbeit, gemeinsam Strategien planen und anwenden, Wirkung von mentalen Modellen und Handlungsmustern erfahren, Rollenverteilung in der Gruppe, Zielkonflikte zwischen Arbeitsqualität und Arbeitsgeschwindigkeit
Teilnehmeranzahl: 5–25 Personen (am besten 10–15 Personen)
Zeit: 45–60 Minuten
Ort: im Freien
Material: 50 Pappteller, die mit großen Zahlen von 1–50 beschrieben sind (am besten mit einem dicken Flip-Chart-Stift beschriften) – pro Teller je eine Zahl – ein langes Seil (etwa 15–20 Meter), ein kurzes Seil, Stoppuhr

Ablauf und Regeln

Die Trainer bereiten die Aufgabe vor, ohne daß die Gruppe dabei zusieht. Mit der Schnur wird eine Spielfläche eingegrenzt (ca. 10–20 Quadratmeter). Dann werden die Pappteller nach dem Zufallsprinzip auf der Spielfläche verteilt, mit der beschrifteten Seite nach oben, so daß die Zahlen sichtbar sind. In einiger Entfernung wird eine Linie gezogen (dazu kann das kurze Seil verwendet werden). Dann wird die Gruppe hinter diese Startlinie geführt und die Aufgabe erklärt.

Die gesamte Gruppe muß immer hinter der Startlinie starten und auch dort mit einem Versuch das Problem zu lösen wieder aufhören. Die Stoppuhr läuft ab dem Moment, ab dem die erste Person die Startlinie überschreitet und sie wird angehalten, wenn die letzte Person die Linie wieder überschreitet; dies wird als ein Versuch gewertet. Es darf sich in jedem Versuch immer nur eine Person innerhalb der umgrenzten Spielfläche befinden (natürlich dürfen sich jeweils alle Spieler bis zum Rand der Spielfläche über die Startlinie begeben). Sollten sich zwei oder mehrere Personen gleichzeitig innerhalb der Spielfläche befinden, so wird für jeden Regelverstoß eine Strafzeit von 20 Sekunden zum Ergebnis (Versuchszeit) addiert. Die Gruppe muß es schaffen, in möglichst kurzer Zeit alle in der Spielfläche liegenden Teller in der richtigen Reihenfolge von 1–50 zu berühren. Falls eine Zahl in verkehrter Reihenfolge berührt wird (z. B. 5 und dann erst 4), werden für jeden Reihenfolgefehler ebenfalls 20 Sekunden Strafzeit addiert. Schnelligkeit bringt also nur dann etwas, wenn das Endprodukt eine hohe Qualität behält. Jeder Körperteil darf dazu verwendet werden, einen Teller zu berühren. Teller dürfen jedoch nicht von ihrem Platz weggenommen oder umgelegt werden. Insgesamt darf das Team innerhalb von 30 Minuten bis zu 5 Versuche durchführen (falls sie z. B. 5 Versuche in 18 Minuten schaffen, so ist die Übung beendet; hatten sie nur drei Versuche in 30 Minuten, so ist die Aktivität ebenfalls abgeschlossen).

Besondere Hinweise

Die Entfernung zwischen Spielfläche und der Start/Ziellinie muß mindestens so groß sein, daß die Teilnehmer die Nummern auf den Tellern von der Startlinie aus nicht erkennen können.

Es müssen nicht immer genau 50 Pappteller sein. Als Faustregel gilt jedoch ca. zweieinhalb- bis dreimal so viele Teller zu verwenden wie Personen teilnehmen (d. h. bei 25 Personen 50–60 Teller, bei 10 Personen reichen auch 30 Teller).

Mögliche Variationen

Es können einige Teller (Zahlen) weggelassen werden. Dies stiftet meistens beim ersten Versuch einige (durchaus erwünschte) Verwirrung (es wurde ja nur gesagt, daß die Teller in aufsteigender Reihenfolge von 1–50 berührt werden sollen und nicht, daß alle 50 Zahlen auf den Tellern auch vorhanden sind).

Die Teller mit den Zahlen werden nicht zufällig verteilt, sondern nach einem Muster (vgl. nebenstehende Skizze). Bemerkt die Gruppe dieses Muster und reagiert sie entsprechend darauf (es ist dann die bessere Strategie, daß Spieler in das Feld laufen und alle Teller – z. B. 1–6 –, die auf der verbindenden Zick-Zack-Strecke liegen, berühren und wieder hinauslaufen)?

Codewort/Codesatz-Variante: Auf die Teller werden Wörter geschrieben, die einen vorgegebenen Satz bilden sollen (oder nur Buchstaben, die ein Codewort oder gar Codesatz ergeben müssen), wobei die Gruppe dann einen Satz korrekt

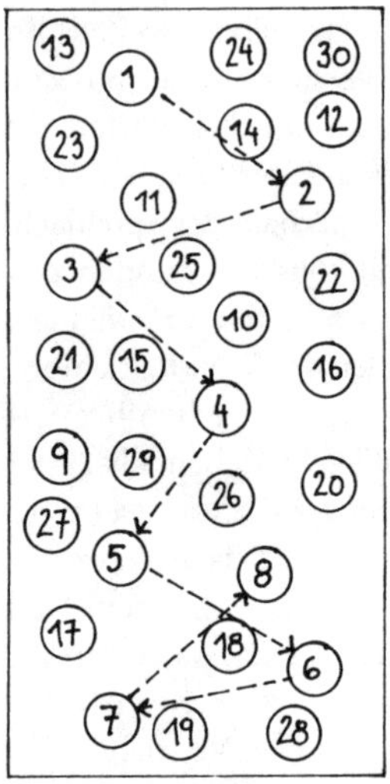

bilden oder Buchstaben zwar mehrmals berühren soll, jedoch in der richtigen Reihenfolge.

Es kann eine Zeitvorgabe eingeführt werden, indem für einen Versuch eine bestimmte (realistische, aber herausfordernden) Zeitmarke angegeben wird. Um ein solches Zeitlimit realistisch vorgeben zu können, kann man die ersten drei Versuche der Gruppe abwarten und dann erst ein Zeitlimit setzen, das 10–15 Sekunden unter der bisherigen Bestzeit liegt.

Mögliches Briefing/Metapher

Ihr seid ein Team von Computerexperten einer Virenschutzfirma. Eine Gruppe von bösartigen, militanten Hackern ist in die Computeranlagen des Verteidigungsministeriums eingedrungen und hat das Computersystem mit Viren verseucht, ein Zusammenbruch des Systems steht innerhalb von 30 Minuten bevor, dies würde den Abschuß von Atomraketen auf besiedeltes Gebiet zur Folge haben. Glücklicherweise habt ihr ein Antivirenprogramm entwickelt, das aber erst dann initiiert werden kann, wenn ihr Kontrolle über das System erlangt habt. Dazu muß eine Codezahl mit der Computertastatur des Zentralrechners eingegeben werden. Die Spielfläche symbolisiert den Rechner, die Pappteller repräsentieren die Tasten. Der einzugebende Code besteht aus den Zahlen von 1–50 in aufsteigender Reihenfolge.

Debrief

Bei der Übung können sich sehr unterschiedliche Lösungsansätze entwickeln, und es existieren bei jeder Lösungsstrategie viele Optimierungsmöglichkeiten. Manchmal versuchen es Gruppen die Aufgabe so zu lösen, daß nur eine einzige Person auf die Spielfläche geht und versucht, alle Teller in der Reihenfolge zu berühren. Die anderen stehen außen und versuchen beim Finden der richtigen Zahlen-Teller zu helfen. Diese Einzelvariante ist jedoch zu streßbeladen und anstrengend für die Person und auch zeitlich nicht besonders attraktiv. Alle Gruppen erkennen meist schnell, daß sie so zu keiner guten Leistung fähig sind und entwickeln dann eine Strategie, bei der alle Personen beteiligt sind, was die Versuchszeit deutlich verbessert. Dabei gibt es mehrere effiziente kooperative Strategien. Eine ist die, daß die Teilnehmer im Kreis um die Spielfläche stehen und jeder für drei bis vier Teller in seiner unmittelbaren Nähe (wie ein Torteneck der Spielfläche) verantwortlich ist. In der Reihenfolge der Zahlenteller springen die Personen nun, wenn ihre Zahl an der Reihe ist in die Spielfläche, berühren den Teller und springen wieder heraus. Eine Optimierung wäre es, Fehler bei den Übergaben (eine Person springt schon hinein, während die andere noch nicht draußen ist, somit ein Regelverstoß und Strafzeit) zu minimieren, etwa durch lautes Ausrufen der Zahlen und einem »Aus«, wenn die Person wieder aus dem Spielfeld ist und erst dann geht die nächste Person auf das Feld. Es existieren weitere wirkungsvolle Strategien, die aber hier nicht beschrieben werden sollen.

Jedenfalls spielt beim Debrief dieser Teamübung insbesondere die Reflexion zur ersten Planungsphase, bevor das Team den ersten Versuch startet, eine Rolle, und es sollte auch diskutiert werden, welche weiteren Verbesserungen umgesetzt wurden: »Welche Strategien und Lösungsansätze wurden gefunden und diskutiert?«, »Mit welchen Argumenten wurden einige Ideen verworfen?«, »Warum habt ihr gerade diese Variante ausprobiert? – Waren alle damit einverstanden? – Wie seid ihr zu der Entscheidung für eure Variante(n) gekommen – demokratische Abstimmung – ausdiskutierter Konsens – Dominanz einzelner?«, »Wurde die erste Lösungsstrategie beibehalten und weiter optimiert, oder habt ihr weitere ganz andere Strategien ausprobiert? – Wie? – Warum?«

Häufig wird eine Strategie beibehalten und optimiert, aber auch andere alternative Lösungsideen werden – ohne sie in der Erfahrung getestet zu haben – mit (falschen) Argumenten abgelehnt oder durch die Dominanz einzelner unterdrückt. Es kann im Debrief dann aufgegriffen werden, welche Vor- und Nachteile es hat, viele verschiedene Ansätze auszuprobieren oder nur eine Strategie zu optimieren. Es kann auch die Gruppendynamik in den Planungsphasen diskutiert werden, wenn einzelne zu dominant waren und eigentlich gute Ideen von Teilnehmern unterdrückt wurden. Eventuell bietet es sich auch an, über die Wirkung von rigiden Handlungsmustern zu diskutieren. Die einmal gewählte Strategie wirkt als Handlungsmuster oft so stark, daß gar keine anderen Lösungsideen für weitere sinnvolle Handlungsstrategien aufkommen. Man bleibt einfach beim Gewohnten, scheinbar erfolgreichen Lösungsansatz, ohne diesen in Frage zu stellen. Dieses Verhalten kann im Debrief dann auf der Metaebene thematisiert werden.

Da die mitunter recht große Gruppe (z. B. 20 Personen) als Gesamtheit das Problem lösen muß, ist es besonders schwer, daß sich alle aktiv mit Redebeiträgen beteiligen können. Es kann im Debrief reflektiert werden, welche Möglichkeiten für Großgruppen bestehen, um das kreative Potential aller Mitglieder auszuschöpfen und alle zu beteiligen.

Mit der Übung kann auch die Frage nach den Zielsetzungen und der Zielorientierung der Gruppe verbunden werden. Hat sich das Team überhaupt Ziele gesetzt? Welche Ziele (Zeitlimit für einen Versuch, Fehlerlimit pro Versuch usw.)? Wie wirkte sich das Vorhandensein oder Fehlen von Zielen aus? Bei der Übung schließen sich Geschwindigkeit und Sorgfalt ab einem gewissen Punkt aus. Entweder man versucht, die Teller irgendwie schneller zu berühren und riskiert damit einige Fehler und somit Strafzeiten, oder man ist sehr vorsichtig auf absolute Sicherheit bedacht, um keine Fehler zu machen, und ist dafür aber insgesamt im Berühren eher langsam. Hier kann der Umgang mit unterschiedlichen Zielpräferenzen (Bewegungs- und Berührungsgeschwindigkeit vs. Qualität und Sicherheit) und Risikobereitschaften der Teilnehmer, die auch zu Konflikten führen können, im Debrief aufgearbeitet werden.

Wie bei vielen Teamübungen ergeben sich auch bei dieser manchmal Konflikte durch unterschiedliche Präferenzen der Teilnehmer hinsichtlich Aktion und Reflexion. Es gibt Personen, die schnell handeln und durch Versuch und Irrtum lernen wollen, d. h. in diesem Fall nicht viel überlegen, einfach Losrennen und den ersten Versuch starten. Andererseits existieren Personen mit dem Hang zu genauer Planung, am besten sollte jedes mögliche Detail bereits a priori durchdacht und festgelegt sein. Im Debrief können die Vor- und Nachteile beider Ansätze diskutiert und es kann überlegt werden, in welchen Situationen welche Strategie sinnvoller ist und wie ein Mittelweg aussehen könnte.

Häufig ergibt sich bei der Übung das Szenario, daß die Gruppe sehr lange hinter der Startlinie bleibt und plant. Man hört das Argument: »Wenn wir die Startlinie überqueren, dann läuft ja schon unsere Versuchszeit.« Diese Startlinie wirkt wie eine mentale Barriere. Sinnvoller wäre es tatsächlich, sofort zum Spielfeld zu rennen und sich die Aufgabe aus der Nähe anzusehen. Sicherlich läuft dann die Versuchszeit, aber man kann nicht nur theoretisch, sondern praxisrelevant planen. Dazu ist es notwendig, sich mental von der Versuchszeit als Faktor zu lösen und den ersten Versuch einfach als Planung vor Ort umzudefinieren. Man kann sogar verschiedene Strategien praktisch erproben, ohne wieder zum Ziel zurückzulaufen. Vielleicht werden bei dieser Art von erstem Versuch 15 Minuten mit unendlich vielen Fehlern verbraucht, aber was wäre daran so schlimm? Man hätte dann vor Ort eine effektive Handlungsstrategie und deren Optimierung durchgeplant. Die darauf folgenden Versuche werden dafür viel schneller und besser laufen. Es bietet sich an, anhand dieses Themas die Wirkung von mentalen Modellen und Denkmustern und die Potentiale von Perspektivenwechsel und »Umdenken« zu diskutieren.

Egg Drop

Kategorie: Teamübung
Lernziele: Kreativität, Rollenverteilung, Projektabläufe effizient gestalten, Umgang mit Ressourcen
Teilnehmeranzahl: 6–40 Personen
Zeit: 60–75 Minuten
Ort: Raum mit Tischen und Stühlen und eine Fläche im Freien sowie die Möglichkeit, etwas aus der Höhe in die Tiefe fallen zu lassen
Material: Eier, Strohhalme, Scheren, Klebebänder oder Kleberollen (z. B. Tesa), eventuell Leiter, Folien und Putzutensilien

Ablauf und Regeln

Die Gruppe wird in mehrere kleine Teams zu je 3–6 Personen eingeteilt. Jedes Team erhält zunächst Material vom Trainer: 1 rohes Ei, 30 Strohhalme, 1 Schere, 1 Rolle Tesa. Nachdem alle Teams ihr Material erhalten haben, wird die Aufgabe erklärt. Der erste Teil der Aufgabe besteht darin, die sicherste »Ei-Schutz-Konstruktion« herzustellen, damit das Ei einen Sturz aus etwa zwei Metern übersteht, ohne dabei zu zerbrechen (Regel 1). Das Ei muß dabei irgendwie fest mit der Konstruktion verbunden sein (Regel 2). Es geht also nicht, mit den Strohhalmen eine Art Auffangnest zu bauen, in das das Ei fallen gelassen wird. Zwei Meter Höhe sind dabei das Mindestmaß. Gewonnen hat das Team, bei dem das Ei aus größter Höhe fallen gelassen werden kann, ohne daß es zerbricht. Es ist verboten, das Ei auszublasen, es zu kochen oder die Eierschale gänzlich mit Tesa zu umwickeln (Regel 3). Der zweite Teil der Aufgabe besteht darin, einen Namen für das Produkt zu finden und einen möglichst überzeugenden Werbespot von ca. einer Minute Dauer zu entwickeln. Die Teams sollen ermutigt werden, etwas auszudenken, das verdeutlicht, warum gerade ihr Produkt der beste, sicherste und effektivste »Ei-Schützer« auf dem Markt ist. Die Teams stellen ihren Werbespot vor, ehe sie ihr Ei fallen lassen. Wenn mehrere Teams in der Fallhöhe gleich aufliegen und keine weitere Höhe ausprobiert werden kann, entscheidet der bessere Werbespot und die Präsentation über den Sieg. Die Teams haben für beide Aufgaben zusammen 25 Minuten Zeit, dann wird abgebrochen und die Konstruktion muß so verwendet werden, wie sie zu dem Zeitpunkt besteht, auch wenn sie noch nicht fertiggestellt sein sollte.

Es werden dann zunächst alle Werbespots nacheinander vorgestellt und von den Trainern geheim bewertet. Danach werden die Eier-Schutz-Konstruktionen von einem Trainer aus 2 Meter Höhe fallengelassen. Dazu kann man auf einen Tisch steigen oder auf eine Leiter. Es empfiehlt sich, eine große Folie unter den Versuchsplatz zu legen, damit in Räumen der Boden durch auslaufende Eier nicht verschmutzt wird. Wenn einige Eier-Vehikel den ersten Test (2 Meter) überstanden haben, wird die Fallhöhe vergrößert, soweit dies möglich ist (ideal sind Häuser mit mehreren Stockwerken, aus deren Fenstern die Eier hinunter geworfen werden können). Sieger ist, wessen Ei den Fall aus größter Höhe übersteht. Alternativ kann man auch nur einen oder zwei Durchläufe veranstalten und die Werbespots als Kriterium heranziehen oder alle unversehrten Eier zu Gewinnern erklären, wenn die Werbespots annähernd gleich gut waren.

Besondere Hinweise

Beim Fallenlassen der Eier aus größeren Höhen (man kann durchaus Konstruktionen bauen, die mehr als 50 Meter überstehen) sollten die Teilnehmer und Trainer weit genug von der Aufschlagstelle entfernt sein und darauf achten, daß unbeteiligte Dritte nicht zu Schaden kommen. Es ist ein besonderer Höhepunkt, wenn es gelingt, einige sehr gute Konstruktionen aus großen Höhen fallen zu lassen (z. B. aus einem geeigneten Hochhaus auf einen freien Parkplatz), denn es ist erstaunlich, wie manche Konstruktionen und somit auch die Eier den Fall ohne zu zerbrechen überstehen. Das scheinbar Unmögliche wird möglich und kann der Gruppendynamik damit einen »positiven Schub« geben.

Allgemein obliegt es dem Trainer – je nach Lernzielen, die verfolgt werden – bei Teamübungen ein gegebenes Zeitlimit (wie bei dieser Übung z. B. 25 Minuten) noch auszudehnen, wenn die Teams noch nicht fertig sind, oder einige Minuten vor dem Ablauf des Zeitlimits die verbleibende Zeit anzusagen. Wenn der Umgang mit Ressourcen als Lernziel in einer Teamübung – wie es sich insbesondere bei dieser Übung anbietet – einbezogen wird, so sollte nicht über die abgelaufene Zeit Auskunft gegeben und die Übung pünktlich abgebrochen werden, wenn das Zeitlimit abgelaufen ist. Der Umgang mit der Ressource Arbeitszeit obliegt so ausschließlich dem Management des Teams.

Mögliche Variationen

Dieselbe Übung gänzlich in der Natur durchführen (z. B. im Rahmen eines Outdoor-Programms). Dabei werden keine Strohhalme und keine Kleberollen und Scheren ausgegeben, sondern nur das Ei. Dafür darf jedes natürliche Material, das die Teams in der Natur finden, verwendet werden, aber keine künstlichen Materialien (wie möglicher Abfall, der leider auch in der Natur gefunden werden kann).

Mögliches Briefing/Metapher

»Ihr seid Mitglieder von neugebildeten, innovativen Forschungs- und Entwicklungs-Projektteams. Eure Firma hat den Markt untersucht und einen großen Bedarf an Ei-Schutz-Konstruktionen festgestellt. Wenn euer Ei in der gebauten Konstruktion mindestens die Fallhöhe von zwei Metern übersteht, so werdet ihr weiter beschäftigt, ansonsten werdet ihr leider einem Personalabbau zum Opfer fallen. Das Team mit der größten Fallhöhe, ohne daß das Ei zerbricht, kommt außerdem in den Genuß einer Gehaltserhöhung. Zusätzlich müßt ihr mit einer möglichst gelungenen und überzeugenden Präsentation eines Werbespots beim Vorstand Eindruck machen und erklären, warum gerade eure Konstruktion besonders gut und sicher ist. Die genauen Regeln und Anforderungen sind:« (s. o.)

Debrief

Im Debrief kann die Rollenverteilung in den kleinen Teams angesprochen werden: »Wer hat was getan? – Wer hat wann an der Konstruktion gearbeitet, wer hat wann den Werbespot kreiert?«, »Wie habt ihr entschieden, wer was macht – z. B. nach persönlichen Vorlieben und Kompetenzen oder auf eine andere Weise?«, »Wurde jemand bei diesem Prozeß nicht berücksichtigt?«, »Hat jemand die Planungs- und/oder die Konstruktionsphase koordiniert?«

Als weiteres Thema für die Reflexionsphase kann der Planungsprozeß und die Entwicklung von kreativen Ideen angesprochen werden: »Gab es einen gemeinsamen Plan?«, »Welche kreativen Ideen zum Bau der Ei-Schutz-Konstruktion wurden verwirklicht und welche wurden verworfen? – Warum?«, »Habt ihr zuerst geplant oder einfach begonnen zu bauen?«, »Wenn es keinen Plan gab, hätte ein Plan geholfen?«, »Hat die Gruppe zuviel Zeit auf das Planen verwendet und war dann die Zeit zu knapp, die Konstruktion fertigzustellen?«, »Wie kann man es in der Berufspraxis sicherstellen, daß möglichst viele kreative Ideen bei der Suche nach Problemlösungen entwickelt und von den Beteiligten in die Diskussion eingebracht werden?«, »Unter welchen Bedingungen wird Kreativität gefördert oder sogar erst möglich?«

Im Debrief kann auch der Umgang mit Ressourcen thematisiert werden (manchen Teams gelingt es nicht, in der festgesetzten Zeit fertig zu werden oder die Kleberolle wird verschwendet, so daß am Ende zu wenig Kleberolle vorhanden ist): »Seid ihr mit beiden Teilen der Aufgabenstellung in der zur Verfügung stehenden Zeit fertig geworden? – Hat jemand auf die Zeit geachtet?«, »Habt ihr euer gesamtes Material, Tesa und Strohhalme, effizient eingesetzt?«, »Welche Ressourcen stehen euch als Arbeitsteam zur Verfügung – Finanzbudget, Material, Personal, Information usw. – und wie können diese möglichst effizient genützt werden? Wo sind Ressourcen knapp, wo werden Ressourcen unnötig vergeudet?«

Zauberstab

Kategorie: Teamübung
Lernziele: Koordination und Sensibilität füreinander
Teilnehmeranzahl: 10–20 Personen
Zeit: 25–45 Minuten
Ort: Raum mit wenig freier Fläche oder im Freien
Material: dünner Stab (z. B. Holzstab aus Bambusholz) 1,5 bis 3 Meter lang (je nach Gruppengröße)

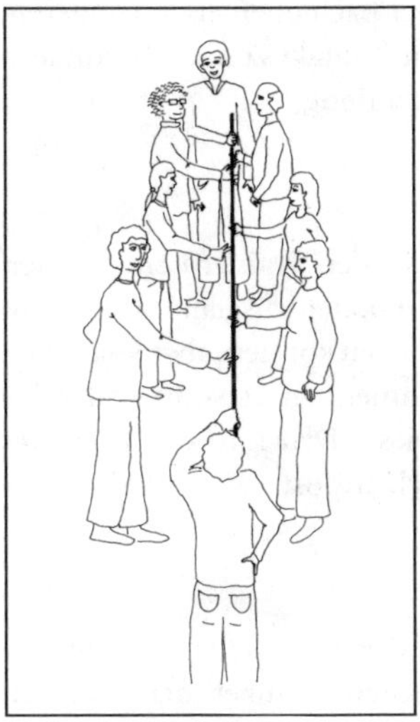

Ablauf und Regeln

Die Teilnehmer werden gebeten, sich entlang eines Stabs paarweise aufzustellen, so daß sich die Partner genau gegenüberstehen und ansehen. Auf jeder der beiden Seiten entlang des Stabs stehen die Personen unmittelbar dicht nebeneinander und strecken ihre gestreckten rechten Arme mit ausgestrecktem Zeigefinger nach vorn aus (etwa in einem rechten Winkel zum Körper). Der Stab wird auf die Fingerspitzen der Zeigefinger gelegt und in dieser Position waagerecht zum Boden auf den Fingerspitzen gehalten. Die Trainer stehen an den beiden Enden des Stabs und drücken diesen leicht nach unten, so daß die Teilnehmer mit ihren Zeigefingern dem Druck noch problemlos standhalten können. Alle Teilnehmer müssen zu jeder Zeit der Übung im Körperkontakt mit dem Stab bleiben, und der Stab darf dabei nur von oben her auf den Zeigefingerspitzen aufliegen, der Stab darf nicht festgehalten werden (Regel). Aufgabe ist es für die Gruppe den Stab gemeinsam sachte auf den Boden zu legen, ohne daß dabei jemand den Kontakt zum Stab verliert. Die Trainer zählen laut bis drei und lassen dann den Stab los. Dabei wird die Gruppe die Aufgabe nicht beim ersten Mal lösen können. Wird der Kontakt zum Stab von einer Person verloren, muß wieder die Ausgangsposition eingenommen werden und ein neuer Versuch wird gestartet, solange bis es der Gruppe gelingt, die Aufgabe den Regeln entsprechend auszuführen. Die Übung heißt »Zauberstab« weil sich bei 99 % aller Gruppen der Stab trotz gutem Willen und aller Anstrengung gar nicht nach unten bewegt, sondern sich die Zeigefinger und der Stab zum Erstaunen der Teilnehmer bei den ersten Versuchen zumeist in die entgegengesetzte Richtung nach oben bewegt. Diese »Zauber«-Bewegung verläuft meistens asynchron an einem Ende des Stabs schneller nach oben als am anderen. Dadurch verlieren nicht nur einige Personen den Kontakt zum Stab, sondern er fällt dadurch letztlich aus einiger Höhe sogar zu Boden.

Besondere Hinweise

Es sind zwei Trainer erforderlich. Es muß von beiden Trainern ein leichter, gleich starker Druck auf den Stab in Richtung Fußboden ausgeübt werden, so daß die Finger der Teilnehmer noch Widerstand bieten können, aber von ihnen (möglichst ohne daß sie es selbst bewußt wahrnehmen) angespannt und in die Gegenrichtung (nach oben) gedrückt werden. Dieser Druck ist der Trick, der die Bewegung nach oben zunächst unausweichlich auslöst.

Debrief

Mögliche Fragen des Debriefs beziehen sich auf das unmittelbar Erlebte und den Gruppenprozeß, der zum letztlich erfolgreichen Gelingen der gestellten Aufgabe führt: »Wie habt ihr euch währen der Übung gefühlt?«, »Welche Verbesserungen und Ideen wurden eingebracht? – Von wem?«, »Hat jemand die Bewegungsabläufe im Sinne einer Qualitätskontrolle koordiniert? – Wie hat sich die Koordination oder die fehlende Koordination ausgewirkt?«, »Was war notwendig, um diese Übung erfolgreich abzuschließen?«, »Welche hier notwendigen Bedingungen – z. B. konzentrierte gemeinsame Anstrengung, Sensibilität – sind auch für eure Teamarbeit im Berufsalltag wichtig? Wie könnten diese Eigenschaften und Bedingungen bei euch verbessert werden?«

3-D-Minenfeld

Kategorie: Teamübung
Lernziele: Vertrauen, Aufmerksamkeit, Kommunikation, Risikobereitschaft
Teilnehmeranzahl: 8–24 Personen
Zeit: 60–90 Minuten
Ort: großer Raum mit viel offener Fläche oder im Freien
Material: je nach Komplexität des Minenfelds: Seile, Stühle, Tische, Schalen mit Wasser, Steine, Stifte, Klebeband, Flip-Chart-Papier, Luftballons, Bälle, Memory-Karten, Luftmatratzen, Netze etc. und auf jeden Fall Tücher (mindestens für jeden zweiten Teilnehmer), um die Augen zu verbinden.

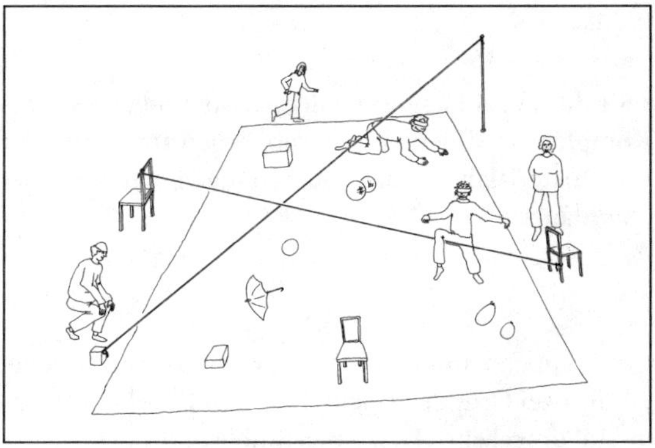

Ablauf und Regeln

Zur Vorbereitung wird von den Trainern ein »Minenfeld« in einem Raum mit ausreichend Platz aufgebaut. Ein sehr einfaches Minenfeld besteht aus einer eingegrenzten Spielfläche (z. B. Rechteck mit 4 × 8 Metern, aber auch beliebige andere und eher große Flächen). In diese Fläche werden Bälle gelegt. Einfache Tennisbälle genügen zwar, jedoch sind verschieden große Bälle interessanter. Die Teilnehmer dürfen dieses Minenfeld nicht sehen und halten sich in einem anderen Raum auf.

Dann werden die Teilnehmer in dem Raum, in dem sie sich aufhalten, instruiert. Sie werden als erstes gebeten, Paare zu bilden. Jeweils ein Partner bekommt die Augen verbunden und wird nun von dem sehenden Partner zum Minenfeld geführt. Der Sehende soll nun seinen blinden Partner mit Zurufen durch das Feld lotsen. Der »Blinde« darf dabei kein Hindernis oder andere

»Blinde« berühren (Regel 1). Der Sehende steht außerhalb des Spielfelds und darf den Blinden nicht berühren (Regel 2). Die Paare haben nun fünf Minuten Zeit, ihre Vorgangsweise zu planen, sich zu besprechen und Kommandos zu vereinbaren. Dann müssen alle Blinden gleichzeitig den Hindernisparcours betreten und von einem definierten Startpunkt zu einem definierten Endpunkt gelangen (Start und Ziel werden den Sehenden von den Trainern gezeigt). Wenn ein Blinder ein Hindernis oder einen anderen Blinden berührt, so muß er zurück an den Start und es noch einmal versuchen (Regel 3). Dabei darf der Sehende das Spielfeld ausnahmsweise betreten und den Blinden aus dem Spielfeld zum Start führen.

Nachdem alle Blinden erfolgreich das Minenfeld durchquert haben oder nach Ablauf einer vorgegebenen Zeit, sollen die Teilnehmer die Rollen tauschen. Zuvor sollen alle Personen kurz den Raum verlassen, während die Trainer die Positionen der Hindernisse (Bälle) verändern. Die Teilnehmer können in der Zwischenzeit die Augen ihres Partners verbinden.

Besondere Hinweise

Der Schwierigkeitsgrad des Feldes ist abhängig von der Anzahl und der Anordnung der Hindernisse. Komplexere Minenfelder ermöglichen unvergeßliche Erfahrungen, sind aber sehr materialaufwendig und benötigen eine mitunter extrem lange Durchführungsdauer.

Mögliche Variationen

Insbesondere bei größeren Gruppen kann von zwei Seiten begonnen werden: die Paare werden nochmals in zwei Gruppen geteilt. Der Start der einen Gruppe ist das Ziel der anderen und umgekehrt. Es können Stühle und Tische in das Feld gestellt werden, die nicht berührt werden dürfen.

Man kann ein Zeitlimit einführen oder die Übung mit einem Wettbewerb verbinden: Jenes Paar hat gewonnen, dessen »Blinder« als erster erfolgreich durch das Minenfeld gekommen ist.

Statt der Strafe, von neuem bei einer Berührung einer Mine (Ball) oder eines Mitspielers anfangen zu müssen, können die Berührungen auch einfach gezählt und später verglichen werden. Sieger ist dann der Blinde mit den wenigsten Berührungen.

Interessant werden Minenfelder durch weitere Elemente. Hier einige Ideen: Seile in verschiedenen Höhen kreuz und quer spannen (die Seile dürfen ebenfalls nicht berührt werden); Luftballons von der Decke in Kopfhöhe der Teilnehmer abhängen (die Ballons dürfen nicht berührt werden).

Es können auch Aufträge vergeben werden. Die Blinden müssen dann einige Aufgaben erfüllen, bevor sie das Ziel erreichen. Hier einige Ideen: eine Schüssel mit Wasser aufstellen in der sich Steine befinden, die Blinden müssen einen Stein herausnehmen und zum Ziel mitnehmen; eine Luftmatratze auf den Boden legen, die Blinden müssen einmal die Matratze überqueren; auf den Boden wird ein Flip-Chart-Papier aufgeklebt und ein paar Stifte gelegt, die Sehenden ziehen aus einem Hut Memory-Karten mit einfachen Zeichnungen (Baum, Haus) und teilen den Blinden mit, was auf darauf abgebildet ist, und die Blinden müssen den Gegenstand zeichnen; eine Kiste mit Sägespänen aufstellen, in denen kleine Schokoladentafeln vergraben sind, die Blinden müssen eine Tafel ausgraben und mitnehmen (diese darf nachher mit dem Partner verzehrt werden).

Aus Sicherheitsgründen sollten Brillen abgenommen und Schuhe ausgezogen werden.

Debrief

Im Debrief sollte besprochen werden, wie sich die Blinden im Minenfeld gefühlt haben, welche Erfahrungen sie gemacht haben, was leicht und schwer für sie war. Ebenso sollte den Sehenden Gelegenheit gegeben werden, ihre Eindrücke und Gefühle zu schildern. Was haben die Blinden wahrgenommen, was ausgeblendet? Welche der beiden Rollen war herausfordernder, verantwortungsvoller, lustiger?

Ein Thema für das Debrief ist Vertrauen, Aufmerksamkeit und Kommunikation: Hatten die Paare Vertrauen zueinander? Welche Strategien und Verhaltensweisen unterstützten oder erschwerten Vertrauen? War es schwierig, miteinander zu kommunizieren? Was wurde getan oder unterlassen, um effizient miteinander zu kommunizieren und das Minenfeld sicher zu überqueren?

Ein anderes sich anbietendes Thema für die Reflexion ist die individuelle Risikobereitschaft der Teilnehmer. Es können auch die Auswirkungen (Fehler, Mißerfolge, Konflikte usw.) von unterschiedlichen Einstellungen und Präferenzen bei Sehenden und ihren blinden Partnern zu den Risiken im Minenfeld diskutiert werden.

Eine weitere interessante Debrief-Thematik ist die Frage, ob die Sehenden in irgendeiner Weise miteinander kooperativ zusammengearbeitet haben, damit ihre blinden Partner sich nicht gegenseitig berührten (wie passierte das? warum wurde nicht kooperiert?).

Führungswurm

Kategorie:	Teamübung
Lernziele:	Führen und geführt werden, Kommunikation, Bedeutung klarer Ziele, Wirkung hierarchischer Strukturen in bezug auf Kommunikation
Teilnehmer:	10–30 Personen
Zeit:	25–45 Minuten
Raum:	großer Raum mit offener Fläche oder im Freien
Material:	ein Tuch pro Teilnehmer zum Verbinden der Augen; Stühle, Gegenstände zum Markieren einer Wegstrecke; ein Gegenstand, den ein Gruppenmitglied aufheben muß (z. B. kleiner Ball, Sack mit Keksen für die Gruppe); Stoppuhr für den Spielleiter

Ablauf und Regeln

Die Gruppe erhält folgende Instruktion: »Eure Aufgabe wird es sein, eine bestimmte Wegstrecke als Gruppe so schnell wie möglich zurückzulegen. Dabei gelten aber folgende Spielregeln: Ihr müßt euch hintereinander in einer Reihe aufstellen. Allen Personen, außer derjenigen, die als letzte geht, werden die Augen verbunden. Jede Person legt ihre Hände auf die Schulter der jeweils vor ihr gehenden. In dieser Formation müßt ihr während des gesamten Wegs bleiben; die Reihe darf sich nicht auflösen und es dürfen keine Positionen gewechselt werden (Regel 1). Außerdem darf nicht mehr gesprochen werden, sobald ihr die Startlinie überschritten habt (Regel 2). Irgendwo am Weg wird ein Gegenstand liegen, der aufgehoben und ins Ziel mitgebracht werden muß. Den Gegenstand darf nur die Person aufheben, die die erste Position einnimmt (Regel 3). Die Aufgabe ist erfüllt, wenn die letzte Person die Ziellinie überschritten hat. Wenn ihr die Spielregeln verstanden habt, habt ihr nun fünf Minuten Zeit, um euch zu überlegen, wie ihr so schnell wie möglich die Wegstrecke zurücklegen könnt.«

Nach der Beratungszeit verbinden sich die Teilnehmer die Augen und stellen sich in der angegebenen Formation auf. Der Spielleiter markiert den Weg und zeigt ihn der zuletzt stehenden Person. Start und Ziel sollten mit einem Klebeband klar markiert sein. Sobald die erste Person die Startlinie überschritten hat beginnt die Zeitnahme. Erst während die Gruppe geht, legt der Spielleiter den aufzuhebenden Gegenstand auf den Boden.

Besondere Hinweise

Die Teilnehmer sollten ihre Brillen abnehmen. Je größer die Gruppe wird, desto schwerer ist es, die Aufgabe zu bewältigen. Wir teilen die Gruppe, wenn sie mehr als 15 Personen umfaßt (s. Varianten). Wenn es möglich ist, sollte der Weg bereits vorher in einem anderen Raum oder im Freien vorbereitet werden und die Spiel-Instruktionen an einem anderen Ort gegeben werden.

Mögliche Variationen

Startet nur eine Gruppe, kann eventuell nach dem ersten Durchgang eine kurze Reflexion erfolgen, bei der eine neue, möglicherweise bessere Strategie festgelegt und in einem zweiten Durchgang ausprobiert wird. Wenn die Gruppe geteilt wird, kann man beide Gruppen parallel gehen und den gleichen Weg von jeweils der anderen Richtung zurücklegen lassen. Interessanter für die Gruppen ist es jedoch, wenn sie hintereinander starten und die anderen beobachten können. Die zweite Gruppe hat dann eventuell einen Vorteil, weil sie aus der Beobachtung der ersten Gruppe lernen konnte. Das kann zusätzliches Debrief-Thema sein.

Debrief

In dieser Übung stecken zahlreiche gruppenrelevante Themen. Kein Teilnehmer, außer der letzten Person, kennt das Ziel. Alle sind auf die Informationen dieser Person angewiesen, die jedoch in der Regel zeitverzögert und häufig unklar an der Spitze ankommen. Damit kann z. B. die Wirkung der klassischen Linienorganisation (Hierarchie) gezeigt werden. Würden alle das Ziel kennen, könnte die Aufgabe viel schneller und besser bewältigt werden. (Daher ist es auch lehrreich, einer anderen Gruppe bei der Aufgaben-Lösung zuzusehen.)

Darüber hinaus können auch die Gefühle angesprochen werden, die die

Teilnehmer am Ende, in der Mitte und an der Spitze haben. Dabei werden in der Regel die typischen Probleme dieser Positionen deutlich. Weitere Themen sind die vereinbarten Spielregeln und ihre Klarheit oder Effizienz, der Informationsfluß, die Bedeutung jeder einzelnen Person für die Informationsweitergabe usw.

Mögliche Debrief-Fragen: Wie ist die Planungsphase abgelaufen? Welche Strategie habt ihr vereinbart? Wie hat sie sich bewährt? Was würdet ihr ändern? Wie hast du als Sehender den Weg erlebt? Wie habt ihr in der Mitte euch während des Wegs gefühlt? Wie hast du dich ganz vorn gefühlt? Was ist aus eurer Erfahrung wichtig, damit bei diesen Einschränkungen die Aufgabe gut gelöst werden kann? Welchen Unterschied hätte es gemacht, wenn ihr nicht »blind« gewesen wärt? Wofür könnte die Spielsituation in eurem Arbeitsalltag stehen?

Blindes Puzzle

Kategorie: Teamübung
Lernziele: Führung, Kommunikation, Kooperation, Organisation von Abläufen, Nutzung von Ressourcen
Teilnehmeranzahl: 12–20 Personen
Zeit: 30–60 Minuten
Ort: Raum mit Tischen und Stühlen
Material: Puzzle pro Gruppe, eine (Farb-)Kopie jedes Puzzlebildes, pro Teilnehmer ein Tuch zum Augenverbinden

Ablauf und Regeln

Es werden mehrere (3–4) kleine Teams gebildet (zu 3–5 Personen). Diese sollen sich jeweils um einen Tisch setzen. Die Tische/Teams sollen dabei ein paar Meter Abstand zueinander aufweisen. Die Teams werden dann gebeten, einen »Manager« zu bestimmen. Sind die Manager ausgewählt, so werden diese vom Trainer gebeten, mit ihm den Raum zu verlassen und sie werden gesondert instruiert (s. u.). Danach gehen Trainer und »Manager« zurück in den Raum, und die Teilnehmer werden gebeten sich mit einem Tuch die Augen zu verbinden. Es ist verboten, während der Übung das Tuch abzunehmen. Lediglich die Manager haben die Augen nicht geschlossen. Dann wird die Aufgabe erklärt.

Ziel ist es, als Team ein Puzzle richtig zu legen. Die Einzelteile werden nun in die Mitte des Tisches gelegt. Jede Gruppe hat ein eigenes Puzzle fertigzustellen und die Ausgangsbedingungen sind für alle Gruppen gleich. Jenes Team, das als erstes ein vollständiges Puzzle präsentiert, hat gewonnen, und die Übung endet in dem Moment, wo ein fertiges korrektes Puzzle präsentiert wird. Der Manager darf nicht in das Spielgeschehen eingreifen (keine Teile anfassen und nicht sprechen), sondern beobachtet das Geschehen. Ausnahme: Er darf im Laufe der Übung seinem eigenen Team insgesamt fünf Fragen mit »ja« oder »nein« beantworten. Dazu muß er von seinem Team entsprechende Fragen gestellt bekommen. Als Erklärung für diese Spielregeln kann die folgende Metapher dienen: »Manager sehen zwar mehr und haben mehr Wissen, sie sind aber auch sehr mit anderen Dingen beschäftigt und haben nur selten Zeit für die Mitarbeiter. Fragen müssen auf den Punkt gebracht werden und kurz und bündig beantwortbar sein!«

In der gesonderten Instruktion am Beginn des Spiels werden die Manager in eine Tatsache des Spiels eingeweiht, die sie jedoch dem Team nicht mitteilen dürfen (außer eine der fünf erlaubten Fragen bezieht sich später ausdrücklich darauf): Die Puzzleteile, die auf die Tische der Teams gelegt werden, gehören nicht alle zu dem Puzzle des jeweiligen Teams, d. h. einige benötigte Teile haben andere Teams vor sich liegen und gleichzeitig hat jedes Team Teile, die es nicht brauchen kann, die aber Puzzles anderer Teams komplettieren. Irgendwann wird den Teams wie ein Aha-Effekt auffallen, daß sie die Aufgabe allein gar nicht lösen können, sondern eine Kooperation mit anderen Teams organisieren müssen. Die Manager dürfen dann Personen helfen, sich im Raum zu bewegen, indem sie diese etwa an der Hand führen, wenn sie zum Beispiel mit einer anderen Gruppe Puzzleteile austauschen wollen. Zusätzlich erhalten die Manager (nachdem sich alle anderen die Augen verbunden haben) das Puzzlebild des eigenen Teams in Kopie, damit sie mögliche Fragen ihres Teams (z. B. ob ein bestimmtes Puzzleteil zum eigenen Puzzle gehört) auch einfach und richtig beantworten können.

Besondere Hinweise

Nach unserer Erfahrung eignen sich Kinder-Puzzles mit größeren, nicht zu vielen Puzzleteilen sehr gut für diese Übung. Im Handel gibt es Puzzles mit 15 Teilen (3 × 5), die DIN-A4-Größe haben. Die Puzzles sollten verschiedene Bildermotive zeigen und verschiedene Formen aufweisen. Alle verwendeten Puzzles sollen gleich groß sein, damit die gleichen Startbedingungen erfüllt sind.

Es ist sinnvoll (und schwer genug!) wenn zwei bis drei Puzzleteile pro Team an andere Teams gegeben werden, da die Aktivität sonst zu lange dauert. Bei nur drei Spielteams sollte jeweils eines ein Puzzleteil je eines der beiden anderen Teams erhalten (es fehlen dann jedem Team insgesamt zwei eigene Teile), bei vier Spielteams sollte jeweils ein Team ein Puzzleteil je eines der drei anderen Teams erhalten (es fehlen dann jedem Team insgesamt drei eigene Teile). Die Manager sollten in ihrer gesonderten Instruktion den Aufteilungsschlüssel mitgeteilt bekommen. Es sollten nur gleichartige Teile mit demselben Schwierigkeitsgrad vertauscht werden, z. B. jeweils eine Ecke, ein Randteil und ein Mittelteil. Es wäre ungerecht, wenn einem Team nur Ecken fehlen und einem anderen nur Mittelstücke. Außerdem muß jedes Team genau vier Ecken und eine gerade Anzahl von Randteilen haben, sonst merken die Teams zu früh, daß sie ihr Puzzle gar nicht allein fertigstellen können.

Mögliche Variationen

Man kann die Teamübung auch am Boden mit sehr großen selbst hergestellten Puzzles durchführen, bei denen die Puzzleteile DIN-A4-Größe haben und jedes Puzzle in etwa Flip-Chart-Papier-Größe erreicht. Solche Puzzles können aus dickem Karton zugeschnitten werden.

Debrief

Ein mögliches Reflexionsthema ist zunächst das Erlebnis aufzuarbeiten, relativ lange mit verbundenen Augen arbeiten zu müssen: »Wie war es für euch, solange mit verbundenen Augen zu sein?«

Bei dieser Übung ist es insbesondere auch relevant, die Strategien der Teams zu besprechen, die angewandt wurden, um Teile zu ordnen und das Puzzle zu vervollständigen: »Was war an der Art und Weise, wie ihr das Problem angegangen seid, hilfreich oder hinderlich?«, »Welche Strategien gab es?«, »Wie wurde miteinander im Team kommuniziert?«, »Wer hat die Führung übernommen oder wie wurde der Prozeß im Team koordiniert?«. Weiterhin sollte der Moment der Erkenntnis angesprochen werden, in dem ein Team merkte, daß es das Puzzle allein gar nicht legen kann, daß eigene Teile fehlen und andere übrigbleiben: »Was wurde unternommen, um mit anderen Gruppen in Kontakt zu treten?«, »Wie wurden der Austausch und die Kommunikation zwischen den Teams koordiniert?«, »Löste sich zu diesem Zeitpunkt die Konkurrenzorientierung auf, oder wurde weiterhin versucht als erstes Team fertig zu werden?«

Wesentlich ist es auch, daß die Manager ihre Beobachtungen einbringen können und daß sie gefragt werden, wie sie ihre Rolle erlebt haben: »War es schwer für dich, nicht direkt eingreifen und mehr helfen zu dürfen?« Daran kann sich als weitere Debrief-Thematik die Frage nach der Ressourcennutzung der Teams anschließen. Die fünf erlaubten Fragen stellen eine bedeutende Informationsressource dar. Wurde überhaupt die Fragemöglichkeit voll genutzt und wie war die Qualität der Fragen? Hat man auf die Antworten der Manager vertraut/gehört, die Information angemessen berücksichtigt? Außerdem ist es interessant zu reflektieren, ob die Teams nicht nur (notgedrungen) Puzzleteile austauschten, sondern eventuell auch Information kooperativ miteinander ausgetauscht haben.

Spinnennetz

Kategorie: Teamübung
Lernziele: Vertrauen, Koordination und Optimierung von Abläufen
Teilnehmeranzahl: 10–30 Personen
Zeit: 60–90 Minuten
Ort: großer Raum mit offener Fläche oder im Freien
Material: »Spinnennetz« (s. u.)

Ablauf und Regeln

Die ganze Gruppe versammelt sich auf einer Seite (Startseite) des Spinnennetzes. Aufgabe ist, daß die gesamte Gruppe auf die andere Seite (Zielseite) des Spinnennetzes gelangt. Dabei darf sie nur durch die Netzmaschen (Löcher) auf die andere Seite gelangen (Regel 1). Jedes Loch darf nur genau ein mal benutzt werden (Regel 2). Die Seile dürfen nicht berührt werden und in Schwingung geraten, weder von der Person, die gerade aktuell ein Loch benutzt, noch von anderen Personen, die dieser eventuell dabei helfen (Regel 3). Wird das Seil berührt, so muß der Teilnehmer wieder zurück auf die Startseite und eine zusätzliche Person, die sich schon auf der Zielseite befindet, muß ebenfalls auf die Startseite zurückkehren (Strafregel), ohne den Weg durch die Löcher zu benutzen. Das Loch, bei dem die Berührung der Seile passierte darf in diesem Fall für einen weiteren Versuch verwendet werden. Nur wenn eine Person ohne Berührung von Seilen auf die Zielseite gelangt ist, gilt dieses Loch als geschlossen und darf nicht mehr benutzt werden. Personen, die schon auf regelkonforme Weise die Zielseite erreicht haben, dürfen von dieser Seite aus Hilfestellungen leisten (z. B. beim Hindurchtragen einer Person durch ein Loch helfen).

Das Spinnennetz sollte gleich viele oder wenig mehr Löcher als Teilnehmer haben. Sind weniger Löcher vorhanden, so kann die Regel aufgestellt werden, daß diese dann auch ein zweites Mal benützt werden dürfen, wenn alle bestehenden Löcher bereits einmal benützt wurden und sich noch Personen auf der Startseite befinden (Zusatzregel).

Die Gruppe wird dazu aufgefordert, zuerst eine beliebig lange Planungsphase durchzuführen und dann erst mit der Aktivität zu beginnen. Ein Zeitlimit gibt es nicht (das wäre nicht sinnvoll bei einer Übung, die mit Vertrauen zu tun hat und bei der auch die Sicherheit des einzelnen eine Rolle spielt, s. u.).

Besondere Hinweise

Im Freien kann ein Spinnennetz mit Seilen zwischen zwei Bäumen relativ leicht aufgespannt werden. Es empfiehlt sich aber insgesamt eine Spinnennetz-Konstruktion aus Holz herzustellen, in die Gummiseile eingehängt werden können. Noch einfacher und besser geeignet sind Spinnennetze aus Leichtmetallteilen, die in wenigen Minuten zusammengeschraubt und problemlos an jeden Ort transportiert werden können. Solche Spinnennetze können bei entsprechenden Trainingsfirmen gekauft werden (z. B. Project Adventure[6]). Sie sind zwar meistens recht teuer, die Anschaffung lohnt sich aber bei mehrmaliger Durchführung dieser Übung.

Bei dieser Übung ist es sehr wichtig, auf die Sicherheit der Teilnehmer zu achten. Brillen müssen abgenommen werden, wenn sich eine Person durch das Netz bewegt (oder bewegt wird). Bevor eine Person durch höhergelegene Löcher hindurch gehoben werden darf, sollten sich auf beiden Seiten mindestens zwei (besser drei Personen) befinden. Der Trainer sollte sich zwar – wie bei allen Übungen – während der Aktivität möglichst im Hintergrund halten, hier aber schnell eingreifen können, wenn Sicherheitsaspekte gewahrt werden müssen. Insbesondere bei den ersten Hebeversuchen sollte der Trainer in der Nähe sein, um notfalls selbst festhalten zu können, wenn die Gefahr eines Absturzes bestehen sollte.

Wesentlich ist es auch vorab einzuschätzen, ob die Gruppe reif für diese Übung ist (dies gilt natürlich bei jeder Übung, hier aber besonders). Die Gruppenmitglieder sollten schon ein Grundvertrauen zueinander aufgebaut haben und mit Konzentration und Ernsthaftigkeit bei der Sache sein. Notfalls sollte der Trainer die Gruppe in dieser Hinsicht ermahnen. Werden diese Punkte beachtet, so ergeben sich jedoch normalerweise keine Probleme und keine kritischen Momente. Sinnvoll und präventiv ist es zusätzlich vor dem Start der eigentlichen Übungsaktivität und nach der Erklärung der Aufgabe eine kurze Reflexionsphase mit der Gruppe durchzuführen, um die Übung als Vertrauensübung zu dekla-

6 Siehe unter www.pa.org

rieren und zu diskutieren, welche Sicherheitsbedingungen realisiert werden müssen, um Vertrauen zu ermöglichen. Die Gruppe kann auch dazu aufgefordert werden, mögliche kritische Ereignisse zu antizipieren und Strategien zur Vermeidung von Problemsituationen in die Planung einzubeziehen.

Mögliche Variationen

Andere Strafregeln bei Berührung eines Seils, z. B. die gesamte Gruppe muß zurück auf die Anfangsseite usw.

Debrief

Beim Debrief dieser Teamübung ist es wichtig, den Aspekt »Vertrauen« aufzuarbeiten: »Konntet ihr der Gruppe vertrauen? – Was hat Vertrauen erleichtert/erschwert?«, »Habt ihr euch beim Hindurchheben wohl gefühlt?«, »Konntet ihr euch das Loch, das ihr benutzt habt, selbst aussuchen, oder wurdet ihr von der Gruppe zu einem Loch gedrängt, das euch Unbehagen bereitete? – Gab es Gruppendruck und wie wirkte der sich aus?«, »Was könnt ihr in eurem Arbeitsteam tun, um das gegenseitige Vertrauen noch zu fördern? – Was ist in eurer Berufspraxis noch hinderlich, um voll vertrauen zu können?«

Als zweites zentrales Thema ist die Planungsphase von Interesse, welche Strategien geplant wurden (z. B. wurde darauf geachtet, daß die ersten und besonders auch die letzten Personen relativ leicht zu bewältigende niedrig gelegene Löcher benötigen) und wie Erfahrungen während der Übung zur Optimierung des Ablaufs genutzt wurden: »Welche Strategien habt ihr in der Planungsphase entwickelt, welche im Lauf der Übung?«, »Welche Strategien haben sich besonders bewährt, welche nicht?«, »Wie geht ihr im Berufsalltag an Aufgaben heran? – habt ihr (wer hat) eher die Tendenz genau und lange zu planen, bevor ihr handelt, oder neigt ihr dazu, schneller etwas auszuprobieren und eure Strategien erst im Handlungsprozeß selbst weiterzuentwickeln?«

Manchmal, wenn eine Gruppe zu Beginn viele Fehler macht und wegen Seilberührungen immer wieder alle oder viele auf die Startseite zurückkehren müssen, kann dies auch zu Frustrationseffekten führen, die Gruppe zweifelt an die Erfüllbarkeit der Aufgabe. Im Debrief bietet sich dann auch das Thema »Motivation« für eine vertiefte Reflexion an.

Zipper

Kategorie: Teamübung
Lernziele: Vertrauen, Kommunikation, Aufmerksamkeit
Teilnehmeranzahl: 10–30 Personen
Zeit: 15–45 Minuten
Ort: im Freien
Material: nicht erforderlich

Ablauf und Regeln

Die Teilnehmer stellen sich in zwei parallelen Reihen auf, so daß sie sich paarweise gegenüberstehen. Der Abstand ist nur gering, aber doch so groß, daß eine Person durch die so entstehende Gasse hindurchlaufen kann. Die Arme der Teilnehmer werden horizontal nach vorn ausgestreckt und ineinander verzahnt wie bei einem Reißverschluß. Freiwillig dürfen dann Teilnehmer durch diese Gasse laufen, das Tempo und die Länge des Anlaufs kann der Läufer dabei selbst bestimmen. Jeweils knapp vor dem Läufer werden von den anderen Teilnehmern die Arme nach oben gehoben und sofort nach dem Vorbeilaufen wieder in die ursprüngliche Position gesenkt. Von außen betrachtet entsteht so eine Wellenbewegung von sich hebenden und niedergehenden Armen, während der Läufer seinen Weg durch die Gasse läuft. Die Übung wird solange durchgeführt, bis alle Teilnehmer durchgelaufen sind, die das wollen. Der Trainer nimmt jeweils die Position des gerade Laufenden ein, damit keine Lücke in einer der Reihen entsteht.

Besondere Hinweise

Der Trainer kann das Eis brechen, in dem er als erster durch die Gasse läuft (nicht zu schnell, um anderen nicht den Mut zu nehmen). Dies hat zugleich den Vorteil, daß der Trainer so am besten einschätzen kann, ob die Gruppe konzentriert und bereit für die Vertrauensübung ist.

Es ist wichtig am Anfang die Freiwilligkeit zu betonen und klarzustellen, daß es in Ordnung ist, wenn jemand nicht laufen will. Dies muß nicht begründet werden und stellt keinen Mangel an Vertrauen dar.

Die Gruppe sollte in einer Planungsphase aufgefordert werden, die Übung vorab auf mögliche Szenarien zu durchdenken und einige Verhaltensregeln zu formulieren, die die Sicherheit erhöhen und die es dem Läufer als vertrauensbildende Maßnahme erleichtern, durch die Gasse zu laufen. Beispiele: alle Personen sehen den Läufer an, alle Personen sind konzentriert und reden nicht mit ihren Nachbarn oder Gegenüber, es wird ein Loslauf-Signal/Ritual vereinbart (Der Läufer fragt: »Seid ihr bereit?« Die Gruppe antwortet: »Wir sind bereit.« Der Läufer antwortet: »Gut, ich laufe los.«) usw. Der Trainer sollte, wenn von der Gruppe nichts Entsprechendes kommt, selbst einige Regeln festlegen und während der Übung auf deren Einhaltung achten.

Mögliche Variationen

Nach einiger Zeit die Durchlaufrichtung ändern oder die Reihen durchmischen, so daß mehrere Personen die Erfahrung machen, wie es ist, am Anfang, am Ende oder in der Mitte der Reihe zu stehen.

Debrief

Sofort nach dem Durchlaufen sollte jeder Läufer kurz gefragt werden, wie er sich fühlt oder beim Laufen gefühlt hat. Im Debrief werden dann nochmals alle Personen nach ihren Gefühlen beim Laufen gefragt, was oder welche Momente für sie schwierig waren (Umgang mit der Barriere der verzahnten Arme usw.). Ebenfalls sollten die verschiedenen Gefühle der Personen in den Reihen angesprochen werden (verschiedene Positionen beachten), wenn jemand durch die Gasse gelaufen ist.

Im Debrief sind besonders die Themen Vertrauen und Verantwortung relevant. Die Gruppe kann gemeinsam reflektieren, welche Regeln und Grundbedingungen erforderlich sind, um bei der Übung einander zu vertrauen und wie die Gruppe in der Arbeitsrealität einander vertraut, oder wie der Umgang mit gegenseitiger Verantwortung und Vertrauen verbessert werden kann. In diesem Zusammenhang kann diskutiert werden, ob jedem Läufer die volle Aufmerksamkeit geschenkt wurde und welche förderlichen oder hinderlichen Kommunikationsprozesse bei verschiedenen Personen ablaufen und warum diese

Kommunikationen so aufgetreten sind (z. B. aufmunternde Zurufe, Applaus nach dem Durchlaufen, volle Konzentration, aber auch Witze über den Läufer oder Provokationen vor dem Durchlaufen). Das Team soll auch für ihre reale Arbeit überlegen, welche Kommunikationsprozesse Vertrauen unterstützen und ihre Kommunikationsmuster kritisch diskutieren.

Manchmal bietet sich auch eine Metapher an, wenn viele Personen abbremsen oder langsamer werden, wenn sie in die Nähe der Reihe kommen und dort die Arme noch den Weg versperren (diese werden ja erst kurz vor dem Durchlaufen gehoben, so daß zunächst der Eindruck einer unüberwindlichen Barriere besteht): Es ist leichter etwas zu machen, wenn a) gegenseitiges Vertrauen und entsprechendes verantwortliches Handeln gegeben ist und b) das Ziel im Auge behalten wird. Konzentriert sich der Läufer auf des Ende der Gasse als Ziel, so ist es für ihn leichter durchzulaufen als wenn er sich auf die Barriere konzentriert.

Labyrinth

Kategorie: Teamübung
Lernziele: Kooperation, Vertrauen, Kommunikation, Planung von Strategien, Umgang mit Unsicherheit, Fehlern, Streß
Teilnehmeranzahl: 10–30 Personen
Zeit: 45–60 Minuten
Ort: Raum mit freier Fläche oder im Freien
Material: Klebeband (Krepp)

Ablauf und Regeln

Diese Übung erfordert von den Trainern einige Konzentration. Zuerst wird eine Spielfläche auf dem Fußboden markiert (die Teilnehmer halten sich in einem anderen Raum auf). Mit ca. 5–10 cm dickem Krepp-Klebeband (das sich nachher leicht wieder vom Boden entfernen läßt) wird ein 8 × 8 Felder-Raster als Spielfeld markiert. Dadurch entstehen 64 quadratische Kästchen, die alle ungefähr gleich groß sein sollen (etwa 35 × 35 cm). Das Spielfeld ist also insgesamt ca. 3 × 3 Meter groß. Es sollte um dieses Spielfeld herum auch noch ausreichend Platz zur Verfügung stehen.

Die Gruppe wird in zwei gleichgroße Teams aufgeteilt. Die beiden Teams werden gebeten, sich an zwei gegenüberliegende Seiten zu begeben. Dann wird die Aufgabe erklärt. Die Teams sollen je einen Weg durch ein Labyrinth finden. Das Labyrinth ist die Spielfläche mit dem Raster. Es wird den Teams nicht verraten, daß sie den selben Weg haben (nur von entgegengesetzten Seiten anfangen). Es wird nur gesagt, daß jedes Team einen sicheren Weg durch das Labyrinth gehen kann, der durch Versuch und Irrtum herausgefunden werden muß. Es wird den Teams auch mitgeteilt, daß der Weg jedes Teams in einem der Felder auf seiner Seite beginnt und in einem der Felder der gegenüberliegenden

Seite, von dem das andere Team aus startet, endet. Die Felder beider Wege der Teams schließen waagrecht, senkrecht oder diagonal aneinander an, sie können aber beliebig vor und zurück verlaufen. Gewinner ist das Team, welches als erstes alle Mitglieder auf »seinem« Weg durch das Labyrinth auf die andere Seite gebracht hat. Allerdings wird der Gewinner erst ermittelt, wenn beide Teams vollständig durch das Labyrinth gegangen sind. Durch verschiedene Strafzeiten kann auch das zunächst langsamere Team insgesamt gewinnen.

Es darf nur jeweils eine Person jedes Teams innerhalb des Labyrinths gehen (Regel 1). Während der Übung ist es nicht erlaubt, daß die Teammitglieder verbal miteinander kommunizieren (Regel 2). Für jedes gesprochene Wort gibt es Strafzeit (z. B. 1 Minute; Strafregel), die dann zu der Gesamtzeit addiert wird. Die Teams dürfen sich auch nichts aufschreiben oder Gegenstände in das Labyrinth legen (Regel 3). Sie müssen eine nonverbale Sprache finden, um sich den Weg kollektiv zu merken und den im Labyrinth befindlichen Teammitgliedern zu helfen (sich den Weg zu merken ist schwieriger als es sich anhört und im Labyrinth ist die Perspektive und das Erleben gänzlich verschieden zur Sicht außerhalb des Labyrinths). Hat ein Spieler einen richtigen Schritt getan, der zu dem Weg gehört, dann darf er jeweils weitergehen und es bei einem weiteren Feld versuchen. Für einen falschen Schritt, bei dem ein Feld berührt wird, das nicht zum Weg gehört, gibt es keine Strafe, wenn es sich um einen erstmaligen Versuch handelt und die Person noch nicht wissen konnte, daß dieses Feld nicht Teil des richtigen Weges ist. Für jeden falschen Schritt (jedes berührte Feld zählt als ein Schritt), der vom Leiter der Übung bereits vorher als falsch kommentiert wurde, bei dem die Person also wissen könnte, daß dieses Feld nicht zum Weg gehört, wird eine Strafzeit angerechnet (1 Minute; Strafregel). Bei einem falschen Schritt (egal ob diese Tatsache der im Labyrinth befindlichen Person bekannt oder unbekannt ist) muß der ganze bisher als richtig bekannte Weg zurückgegangen werden (in der richtigen Sequenz; sonst gibt es eine Strafzeit für jeden falschen Schritt) und das nächste Teammitglied beginnt mit einem weiteren Versuch. Zu Beginn dürfen die Teams 10 oder 15 Minuten planen und dazu auch miteinander sprechen, allerdings nicht das Labyrinth betreten.

Besondere Hinweise

Bei der Übung darf den Spielern nicht verraten werden, daß sie den selben Weg von verschiedenen Seiten aus gehen. Es sollten mindestens zwei Trainer dabei sein, jeder konzentriert sich dann auf eine Gruppe. Die Trainer sollten sich den Weg selbst gut eingeprägt haben (eventuell vor der Durchführung der Übung mehrmals selbst durch das Labyrinth gehen) und eine Skizze des Spielfeldes und des Weges haben, die aber nicht von den Teilnehmern eingesehen werden kann. Es ist sinnvoll, daß sich die Trainer eine erhöhte Position am Rand des Spielfelds suchen, von der aus sie einen guten Überblick haben.

Mögliche Variationen

Durch die Auswahl der Spielfeldgröße (Anzahl der Felder) und der Länge und Beschaffenheit des Wegs kann der Schwierigkeitsgrad unterschiedlich gestaltet werden. Bei bis zu 10 Personen pro Team (insgesamt 20 Personen) reicht ein 8 × 8 Felder-Raster aus. Bei größeren Teams sollte die Anzahl der Felder auf bis zu 10 × 10 gesteigert werden, allerdings dauert die Übung dann länger.

Als weitere Zusatzregel kann eingeführt werden, daß pro Team eine Reihenfolge festlegt werden muß, die dann beim Gehen durch das Labyrinth auch einzuhalten ist. Bei jedem Reihenfolgefehler gibt es dann eine Minute Strafzeit.

Debrief

Die Übung spricht unterschiedliche Aspekte an. Im Mittelpunkt stehen einerseits Kommunikations- und Planungsfähigkeiten in der Vorbereitung. Welche Strategien wurden zur Kommunikation und zur Hilfe bei der Orientierung im Labyrinth entwickelt? Wie wurden die Strategien entwickelt? Waren alle Abmachungen am Ende der Planungsphase allen Personen wirklich bekannt? (Warum nicht?). Wie haben sich die festgelegten Strategien dann in der Praxis bewährt? Welche neuen Strategien haben sich im Verlauf der Übung (trotz des Handicaps, nicht reden zu dürfen) entwickelt?

Als weiterer Themenbereich für die Reflexion bietet sich häufig der Umgang mit Streß, Fehlern und Unsicherheit bei den einzelnen Teilnehmern an. Wie haben sich die Personen im Labyrinth gefühlt? Wie war das Gefühl beim Verschulden eines Fehlers? Wie fühlten sich die jeweils Außenstehenden? Wie sehr wurde kooperiert und geholfen? War es Personen peinlich, die Orientierung zu verlieren? Wurde Streß empfunden? usw. Es ist auch sinnvoll zu diskutieren, wer auf welche Personen im eigenen Team bei der Orientierungssuche besonders geachtet hat, wem vertraut/mißtraut wurde, wer bei wem Hilfe gesucht hat (häufig widersprechen sich die Teammitglieder mit ihren nonverbalen Gesten und Signalen, auf wen wird dann vertraut?). Es ist auch wichtig in der Reflexion bewußt zu machen, daß es kaum nur die »Schuld« des einzelnen ist, wenn Fehler begangen werden, sondern daß dysfunktionale Kommunikationsprozesse oder zu geringe Kooperationsbereitschaft eine wichtige Rolle spielen.

Von Interesse für das Debrief ist auch das Konkurrenzverhalten, wenn die beiden Teams schließlich merken, daß sie eigentlich den gleichen Weg haben (für diesen Fall ist meistens nicht geplant worden). Von Abdrängen und Verwirren des anderen (damit dieser einen Fehlschritt macht und zurückgehen muß), bis hin zu minutenlangem Gegenüberstehen (weil man dem anderen nicht zuviel vom restlichen Weg verraten will) sind verschiedene letztlich beide Teams hemmende Verhaltensweisen beobachtbar, die es Wert sind, analysiert und reflektiert zu werden.

Team Juggle

Kategorie: Teamübung
Lernziele: Kooperation, Kommunikation, Führung, Umgang mit Team-Zielen
Teilnehmeranzahl: 10–30 Personen
Zeit: 45–60 Minuten
Ort: im Freien oder großer Raum mit freier Fläche und hoher Decke
Material: eine große Anzahl verschiedenartiger Bälle und Wurfgeschosse (mindestens eines pro Teilnehmer), mehrere gekochte Eier, eventuell eine heiße Kartoffel

Ablauf und Regeln

Aufwärmphase:
Bei Team-Juggle bilden die Teilnehmer einen weiten Kreis und halten jeweils ungefähr gleich großen Abstand zu den benachbarten Mitspielern. Der Trainer wirft einer möglichst weit entfernten Person einen Ball zu und gibt die Anweisung, daß dieser Spieler den Ball an eine beliebige Person werfen soll. Jeder Mitspieler soll den Ball nur einmal bekommen und werfen, der letzte Teilnehmer wirft dann wieder zurück zum Trainer. Die Spieler sollen sich merken, von wem sie den Ball bekommen und an wen sie den Ball werfen. Diese Reihenfolge muß auch bei den folgenden Versuchen eingehalten werden. Bei den weiteren Versuchen geht es darum, die Wurfreihe möglichst schnell auszuführen. Herunterfallende Bälle werden mit 10 oder 20 Strafsekunden gezählt. Die Gruppe wird aufgefordert zu überlegen, wie sie den Prozeß weiter verbessern kann. Die meisten Gruppen kommen irgendwann auf die Idee, daß die Reihenfolge zwar

eingehalten werden muß, sie aber die Personen so umstellen können, daß man jeweils zum unmittelbaren Nachbarn werfen kann. Eine andere Idee ist, daß man ganz nahe zusammenrückt, diese Variante trägt den Namen »Warp Speed«. Der Trainer sollte aber nicht helfen. In dieser Phase sind alle kreativen Ideen erlaubt.

Spiel:
Nach Warp Speed oder – wenn es nicht dazu kommt – nach einiger Zeit wird die Gruppe gebeten, wieder den ursprünglichen weiten Kreis einzunehmen. Es ist verboten, Personen umzustellen und es ist auch nicht erlaubt, einen engeren Kreis oder eine andere Figur zu bilden (d. h. die Personen müssen nun am jeweiligen Ort stehenbleiben). Jetzt kommen weitere Bälle ins Spiel. Aufgabe ist es nun, ein Maximum von Bällen im Wurfprozeß zu halten. Um die Übung schwieriger zu machen, kann man verbieten, daß dem unmittelbaren Nachbarn zugeworfen wird. Dabei realisieren sich dann erfahrungsgemäß verschiedene Wurfmuster (z. B. zum jeweils Übernächsten zu werfen). Nach einiger Zeit mit einem bestimmten Wurfsystem sollte der Trainer die Gruppe bitten kurz zu reflektieren und weitere Verbesserungen zu planen, damit mehr Bälle sicher im Wurfprozeß gehalten werden können. Der Gruppe sollte die Möglichkeit gegeben werden, mehrere Wurfsysteme auszuprobieren oder Verbesserungen ihres Systems (z. B. durch Vorgabe von Rhythmen, stärkere Konzentration auf die Vor- und Nachfolgenden im System, Augenkontakt) in die Praxis umzusetzen. Beim »Speichenmodell« und einiger Übung können so viele Bälle wie Teilnehmer im Prozeß zirkulieren (d. h., man bekommt jeweils von und wirft jeweils zu einem der beiden Personen die genau gegenüber stehen, vgl. Abbildung).

»Speichenmodell«

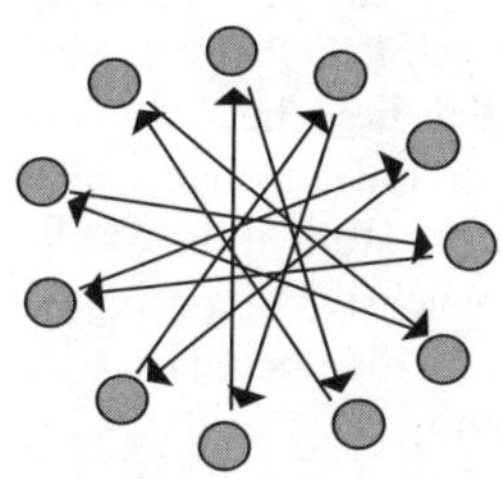

Die Eiprobe:
Um es spannender zu machen, kann der Trainer, wenn das Team seine gruppendynamischen Probleme gelöst hat und eine Wurfsequenz bereits relativ gut (aber nicht zu perfekt) eingeübt hat, an einer Stelle ein Ei als Wurfgegenstand einbringen (»Achtung ein rohes Ei!«). Tut der Trainer das zum richtigen Zeitpunkt, zerbricht das Ei meistens bevor es zu ihm zurückkehrt. Am diesem Beispiel können weitere Verbesserungen des Gruppenprozesses und des Wurfsystems gut besprochen werden: »Wie kann man in Zukunft sicherstellen, daß auch sensible Fracht im Wurfprozeß gehalten werden kann?«

Besondere Hinweise

Es wird den Teilnehmern zwar gesagt, daß es sich um ein rohes Ei handelt, das Ei sollte aber in Wirklichkeit hartgekocht sein (rechtzeitig vorbereiten, damit es ausgekühlt ist!). Es ist auch schwer genug, die Schale bei einem harten Ei nicht zerbrechen zu lassen und gleichzeitig sind die Teilnehmer vor unangenehmen Folgen auslaufender roher Eier geschützt.

Mögliche Variationen

Besonders bewährt hat es sich, Bälle oder Wurfgegenstände verschiedener Größen, Gewichte und Beschaffenheiten zu verwenden. Lustig sind insbesondere auch Bälle oder Wurfgeschosse, die Geräusche machen. Auch eine heiße Kartoffel ist eine interessante Variante.

Mögliches Briefing

Bei vielen Teamübungen ist es von Vorteil, diese mit einem Framing einzuleiten und in einen für diese Teilnehmergruppe möglichst konkreten Kontext zu stellen. Möchte man die Übung ohne speziellen Zusammenhang durchführen, kann man einfach angeben, mit der Übung die Problemlösungs- und Kommunikationsqualität der Gruppe zu beobachten und auf die Probe zu stellen. Bei Team Juggle verwenden wir etwa bei Studentengruppen den Kontext Universitätsausbildung. Der Ball symbolisiert einen Studenten, die Teilnehmer sind die Dozenten. Der Student muß in einer festgelegten Reihenfolge (Studienplan) die Fächer und somit auch die Lehrenden besuchen. Studenten sollen dabei schnell, aber auch mit hoher Qualität durch das System Universität gebracht werden. Fällt ein Ball zu Boden, so hat ein Student das Studium abgebrochen. Die Drop-out-Rate soll natürlich möglichst gering gehalten werden. Es gibt nicht nur einen Studenten, sondern viele, die noch dazu verschiedene Eigenschaften haben (wie die unterschiedlichen Bälle). Das Ei symbolisiert einen besonders sensiblen Studenten, der besonderer Betreuung bedarf.

Debrief

Bei dem Spiel gibt es ein Dilemma, denn ab einer gewissen Anzahl von Bällen kann Quantität (möglichst viele Bälle zirkulieren) und Qualität (Bälle fallen nicht herunter) nicht gleichzeitig steigen, dabei gibt es oft hitzige Debatten in der Gruppe, welches Ziel wichtiger sei. Deshalb kann im Debrief der Umgang mit Zielvorstellungen reflektiert werden. Dieses Thema ist auch in realen Arbeitsprozessen wichtig und bietet sich zum Transfer besonders gut an. Die Teilnehmer sollen gemeinsam die Visionen, Ziele und Teilziele ihres Teams oder ihrer Arbeitsaufgabe diskutieren, (neue) Prioritäten setzen und Zielkonflikte bearbeiten.

Beim Debrief von Team Juggle spielen alle Fragen eine Rolle, die sich auf die gezeigten Kommunikations- und Kooperationsfähigkeiten beziehen. Häufig wird die Einbindung aller Personen in die Generierung und Auswahl von Lösungen durch die Dominanz einzelner Teammitglieder verhindert. Besonders bei diesem Spiel wären aber viele kreative Ideen wichtig. In diesem Fall kann das Thema Teamführung und Moderation im Debrief aufgegriffen werden. Typisch für den Verlauf der Übung ist es auch, daß an einmal gefundenen Lösungen rigide festgehalten wird, ohne auf weitere Ideen zu kommen. Andere Vorschläge werden zumeist, ohne diese ernsthaft zu diskutieren oder auszuprobieren, abgelehnt. Mögliche Fragen sind: »Seid ihr zufrieden mit eurer Leistung?«, »Bist du zufrieden mit der deiner Rolle in der Gruppe?«, »Welche emotional positiven und negativen Erlebnisse gab es (lustige Situationen, Spaß, Verunsicherung bei Fallenlassen, Streß bei immer mehr Bällen usw.)?«, Wer übernahm mit Ideen die Führung?», Gab es einen/mehrere Moderatoren?«, »Wie wurden Entscheidungen getroffen und Konflikte gelöst?«, »Konnten alle ihre Ideen einbringen (zuhören)?« »Welche Strategien wurden entwickelt, um das Wurfsystem effizienter zu gestalten?«, »Gab es effiziente Kommunikationsstrukturen für den Umgang mit Problemfällen (Ei)?«, »Gab es Zielkonflikte?«, »Gab es die Gruppendynamik unterstützendes Verhalten (z. B. gegenseitiges Anfeuern)?«

Insbesondere das Ei (oder eine heiße Kartoffel) eignen sich als Metapher. Wie wird mit solchen Problemstellungen umgegangen? Was könnte das zerbrechliche Ei/die heiße Kartoffel in der Arbeitswelt bedeuten? Was/Wer ist am Arbeitsplatz besonders sensibel oder schwer zu fassen? Wie kann man mit dem speziellen Problem im Teamprozeß angemessener umgehen?

Marshmallows

Kategorie: Teamübung
Lernziele: Kooperation, Umgang mit Ressourcen, Strategieplanung, Wir-Gefühl stärken
Teilnehmeranzahl: 10–30 Personen
Zeit: 30–45 Minuten
Ort: großer Raum mit großer freier Fläche oder im Freien
Material: Teppichfliesen (ca. 30 × 30 cm groß), zwei kurze Seile

Ablauf und Regeln

Die Spielgruppe wird in zwei gleich große Teams aufgeteilt. Die Teams stellen sich an den gegenüberliegenden kurzen Enden einer Spielfläche auf (Fläche etwa 2 × 10 Meter). Diese Endmarkierungen können mit zwei kurzen Seilen am Boden veranschaulicht werden. Die Spielfläche wird vom Trainer als Wasserfläche bezeichnet, die zwei Teams befinden sich am Beginn an sicherem Ufer. Aufgabe ist es, möglichst schnell die Wasserfläche zu überqueren und an das gegenüberliegende Ufer zu gelangen (wo sich das andere Team befindet). Die Gruppe, der dies als erste vollständig gelingt, hat gewonnen. Die Wasserfläche darf aber niemals von einem Spieler direkt berührt werden, auch nicht mit einem Teil des Körpers (Regel 1). Wird die Wasserfläche aus irgendeinem Grund von einem Teammitglied berührt (es reicht auch, wenn ein Fuß nur zum Teil das Wasser berührt), so muß sein ganzes Team wieder zurück zum Ufer von vorn anfangen, dort wo es gestartet ist (Strafregel). In diesem Fall darf das Team beim Zurückgehen hinter ihre Startlinie auch die Spielfläche betreten und ihre Hilfsmittel mitnehmen.

Zum Überqueren hat jede Gruppe Hilfsmittel (Teppichfliesen), aber jeweils eine Teppichfliese weniger als Teammitglieder. Die Hilfsmittel dienen als Tritthilfen. Es muß immer physischer Kontakt zu jedem Hilfsmittel bestehen (Regel 2). Geht der Kontakt auch nur für einen Moment verloren, so bedeutet dies den Verlust der Teppichfliese (Strafregel). Wenn etwa eine Person zu Beginn eine Teppichfliese auf die Spielfläche legt, diese nur für eine Sekunde losläßt und sich dann erst darauf stellt ist die Fliese trotzdem verloren und wird vom Trainer entfernt.

Besondere Hinweise

Die Teppichfliesen können auch unterschiedlich groß sein (jedoch nicht zu groß, damit nicht mehr als drei Personen auf eine Fliese passen), oder es kann auch anderes Material als Hilfsmittel verwendet werden.

Mögliche Variationen

Statt als Strafe zurück an den Start zu müssen, kann für einen Regelverstoß auch eine Strafzeit von 30 Sekunden zur Endzeit des Teams addiert werden, wodurch das langsamere Team bei weniger Fehlern eventuell gewonnen hat.

Man kann auf jede Fliese ein abziehbares weißes Etikett kleben. Bevor die Übung gestartet wird, sollen die Teilnehmer jedes Teams Antworten auf eine gestellte Frage finden und die wichtigsten Antworten auf die Etiketten der Fliesen schreiben. Beispiel für eine solche Frage ist: »Was sind die wichtigsten Bedingungen für effektive Teamarbeit?« und mögliche Antworten sind: »Vertrauen«, »Kooperation« usw. Dies eröffnet dann die Metapher: »So wichtig wie die von euch genannten Bedingungen für die Teamarbeit sind, so lebenswichtig sind die Fliesen, um die Wasserfläche zu überqueren. Geht nur eine Fliese verloren, ist die Aufgabe sehr viel schwerer zu bewältigen, ebenso gilt dies im übertragenen Sinne für die Teamarbeit, wenn zum Beispiel das Vertrauen verlorengeht. Achtet daher gut auf eure Ressourcen.«

Debrief

Im Debrief kann der Umgang mit den Ressourcen angesprochen werden. Wurde sorgfältig damit umgegangen? Warum gingen Fliesen verloren? Wie kam es dazu, daß die Gruppe wieder an den Start zurück mußte? Die Gruppe kann auch reflektieren, wie sehr die Bereitschaft zu gegenseitiger Hilfe und Kooperation verwirklicht wurde und welche Strategien entwickelt wurden, um die Aufgabe zu erfüllen. Da es weniger »Hilfsmittel« als Teammitglieder gibt, sind diese gezwungen einander zu helfen und zu kooperieren. Es spielt sich meistens eine gute Teamarbeit ein, bei der mehrere Personen eine Fliese nutzen, die jeweils letzte Fliese in einer Kette nach vorn weitergeben und sich so durchaus schnell fortbewegen können. Dabei entsteht häufig ein positives Wir-Gefühl. Im Debrief kann mit der Gruppe überlegt werden, was die Gruppe tun kann, um dieses Zusammengehörigkeitsgefühl und diese Kooperation in den Berufsalltag mitzunehmen und auch am Arbeitsplatz zu erhalten und zu fördern.

Design einer Teamübung »Marshmallows«

Das Team wird in mehrere kleine Designteams aufgeteilt. Diese Entwicklungsteams erhalten die folgende Information und eine Stunde Zeit, ihre Variante zu entwickeln.

Aufgabenstellung:
Ziel ist es, eine für die anderen verständliche und spielbare Variante der Teamübung »Marshmallows« zu konstruieren (Grundinformation s. u.). Später soll diese Variante einschließlich des Debriefs geleitet werden, die anderen Teilnehmer stellen die Spieler. Die Variante sollte folgendes beinhalten:

a) Definition der Lernziele, es ist zu überlegen, welche Lernziele für das Arbeitsteam wichtig sind, weiterentwickelt und reflektiert werden sollten, eventuell ist eine andere Zielgruppe zu definieren, so das Arbeitsteam nicht selbst Zielgruppe ist.
b) Konstruktion des Spielmaterials.
c) Spielanweisung (Briefing), eine möglichst realistische oder packende Ausgangssituation, Aufgaben- und Regelbeschreibung für die Spieler. Die Regeln sollen für die anderen verständlich sein.
d) Durchführung der Variante der Teamübung in 10–20 Minuten.
e) Debrief: Eine Instruktion für die Reflexion der gefundenen Variante. Auf welche Aspekte wird Wert gelegt? Wie soll das Debrief ablaufen?
f) Durchführung des Debriefs in 10–30 Minuten.

Grundinformationen und Basisregeln:

a) Die Spielgruppe wird in mindestens zwei Subgruppen geteilt.
b) Es existiert eine Wasserfläche. Die Gruppen befinden sich zu Beginn an Land.
c) Die Gruppen müssen die Wasserfläche überqueren. Die Gruppe, der dies als erster vollständig gelingt, hat gewonnen.
d) Die Wasserfläche darf niemals von einem Spieler direkt betreten werden. Wird die Wasserfläche aus irgendeinem Grund betreten, so muß es eine Strafe geben (z. B. die ganze Gruppe muß wieder zurück an Land und von vorn anfangen).
e) Zum Überqueren der Wasserfläche hat jede Gruppe Hilfsmittel (z. B. Papierstücke, Teppichreste), aber mindestens ein Teil weniger als die Gruppe stark ist.
f) Die Hilfsmittel dienen als Tritthilfen. Es muß immer physischer Kontakt zu jedem Stück Hilfsmittel bestehen. Geht der Kontakt auch nur für einen Moment verloren, so bedeutet dies den Verlust des Stücks.

Pipeline

Kategorie: Teamübung

Lernziele: Qualitätsmanagement, Kooperation, Strategieplanung, »Wir-Gefühl« stärken

Teilnehmeranzahl: 3–40 Personen

Zeit: 25–45 Minuten

Ort: großer Raum oder Gänge mit freien Flächen oder im Freien

Material: große Mengen von kleinen Bällen (Tischtennisbälle, Murmeln o. ä.), Halbröhren (hergestellt z. B. aus Planrollen, die längsseitig aufgeschnitten werden, so daß sich aus einer Planrolle je zwei Halbröhren bilden) in unterschiedlichen Längen und Breiten, 2 Eimer

Ablauf und Regeln

Der Trainer stellt einen Eimer (Starteimer) mit Kugeln unterschiedlicher Größe auf und in größerer Entfernung (10 Meter und mehr, je nach Gruppengröße) einen leeren Eimer (Zieleimer). Jeder Teilnehmer erhält eine Halbröhre (unterschiedlicher Länge und Breite). Die Gruppe hat die Aufgabe, in einer vorgegebenen Zeit (3–5 Minuten) möglichst viele Bälle vom Starteimer zum Zieleimer zu transportieren. Dabei dürfen die Bälle nur in den Halbröhren transportiert und die Eimer nicht bewegt werden (Regel 1). Nur direkt über dem Starteimer dürfen Bälle mit der Hand angefaßt und in eine Röhre gelegt werden, sonst dürfen die Bälle niemals mit einem Körperteil berührt werden (Regel 2). Röhren dürfen nicht geknickt oder verbogen werden (Regel 3). Wenn sich eine oder mehrere Kugeln in einer Röhre befinden, so darf sich die Person, die diese Röhre hält, nicht mit den Beinen und Füßen bewegen, sondern muß mit dem Unterkörper still an einem Ort stehenbleiben, nur der Oberkörper mit Armen und Händen darf dann bewegt werden (Regel 4). Eine Fortbewegung mit den Beinen (gehen, laufen usw.) ist also nur dann möglich, wenn jemand keine Röhre trägt oder sich in seiner Röhre keine Kugeln befindet. Für jeden Regelverstoß wird am Schluß eine Kugel im Zieleimer abgezogen; Bälle die auf den Boden fallen, dürfen nicht aufgehoben werden (und trotzdem wird noch eine weitere Kugel am Ende abgezogen). Die Gruppe hat mehrere Versuche (3–5) mit der Aufforderung des Trainers, eine bessere Leistung (Anzahl gültiger Kugeln im Zieleimer) als zuvor zu erreichen. Vor jedem Versuch hat die Gruppe eine Planungsphase von ca. 5 Minuten.

Besondere Hinweise

Die größten Bälle müssen von ihrem Umfang her noch gut in den dünnsten Halbröhren rollen können.

Die Entfernung von Starteimer zum Zieleimer soll so lang sein, daß sich Personen (ohne Bälle in der Röhre) bewegen müssen wie in einer Art Staffellauf. Der Zieleimer sollte nicht mit Hilfe einer einfachen Aufstellung in einer Reihe erreichbar sein.

Mögliche Variationen

Man kann die Übung durch Weglassen von Regeln wesentlich einfacher gestalten, es sind dann auch mehr Lösungsstrategien denkbar, oder es werden zusätzliche Regeln eingeführt, die die Übung erschweren. Varianten: Angaben bei den von Designteams entwickelten Pipeline-Teamübungen (s. u.).

Debrief

Im Debrief ist es interessant zu reflektieren, welche Strategien die Gruppe festgelegt hat und welche Ideen sich dann in der Praxis bewährt haben. Ein wichtiger Punkt ist es, über die Arbeitsqualität zu sprechen. Welche Optimierungen wurden in der Übung umgesetzt, um möglichst wenige Regelverstöße in der gegebenen Zeit zu produzieren. Was hat die Abstimmung untereinander, die Koordination der Kugelübergabe von einer Röhre in die nächste Röhre verbessert?

Bei der Übertragung der Erfahrungen aus der Übung in die Realität kann eine Transferfrage lauten: »Was bedeuten die Kugeln in der Realität eures Teams? Was wird bei euch weitergegeben und erreicht sein Ziel nicht immer?«. Je nach Team kann die Übergabemetapher unterschiedlich genutzt werden. Selten trainiert man Teams, wo es um materielle Transporte geht, bei denen Verluste entstehen, z. B. die Beförderung von Briefen, die nicht ankommen, oder von Pizzen, die nicht kalt werden sollen. Bei den meisten Teams kann aber die vollständige und korrekte Weitergabe von Information thematisiert werden. Wo gehen Informationen verloren, wer gibt an wen wichtige Informationen nicht vollständig weiter (z. B. Arbeiter von einer Schicht an die nächste)? Wie kann der Informationsfluß verbessert werden? Auch bei Qualitätsmängeln in der Produktion eines Gutes in mehreren Arbeitsschritten kann diese Übung und die Metapher der Kugelweitergabe von einer Röhre zur nächsten verwendet werden.

Wenn das Thema Qualitätsmanagement reflektiert wird, so kann die Übung auch zum Nachdenken darüber anregen, wie sich individuelle Präferenzen und Risikobereitschaft auswirken. Läßt man immer nur eine Kugel mit vielen Sicherheitsmaßnahmen und höchster Konzentration von Start zu Ziel rollen und ist daher relativ langsam im Transport oder werden viele Bälle schnell in den Röhren bewegt, so daß schnell transportiert wird und die erhöhte Gefahr von Fehlern in Kauf genommen wird?

Ein anderes Thema ist die individuelle Fehleranalyse. Wie wirken sich Streß, Konzentrationsmängel oder geringe Motivation aus? Wie wird damit in der Arbeitspraxis umgegangen und welche Ansatzpunkte für Verbesserungen lassen sich für die eigene Arbeit finden? Wie kann das Team eine effizientere und befriedigendere (Motivation!) Arbeit jedes einzelnen unterstützen?

Design einer Teamübung »Pipeline«

Das Team wird in mehrere kleine Designteams aufgeteilt. Diese Entwicklungsteams erhalten die folgende Information und eine Stunde Zeit, ihre Übung zu entwickeln.

Aufgabenstellung:
Ziel ist es, eine für die anderen verständliche und spielbare Variante der Teamübung »Pipeline« zu konstruieren. Später soll diese Variante einschließlich des Debriefs geleitet werden, die jeweils anderen Teilnehmer stellen die Spieler. Die Variante sollte folgendes beinhalten:

a) Definition der Lernziele, es ist zu überlegen, welche Lernziele für das Arbeitsteam wichtig sind, weiterentwickelt und reflektiert werden sollten, eventuell ist eine andere Zielgruppe zu definieren, so das Arbeitsteam nicht selbst Zielgruppe ist.
b) Konstruktion des Spielmaterials.
c) Spielanweisung (Briefing), eine möglichst realistische oder packende Ausgangssituation, Aufgaben- und Regelbeschreibung für die Spieler. Die Regeln sollen für die anderen verständlich sein.
d) Durchführung der Variante der Teamübung in 10–20 Minuten.
e) Debrief: Eine Instruktion für die Reflexion der gefundenen Variante. Auf welche Aspekte wird Wert gelegt? Wie soll das Debrief ablaufen?
f) Durchführung des Debriefs in 10–30 Minuten.

Bedingung:
In der entwickelten Teamübung sollen Bälle/Kugeln und Halbröhren vorkommen (der Trainer zeigt das Material, oder das Material ist bereits bekannt). Alles weitere ist der Kreativität der Gruppe überlassen. Es können auch weitere Materialien vorkommen, und die Röhren und Kugeln können in jeder beliebigen Art und Weise in die Teamübung eingebunden werden.

Beispiele für Design-Varianten der Teamübung »Pipeline«

Die folgenden fünf Beispiele von Teams aus Organisationen und Studententeams sollen jeweils nicht bis ins Detail beschrieben werden, was den Rahmen sprengen würde, sondern einen Überblick geben, welche Vielfalt an möglichen Übungen konstruiert werden kann. Es wird dabei nur kurz die Grundidee von einigen Designteams beschrieben, die vor dem Design einmal die klassische Übung (s. o.) mit uns als Trainern durchgeführt hatten.

- Die Gruppe wurde in vier Teams (zu je fünf Personen) aufgeteilt, die vier Abteilungen einer Transport-Firma repräsentierten. Es gab von drei Ballarten je zehn Stück für jedes Team: Tennisbälle (3 Punkte), Tischtennisbälle (5 Punkte) und Murmeln (10 Punkte). Pro Team durfte jeweils immer nur ein Ball vom Start zum Ziel (Entfernung ca. 10 Meter) in den Röhren transportiert werden (mit den klassischen Regeln, s. o.). Den jeweils aktuellen Ball suchten die Spielleiter aus (die Sequenz war aber für alle Teams gleich). In einem Zielfeld (ca. 3 × 7 Meter) wurden mehrere Behälter aufgestellt, erst knapp vor dem erreichen des Zielfeldes wurde mitgeteilt, in welchen Eimer zu liefern war, die Lieferadresse war also jeweils nicht vorab bekannt. Zeitdauer für die Transporte aller Bälle war zehn Minuten und davor gab es eine achtminütige Planungsphase. Weitere Anweisung: »Jene Abteilung, die die meisten Punkte erzielen kann, ist Sieger und wird mit einem Bonusgehalt belohnt. Das Team mit den wenigsten Punkten wird hingegen wegrationalisiert. Insgesamt müssen aber in den zehn Minuten mindestens 360 Punkte von allen Teams insgesamt erzielt werden, da sonst die Firma nicht genug Gewinn macht und in Konkurs geht und dann kein Team gewonnen hat.« Mit diesem gemeinsamen Punktescore (der 50 % der insgesamt möglichen Punkte entsprach) mußten die Teams eine Strategie finden, die sowohl auf Konkurrenz als auch Kooperation aufbaute. Umgang mit Konkurrenz, Koalitionen und Kooperation zwischen verschiedenen Gruppen innerhalb einer Organisation waren auch das Hauptlernziel und zentrale Debrief-Thema dieser Designgruppe.
- Die Gruppe wurde in zwei Teams (zu jeweils fünf Personen) aufgeteilt. Es sollte je ein Ball vom Start zum Ziel transportiert werden (klassische Regeln), Sieger war das Team, das als erstes seinen Ball ins Ziel brachte, bei

Regelverstoß mußte das Team zurück zur Startposition. Der Ball repräsentierte ein Produkt, das auf den Markt gebracht werden sollte. Der Markt wurde durch den Zielbehälter symbolisiert. Zwischen Start und Ziel mußten Hindernisse überwunden werden (Parcours mit verschiedenen Hindernissen, z. B. unter einem gespannten Seil hindurch oder über einen Tisch), der Markt war in einem anderen Raum, der einige Stockwerke oberhalb im Gebäude lag, so daß auch Treppen bewältigt werden mußten, außerdem gab es auf den Treppen und in dem Raum im Zielstockwerk ebenfalls weitere Hindernisse, die den Teilnehmern am Beginn der Übung jedoch nicht genauer beschrieben wurden (»Wer nach oben will, der hat es schwer …«). Lernziel und Debrief-Thema war Kooperation im Team und Flexibilität und Kreativität bei der Bewältigung von zum Teil unbekannten überraschenden Hindernissen. Auch das Thema Motivation und nicht kurz vor dem Ziel aufzugeben war ein Gegenstand von Spiel und Reflexion. Das letzte Hindernis war nämlich besonders schwer: Eine Pinwand (ca. zwei Meter hoch) und dahinter ein Eimer in ca. 1,5 Meter Entfernung. In diesen Eimer mußte der Ball geliefert werden, ohne daß Eimer oder Pinwand berührt werden durften, ohne daß der Ball neben den Eimer fallen durfte und ohne daß die Teilnehmer um die Pinwand herumgehen durften.

- Es wurden drei Teams zu je acht Personen gebildet, am Boden ein großes Dreieck markiert und in jeder Ecke ein Eimer aufgestellt. In jedem Team waren alle blind (mit verbundenen Augen) bis auf eine Person (Anführer des Teams). Jedes Team war für eine Seite des Dreiecks verantwortlich. Ziel war es, möglichst viele (verschiedenartige) Bälle zu transportieren. Als Zusatzregel zu den klassischen Regeln (s. o.) galt, daß sich weder die Röhren der Teilnehmer, noch zwei Bälle in einer Röhre berühren durften. Der jeweils Sehende durfte nur verbal kommunizieren, also nicht mit seinen Händen eingreifen. Die Bälle repräsentierten Wasser in einem Wasserkreislauf. Es gab 40 Bälle in einem Starteimer, die von einem der Teams in den nächsten Eimer (von links nach rechts) transportiert werden sollten. Die dort ankommenden Bälle waren zugleich Startbälle des nächsten Teams und in dieser Weise wurden möglichst viele Bälle im Dreieck weitergegeben, wobei dann einige Bälle wieder in den Starteimer des ersten Teams (Zieleimer der dritten Gruppe) zurückkamen. Dort mußten mindestens 20 Bälle (die Hälfte) ankommen, sonst war das Team »verdurstet«. Es gab jeweils nur zehn Minuten pro Versuch und vor jedem Versuch fünf Minuten Planungszeit. Es wurden drei Versuche durchgeführt, damit jedes Team einmal Startteam war. Zentrale Lernziele und Debrief-Themen waren Führung und Vertrauen, Kooperation zwischen den Teams in den Planungsphasen, um Synergien zu nutzen (Austausch der Sehenden über hilfreiche Strategien usw.) und Bewußtmachen der Abhängigkeit voneinander um zu »überleben«.

- Drei Teams zu je vier Personen. Ziel: Bau einer Art »Murmelbahn« innerhalb einer Spielfläche von 1 × 1 Meter, deren Grenzen nicht verlassen werden durfte. Sieger war das Team dessen Ball a) überhaupt am Ende der Bahn ankam, ohne daß die Bahn nach dem Startsignal verändert werden durfte oder der Ball nach dem Startsignal angeschubst werden durfte, b) deren Ball nicht aus der Bahn fiel und c) von Start bis Ziel möglichst lange (!) in der Bahn lief. Die Aufbauzeit betrug 25 Minuten (Zusatzmaterial Tesa-Krepp-Klebeband; jede Gruppe bekam 25 Halbröhren unterschiedlicher Länge, von jeder Sorte gleich viele), dann wurden alle drei Bälle gleichzeitig in die drei Bahnen gelegt und das Team mit der längsten Laufzeit wurde zum Sieger gekürt. Lernziele und Debrief-Themen waren insbesondere Kooperation im Team, gemeinsame Strategieplanung und deren Optimierung und Kreativität.
- Die ganze Teilnehmergruppe (ca. 20 Personen) wurde im Kreis aufgestellt. Jeder bekam eine Halbröhre und einen unterschiedlichen Ball in die Röhre hineingelegt, die Röhre durfte dabei immer nur mit einer Hand gehalten werden, und die Personen durften ihre Position im Kreis nicht verlassen. Ziel war es, alle Bälle möglichst schnell einmal im Kreis im Uhrzeigersinn weiterzugeben, bis jeder wieder seinen Ausgangsball in der Röhre hatte. Bei Herunterfallen eines Balls mußte die Übung erneut begonnen werden. Eine weitere Zusatzregel war, daß Bälle in den Röhren niemals ganz stillstehen durften. Es gab insgesamt 45 Minuten Zeit, in der die Gruppe einige Versuche hatte und auch jederzeit beliebig viel Planungszeit in Anspruch nehmen konnte. Lernziel und Thema für die Reflexion war die Planung und Optimierung von Strategien und die Aufmerksamkeit füreinander, sowohl im Planungsprozeß als auch in den Versuchen des Spiels.

Quadratur des Kreises

Kategorie:	Teamübung
Lernziele:	Zuhören und Kommunikation, Wir-Gefühl stärken
Teilnehmeranzahl:	10–30 Personen
Zeit:	25–45 Minuten
Ort:	großer Raum mit offener Fläche oder im Freien
Material:	Seil (ca. 10 Meter lang), pro Teilnehmer ein Tuch, um damit die Augen zu verbinden

Ablauf und Regeln

Das Seil wird an den beiden Enden zusammengeknotet und als Kreis auf den Boden gelegt. Die Gruppe wird gebeten, sich außen um den Kreis aufzustellen, so daß zu den Nachbarn überall ungefähr ein gleich großer Abstand besteht. Nun werden die Teilnehmer vom Trainer aufgefordert, sich die Augen mit dem Tuch zu verbinden. Es ist während der Übung nicht erlaubt zu sehen. Die Teilnehmer werden dann gebeten, das Seil, das vor ihnen liegt, aufzunehmen und es mit beiden Händen zu halten. Dann wird die Aufgabe erklärt. Ziel ist es, aus dem Kreis ein Quadrat zu bilden. Dieses Quadrat soll dabei möglichst exakt sein, also vier rechte Winkel und vier gleich lange Seiten haben. Wenn die Mehrheit der Gruppe der Meinung ist, dieses Ziel erreicht zu haben, wird angehalten. Alle öffnen die Augen auf, um das Ergebnis zu begutachten.

Besondere Hinweise

Möchte jemand die Augen nicht schließen oder wird es einem Teilnehmer nach einiger Zeit zu unangenehm, die Augen weiterhin verbunden zu haben, so soll er oder sie das Tuch abnehmen und leise aus dem Kreis zurücktreten und als Beobachter fungieren. Diese Möglichkeit sollte den Teilnehmern am Beginn der Übung bekannt gegeben werden.

Mögliche Variationen

Es lassen sich andere geometrische Figuren bilden.

Insbesondere bei einer kleinen Gruppe von etwa 6 bis 10 Teilnehmern bietet es sich an, kein Quadrat, sondern ein gleichseitiges Dreieck als Figur vorzugeben.

Debrief

Viele Gruppen schaffen ein perfektes Quadrat, einige bilden aber auch Rauten, Trapeze oder gar nur Dreiecke und wieder andere formen Gebilde, die wie Amöben aussehen. Es ist daher zunächst ein mögliches Debrief-Thema, wie zufrieden die Teilnehmer mit dem Ergebnis sind. Ein wichtiger Aspekt ist es auch wie sich die Teilnehmer gefühlt haben, längere Zeit mit verbundenen Augen diese Aufgabe zu bewältigen.

Ein zentrales Thema für das Debrief ist das Kommunikationsverhalten. Vielfach treten problematische Aspekte (z. B. übertriebene Dominanz einzelner Teilnehmer) bei verbundenen Augen besonders stark hervor, genaues Zuhören spielt hier eine noch entscheidendere Rolle. Mögliche Fragen sind dabei: »Wie effektiv war die Kommunikation im Team?«, »Was war eure Strategie, um das Problem zu lösen?«, »Wurde diese Strategie effektiv kommuniziert?«, »Gab es einen Anführer? – Wie wichtig ist ein Koordinator bei dieser Übung? – Wie hat der Anführer oder das Fehlen eines Anführers die Gruppendynamik beeinflußt?«, »Wie hat das Blindsein eure Kommunikation beeinflußt?«

Wir benutzen diese Übung gern am Ende eines Seminars als letzte, insbesondere wenn wir als Trainer das Gefühl haben, daß das Team produktiv zusammenarbeiten kann, also keine wesentlichen Konflikte bestehen, und wir annehmen können, daß die Gruppe das Problem wahrscheinlich recht gut lösen kann (man sollte nicht unbedingt mit einem Mißerfolgserlebnis ein Seminar abschließen). Wir benutzen dazu ein rotes Seil. An dieser Stelle eingesetzt bietet sich eine recht schöne Schlußmetapher an: »Am Beginn des Seminars haben wir den roten Faden aufgenommen. Wir haben gelernt, durch Teamarbeit auch schwierige Aufgaben zu bewältigen und Probleme gemeinsam zu lösen. Wir haben dabei alte Denk- und Handlungsmuster – hier symbolisch das Kreismuster – verlassen und neue Muster und Strukturen gebildet – hier versinnbildlicht mit dem Quadrat. Jetzt beenden wir unser Seminar und lassen gemeinsam los.« Hierbei sollten auch die Trainer sich in das Seilquadrat integriert haben und mit der Gruppe gemeinsam loslassen. Eventuell kann noch ein weiterer Satz erfolgen: »Und nächsten Monat nehmen wir dann in unserem nächsten gemeinsamen Trainingsseminar den roten Faden wieder auf.«Oder: »Und am Arbeitsplatz könnt ihr den roten Faden dann gemeinsam wieder aufnehmen und umsetzen, was ihr gelernt und für die Berufspraxis vorgenommen habt.« Eine weitere Möglichkeit, um diese Metapher auszubauen, ergibt sich dadurch, am Beginn der Übung jeder Person einen eigenes kurzes roten Seil (50 cm) zu geben und diese zuerst miteinander zu verknüpfen. Am Ende kann dann jeder einen Teil des roten Fadens mit nach Hause nehmen, um sich an die Seminarinhalte und persönliche wichtige Lernerfahrungen zu erinnern.

Plan- und Rollenspiele

Tulus

Kategorie: Plan- und Rollenspiel
Lernziele: Interkulturelle Kommunikation, Auseinandersetzung mit sozialen Normen und Rollen in verschiedenen (Sub-)Kulturen, Planung und Optimierung von Strategien, Umgang mit Unsicherheit
Teilnehmeranzahl: 20–50 Personen
Zeit: 90–120 Minuten
Ort: drei oder vier kleine Räume, ein großer Raum
Material: Scheren, Bleistifte, Lineale, Klebstoffe, Papier (je nach Gruppengröße s. u.) und kopierte Exemplare der Spielregeln zum Lesen

Ablauf und Regeln

Bei der Übung geht es darum, daß konkurrierende Teams von Bauingenieuren in einer Kultur mit fremdartigen Verhaltensregeln den Bewohnern dieser Kultur (den Tulus) beibringen müssen, wie Brücken gebaut werden. Die Teilnehmer befinden sich zuerst gemeinsam in dem großen Raum. Dann werden drei Kleingruppen gebildet. Eine Gruppe mit etwa der Hälfte (50 %) der aller Teilnehmer bildet die Tulu-Kultur und bleibt in dem großen Raum. Einige wenige Personen (ca. 10 % der aller Teilnehmer) bilden die Beobachter und gehen in einen der kleinen Räume. Die restlichen ca. 40 % sind die Bauingenieure und verlassen gemeinsam den großen Raum. Erst dann werden die Bauingenieure nochmals in zwei oder drei kleinere Teams aufgeteilt und begeben sich ebenfalls in eigene kleine Räume. Die Tulus sollen nicht wissen, daß es verschiedene Ingenieurteams gibt!

Zuerst lesen alle Spielgruppen in Ruhe in ihren Räumen die Regeln und Informationen zu ihren jeweiligen Rollen und danach werden Fragen geklärt, die die Trainer beantworten. Bei den Beobachtern und den Bauingenieuren halten sich die Trainer dabei so weit wie möglich im Hintergrund. Natürlich verraten auch die Trainer nichts über die Regeln und Informationen der anderen Spielgruppen! Die Trainer der Bauingenieure übergeben den Ingenieurteams das Material (jedes Team muß gleich viel Material bekommen) und weisen nochmals ausdrücklich darauf hin, daß jenes Bauingenieurteam gewonnen hat, das mit den Tulus den Bau der besten, stabilsten und längsten Brücke erreicht. Bei den Tulus empfiehlt es sich, die Verhaltensregeln per Rollenspiel gut einzuüben. Der Trainer, der bei den Tulus verbleibt, kann mit verschiedenen Teilnehmern alle möglichen Situationen probeweise durchspielen und die anderen schauen dabei zu und diskutieren dann weitere Fragen.

Der weitere Ablauf und die Details können den Regeln und Hinweisen zu den drei Rollen entnommen werden (siehe die folgenden Seiten, die auch als Kopiervorlagen für die Spieler benutzt werden können).

Besondere Hinweise

Die Teilnehmer dürfen natürlich nur die Regeln ihrer Rolle lesen; insbesondere im Raum der Tulu-Kultur müssen die Trainer vor den Interaktionsphasen mit den Bauingenieuren darauf achten, daß keine Kopien von Regeln im Raum herumliegen. Bei wenigen Teilnehmern kann die Rolle der Beobachter auch entfallen.

Für jede der Spielgruppen muß es einen eigenen Trainer geben. Es empfiehlt sich, daß ein Trainer (vielleicht jener der Beobachter) zusätzlich das Zeitmanagement übernimmt und die Interaktionsphasen organisiert (abklären, ob Tulus und Ingenieurteams bereit sind, zeitgleiches Zusammenführen und Trennen der Spielgruppen usw.).

Material: ca. 200 Blatt Papier pro Ingenieurteam; eine Anzahl Scheren, Bleistifte, Lineale und Klebstofftuben die ca. 20 % der Teilnehmergesamtzahl entspricht. Diese wird dann durch die Anzahl der Ingenieurteams geteilt, damit jedes Team gleich viele Materialressourcen zur Planung hat und später zu den Tulus mitnehmen kann.

Bei der Gruppeneinteilung ist es wesentlich für die Trainer darauf zu achten, daß Männer und Frauen in allen Spielgruppen relativ gleichverteilt vorkommen. Unbedingt notwendig ist die Mischung bei den Tulus, jedoch auch bei den Bauingenieuren ist es besser, wenn sie gemischtgeschlechtlich aufgebaut sind, eher unbedeutend ist dies allein bei den Beobachtern.

Mögliche Variationen

Es können andere Bauwerke (Türme) und andere (weitere) Verhaltensregeln verwendet werden.

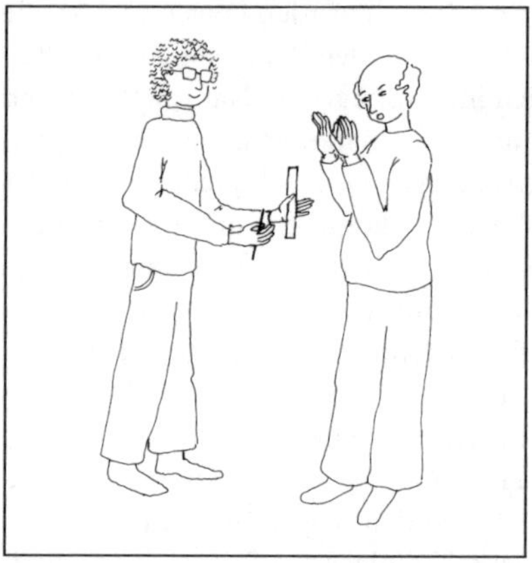

Debrief

Zentral ist bei dem Debrief des Planspiels das Thema »interkulturelle Kommunikation«, den »Kulturschock« und die auftretenden Unsicherheiten in der Interaktion aufzuarbeiten. Zu Beginn sollten die Teilnehmergruppen kurz ihre verschiedenen Regeln und Rollenbeschreibungen darstellen, es können hier zuerst die Beobachter befragt werden, welche Eindrücke und Hypothesen sie durch ihre Beobachtung gewonnen haben. Im Anschluß können dann die Tulus und die Bauingenieure das Spiel auflösen und Mißverständnisse richtig stellen, in dem sie ihre Regeln beschreiben.

Anschließend sollte Gelegenheit gegeben werden, die Gefühle und die individuellen Unsicherheiten und die dadurch bedingten Verhaltensweisen (Aggressivität, Rückzug usw.) im Umgang mit den jeweils anderen Spielgruppen zu beschreiben. Interessant ist es auch, die Tulus und die Ingenieure zu bitten, die jeweils andere Gruppe mit Adjektiven zu beschreiben. Manche Gruppen haben Probleme mit der körperlichen Nähe in der Tulu-Kultur oder mit den im Spiel von den Tulus geforderten Beleidigungen umzugehen (im Falle eines Regelverstoßes gegen die Normen der Tulus). Es bietet sich bei dieser Übung an, tiefergehend über die Probleme und Chancen interkultureller Kommunikation zu reflektieren. Es sollte überlegt und diskutiert werden, welche Strategien angewandt werden können, wenn eine vergleichbare Situation in der Realität gegeben ist, wie bei multikulturell zusammengesetzten Projektteams, oder die Notwendigkeit sich in eine andere Kultur schnell zu integrieren und in ihr zurechtzufinden.

Handout – Kopiervorlage für Bauingenieure

Plan- und Rollenspiel »Tulus«

Es gibt drei verschiedene Rollen: 1. Expertenteams von Bauingenieuren, 2. Mitglieder der Kultur der Tulus und 3. Beobachter.

Beschreibung und Regeln für das/die Team/s der Bauingenieure:

Spielziel:
Dieses Rollenspiel soll Ihnen ermöglichen, typische Probleme und Gefühle zu erleben, die auftreten können, wenn man (unter Zeitdruck) eine Aufgabe mit Angehörigen einer völlig fremden Kultur ausführen muß. Achten Sie auf Ihre Gefühle!

Situation:
Sie sind Mitglied eines Teams von Bauingenieuren, das in einem fremden Land beim Bau einer Brücke helfen soll. Die Brücke wird in diesem Spiel durch eine Papierbrücke symbolisiert. Die Brücke ist für beide Spiel-Gruppen wichtig. Die Brücke erleichtert der Bevölkerung von Tulu die Beziehungen und den Handel zu ihren Nachbarn. Bis jetzt müssen Tulus und die Nachbarvölker weite Umwege in Kauf nehmen um zusammenzukommen. Mit Brücken könnten die Länder durch direkte Verkehrsverbindungen verbunden werden.

Sie als Bauingenieure stehen selbst unter Druck Ihres Auftraggebers, der von Ihnen erwartet und Ihre Weiterbeschäftigung davon abhängig macht, daß Sie die Aufgabe in der vorgegebenen Zeit lösen können. Nur das beste Bauingenieurteam (deren Brücke die größte Länge bei der geforderten Stabilität erreicht; s. u.) wird später weiterbeschäftigt! Da es im Gebiet der Tulus noch viele weitere wilde Flüsse gibt, erwartet man von Ihnen *nicht*, daß Sie den Tulus eine fertiggestellte Brücke bauen, sondern die Tulus sollen bei diesem ersten Brückenbau das Prinzip durch eigenes Tun erlernen. Sie bringen das Baumaterial mit zu den Tulus.

Regeln für die Brückenkonstruktion:
1) Bei der Konstruktion darf nur jenes Material verwendet werden, das Ihnen zur Verfügung gestellt wird: *Papier, Klebstoffe, Scheren, Lineale* und *Bleistifte.*
2) Die Brücke soll eine möglichst große Spannweite mit möglichst großer Stabilität verbinden. Am Ende des Spiels wird die Spannweite durch

den Zwischenraum zwischen zwei Stühlen gemessen, der überbrückt werden kann. Die Brücke muß mindestens das Gewicht zweier Lineale tragen können. Jenes Ingenieurteam mit der größten Spannweite hat gewonnen (d. h. es wird weiterbeschäftigt; Voraussetzung: Stabilität und Fertigstellung in der Zeit!).

3) Die Brücke darf nur aus Papierstreifen bestehen, deren *Breite genau 4,3 cm* beträgt. Diese Papierstreifen dürfen in jeder beliebigen Art zugeschnitten, gebogen, geklebt und zusammengefügt werden. Jeder Papierstreifen muß jedoch jeweils mit Lineal und Bleistift vorgezeichnet und genau ausgeschnitten werden.
4) Die Tätigkeiten (zeichnen, kleben, schneiden usw.) sind von den Tulus (unter Anleitung) selbst durchzuführen!

Spielablauf:

1) 10 Minuten Zeit, um die Instruktionen zu lesen.
2) 20 Minuten Zeit, um sich im Team zu beraten und den Brückenbau zu planen.
3) 2 Minuten Zeit für 2 Teammitglieder, um einen ersten Kontakt mit den Tulus aufzunehmen und deren Verhalten in deren Kultur zu beobachten.
4) 8 Minuten Zeit, um die Erfahrungen des ersten Kontakts im Team zu reflektieren.
5) 30 Minuten Zeit für die Bauphase.
6) 20 Minuten Debriefing in der Gesamtgruppe, Reflexion und Diskussion des Erlebten.

Handout – Kopiervorlage für Tulus

Plan- und Rollenspiel »Tulus«

Es gibt drei verschiedene Rollen: 1. Mitglieder der Kultur der Tulus, 2. Expertenteams von Bauingenieuren und 3. Beobachter.

Beschreibung und Regeln für die Tulus:

Spielziel:
Dieses Rollenspiel soll Ihnen ermöglichen, typische Probleme und Gefühle zu erleben, die auftreten können, wenn man (unter Zeitdruck) eine Aufgabe mit Angehörigen einer völlig fremden Kultur ausführen muß. Achten Sie auf Ihre Gefühle!

Situation:
Sie sind Mitglied der Tulu-Kultur. Die Ankunft von Teams ausländischer Experten steht bevor. Diese Bauingenieure werden Ihnen beibringen, wie man Brücken über reißende Flüsse baut. Sie sind am Bau sehr interessiert. Der Brückenbau ist ein wichtiges Anliegen Ihres Landes. Die Brücken werden es Ihnen erlauben, direkt mit den Nachbarvölkern zusammenzukommen und Handel zu treiben. Im Spiel werden die Brücken durch Papierbrücken symbolisiert. Ihnen ist der Gebrauch der notwendigen Werkzeuge *(Schere, Papier, Lineal, Bleistift, Klebstoff)* vertraut. Unbekannt ist Ihnen jedoch die Konstruktionstechnik. Außerdem fehlt es Ihnen an Material, das sie von den ausländischen Experten erhalten. Von den Bauingenieuren wird nicht erwartet, daß sie Ihnen eine fertiggestellte Brücke bauen, sondern Sie sollen bei diesem ersten Brückenbau das Prinzip durch eigenes Tun erlernen.

Regeln für das Sozialverhalten der Tulus:
1) Tulus pflegen sich oft zu berühren. Wenn sie miteinander sprechen, berühren sie sich häufig. Auch wenn sie aneinander vorbeigehen, berühren sie sich, wobei ein leichter Klaps die Berührung beendet. Nicht-Berühren heißt: »Ich hasse dich!«
2) Der traditionelle Gruß ist ein Kuß auf die Schulter. Derjenige, der mit der Begrüßung beginnt, küßt die rechte Schulter des anderen, worauf er auf seine linke Schulter geküßt wird. Die Küsse müssen nacheinander stattfinden. Jede andere Form des Küssens wird als Beleidigung gewertet. Auf diese Beleidigung reagieren die Tulus mit einer Flut an Be-

schimpfungen und Beleidigungen die ausdrücken, daß es keinen Grund gab, einen auf diese gemeine Art und Weise zu erniedrigen. Einem Tulu die Hand entgegenzustrecken, gilt ebenfalls als Erniedrigung.

3) Tulus benutzen niemals das Wort »nein«. Sie sagen immer »ja«, selbst wenn sie »nein« meinen. Wenn Tulus »ja« sagen und dabei nachdrücklich mit dem Kopf nicken (!), meinen sie »nein«!
4) Auch während der Arbeit berühren sich Tulus häufig. Alle Tulus wissen, wie man Bleistift, Papier, Schere, Lineal und Klebstoff benützt. Die *Schere* wird jedoch als *männliches* Werkzeug gesehen, während *Bleistifte und Lineale* als *weibliche* Werkzeuge gelten. Papier und Klebstoff sind neutral und können von allen Tulus benutzt werden. Das Konzept weiblicher und männlicher Werkzeuge hat etwas mit einem Tabu zu tun, jedenfalls werden Männer niemals ein weibliches Werkzeug benutzen, und Frauen werden nie ein männliches Werkzeug verwenden!
5) Tulus sind immer freundlich zu Fremden solange sie nicht beleidigt oder erniedrigt werden. Sie sind stolz auf ihre Kultur. Sie wissen, daß sie ohne die Hilfe der Fremden die Brücke nicht bauen können. Sie betrachten die fremde Kultur jedoch nicht als überlegen. Sie erwarten, daß sich die Fremden an ihren Verhaltenskodex anpassen. Da ihnen ihr eigenes Verhalten selbstverständlich ist, können (und dürfen) sie es Fremden nicht erklären!
6) Ein Tulu-Mann darf niemals mit einem fremden Mann Kontakt aufnehmen, bevor ihm der fremde Mann von einer Frau vorgestellt wurde. Diese Frau kann eine Tulu-Frau oder eine Fremde sein.

Spielablauf:

1) 10 Minuten Zeit, um die Instruktionen zu lesen.
2) 20 Minuten Zeit, um das Sozialverhalten einzuüben. Bei allem Spaß: versuchen Sie möglichst echt zu wirken. Nehmen Sie die Aufgabe und Ihre Verhaltensregeln ernst.
3) 2 Minuten Zeit für einen Kurzbesuch der fremden Experten. Praktizieren Sie Ihr Verhalten und sprechen Sie niemals über Ihre Verhaltensregeln!
4) 8 Minuten Zeit, um die Erfahrungen des ersten Kontakts im Team zu reflektieren und Fragen zu klären.
5) 30 Minuten Zeit für die Bauphase.
6) 20 Minuten Debriefing in der Gesamtgruppe, Reflexion und Diskussion des Erlebten.

Handout – Kopiervorlage für Beobachter

Plan- und Rollenspiel »Tulus«

Es gibt drei verschiedene Rollen: 1. Mitglieder der Kultur der Tulus, 2. Expertenteams von Bauingenieuren und 3. Beobachter.

Beschreibung und Regeln für die Beobachter:

Spielziel:
Dieses Rollenspiel soll Ihnen ermöglichen, typische Probleme zu erkennen, die auftreten können, wenn Angehörige zweier verschiedener Kulturen (unter Zeitdruck) zusammenarbeiten müssen. Achten Sie auf Ihre Gefühle und auf das Interaktionsverhalten der Spielgruppen!

Situation:
In dem Spiel werden Expertenteams von Bauingenieuren versuchen dem Volk der Tulus beizubringen, wie man Brücken baut. Dabei existieren verschiedene Regeln (Sozialverhalten, Brückenkonstruktion), die Sie jedoch nicht kennen.

Sie sind Beobachter. Sie können die Interaktionsphasen zwischen den Tulus und den Bauingenieuren beobachten. Ziel ist es, Hypothesen zu bilden, welche Werthaltungen und Verhaltensmuster in den beiden Gruppen relevant sind. Was sind die Ursachen für beobachtete Probleme? Sie greifen nicht selbst in das Spiel ein und nehmen keinen direkten Kontakt mit den Rollenspielern auf.

Spielablauf:
1) 30 Minuten Zeit, um die Instruktionen zu lesen und um die Beobachtung zu planen. Überlegen Sie sich, wer welche Aspekte jeweils beobachten wird und wie sie die Auswertung der Beobachtungen organisieren wollen.
2) 2 Minuten Zeit für die Beobachtung einer ersten kurzen Kontaktphase zwischen Tulus und Experten.
3) 8 Minuten Zeit, um die Erfahrungen des ersten Kontakts im Team zu reflektieren und das weitere Vorgehen zu konkretisieren.
4) 30 Minuten Beobachtung des Rollenspiels.
5) 5–10 Minuten Zeit, um die Erfahrungen auszuwerten und eine Rückmelderunde für das Plenum vorzubereiten.
6) 20 Minuten Debriefing in der Gesamtgruppe, Reflexion und Diskussion des Erlebten; hier werden Sie u. a. auch Ihre Beobachtungen vorstellen.

Es ist dabei wesentlich, nicht nur auf Kulturen im Sinne von nationalen Länderunterschieden einzugehen, sondern bewußt werden zu lassen, daß man die Planspielerfahrung auch auf kleine Subkulturen übertragen kann, z. B. bei der Fusion von zwei Firmen mit unterschiedlichen Organisationsprozessen und Unternehmenskulturen. Selbst innerhalb einer Organisation können verschiedene Abteilungen unterschiedliche Verhaltensregeln, Normen und Rituale aufgebaut haben (z. B. autoritäre und aufgabenorientierte vs. partizipative und mitarbeiterorientierte Führung). Die Teilnehmer können dazu angeregt werden, sich über die an ihrem Arbeitsplatz und in ihrem Team vorherrschenden Strukturen, kulturellen Normen und Regeln Gedanken zu machen und Veränderungen zu überlegen. Es kann die Frage diskutiert werden, was getan werden muß, um im eigenen Arbeitsteam menschengerechte und arbeitseffiziente Regeln aufzustellen, oder was es bedeutet, eine echte Teamkultur in die Praxis umzusetzen. Zusätzlich ergibt sich mit dem Planspiel die Möglichkeit, in die Diskussion über die Bildung und Wirkung von Personenwahrnehmungen und Stereotypen (vielleicht sogar Vorurteilen) einzusteigen.

Als weiteres Debrief-Thema können die Planungsphasen der Ingenieurteams reflektiert werden: Wer welche Ideen eingebracht hat, wie die Planung strukturiert und koordiniert wurde, ob es eine Rollenaufteilung gab, inwieweit mögliche Probleme in der Interaktion mit den Tulus antizipiert wurden und welche Konsequenzen sich daraus ergeben haben? Es ist auch interessant zu diskutieren, ob für die erste kurze Interaktionsphase Verhaltensstrategien vorgeplant wurden (aufgrund welcher Annahmen über die Tulus?). Die Konkurrenz zwischen den Ingenieurteams ist ebenfalls ein wichtiges Reflexionsthema. Wie stark wirkte sich dieses Konkurrenzdenken im Handeln und Verhalten gegenüber den Tulus aus, und wie haben die Tulus darauf reagiert? Gab es trotz der Konkurrenz auch den Versuch von Absprachen und Kooperation zwischen den Bauingenieurteams (z. B. die Möglichkeit, die Erfahrungen aus der ersten kurzen Interaktionsphase auszutauschen usw.)?

Wird das Planspiel mit Beobachtern durchgeführt, so sollten diese an möglichst vielen Fragestellungen beteiligt werden und zuerst ihre Beobachtungen und Schlußfolgerungen zu den jeweiligen Reflexionsthemen abgeben. Es kann auch zum eigenständigen Thema gemacht werden zu diskutieren, welche Probleme die Beobachter hatten, relevante und »richtige« Schlüsse aus dem beobachteten Spielgeschehen zu ziehen. Was genau haben sie beobachtet, wie haben sie ihre Beobachtungen eingeordnet und klassifiziert und welche Meinungen haben sich daraus gebildet? Antworten auf diese Fragen können Aufschluß über individuelle Denkmuster und Wahrnehmungsprozesse geben und die individuelle Konstruktion von Realität ins Zentrum gemeinsamer Reflexion rükken.

Pentominoes

Kategorie: Plan- und Rollenspiel
Lernziele: Kundenorientierung, Qualitätskontrolle, Instruktionsqualität, Wissensmanagement, Arbeitsklima und Arbeitsorganisation, Konkurrenz und Kooperation, Umgang mit Streß, Selbstverantwortung
Teilnehmeranzahl: 6–60 Personen
Zeit: 90–120 Minuten
Ort: ein großer Raum mit ausreichend Tischen und Stühlen
Material: Scheren, Klebstoffe, Papier (je nach Gruppengröße, s. u.) und kopierte Exemplare der Spielregeln zum Lesen, kopierte Exemplare der Kopiervorlagen (s. u.).

Ablauf und Regeln

Die Trainer teilen die Teilnehmergruppe. Bei wenigen Teilnehmern (6–10) wird nur ein Unternehmen simuliert, sonst mehrere Unternehmen (mit je 5–10 Personen). Etwa 10 % der Teilnehmer, mindestens jedoch eine Person, bilden die Kunden. Die restlichen Teilnehmer teilen sich in Arbeiter und Planer auf (ca. 60 % Arbeiter, 40 % Planer). Beispiel A (10 Teilnehmer): 1 Kunde, 1 Unternehmen mit 4 Planern und 5 Arbeitern; Beispiel B (15 Teilnehmer): 1 Kunde, 2 Unternehmen mit jeweils 3 Planern und 4 Arbeitern, Beispiel C (40 Teilnehmer): 4 Kunden, 4 Unternehmen mit je 4 Planern und 5 Arbeitern. Jede Spielgruppe bekommt einen eigenen Tisch zugewiesen, die Kunden sitzen dabei möglichst weit abseits von allen anderen Spielern. Die Arbeiter und Planer eines Unternehmens haben ebenfalls eigene separate Tische, die einige Entfernung zueinander aufweisen sollten (ca. 3 Meter oder mehr), bei mehreren Unternehmen sollte den Spielern am Beginn deutlich gemacht werden, welche Planer und Arbeitergruppen jeweils einander zugeordnet sind und ein Unternehmen darstellen. Dann werden die kopierten Handouts mit den Regeln ausgeteilt und die Spieler aufgefordert diese zu lesen. Zusätzlich erhalten einige Gruppen weiteres Spielmaterial, das auf ihre Tische gelegt wird (siehe besondere Hinweise). Der weitere Ablauf und die Details können diesen Regeln und Hinweisen zu den drei Rollen entnommen werden (siehe die folgenden Seiten, die gleichzeitig als Kopiervorlagen für die Spieler verwendet werden können).

Besondere Hinweise

Die Teilnehmer dürfen natürlich nur die Regeln ihrer Rolle lesen.

Es sollte mehrere Trainer geben, für jede der drei Rollen mindestens ein Trainer, um diese Spielrollen zu beobachten und um zu Beginn mögliche Fragen und weitere Instruktionen an die jeweiligen Gruppen geben zu können.

Die Arbeiter erhalten kein weiteres Material, da ihnen dieses von den Planern gegeben wird. Die Kunden erhalten zu den Regeln auch den Kunden-Bewertungsbogen (s. Kopiervorlagen). Die Planer erhalten das restliche Material: pro Planergruppe jeweils ein Set von acht Konstruktionsplänen (s. Kopiervorlagen), ca. 150 Blatt weißes DIN-A4-Papier und ca. 150 Blatt auf farbiges Papier kopierte »Megapentominoe« (s. Kopiervorlage). Dazu erhalten die Planer für jeden ihrer Arbeiter eine Schere und einen Klebstoff.

Mögliche Variationen

Das hier vorgestellte Planspiel ist die Minimalversion eines umfangreicheren Unternehmensplanspiels. Dieses größere Planspiel dauert einen bis zwei Tage, beinhaltet weitere Lernziele (u. a. Erfahrung mit verschiedenen Formen der Arbeitsorganisation), bezieht eine Reihe weiterer Rollen mit ein (Manager, Einkauf, Verkauf, F & E, Marketing, verschiedene Arbeiterrollen usw.) und simuliert komplexere Unternehmensprozesse (u. a. Konkurrenz verschiedener Unternehmen auf sich verändernden Märkten, verschiedene Fertigungsformen wie Auftrags- und Linienfertigung, betriebswirtschaftliche Zusammenhänge usw.).[7]

Debrief

Im Debrief können eine Reihe verschiedener Themen reflektiert werden (vgl. Liste der Lernziele). Es ist dabei sinnvoll, zu jedem Thema die Perspektive der drei Spielgruppen (Planer, Arbeiter und Kunden) einzuholen. Häufig werden die Kunden sowohl von Arbeitern als auch Planern völlig vergessen. Der Umstand bietet die Gelegenheit, ausführlich über Kundenorientierung zu diskutieren. Meistens ist auch die Kommunikation zwischen Planern und Arbeitern mangelhaft, die Planer planen sehr lange, die Zeit zur Instruktion der Arbeiter und die Qualität der Instruktionen ist häufig ungenügend. Die Arbeiter wiederum warten meist passiv ab, bis sie Instruktionen bekommen, anstatt aktiv nachzufragen, Kontakt mit den Planern aufzunehmen (das ist nicht verboten!) und die Zeit der Planungsphase zu nutzen, sich eine effiziente Arbeitsorganisation zu überlegen. Hier kann das Thema Selbstverantwortung und Selbstmanagement in die Reflexion eingebracht werden. In der folgenden Liste sind im Überblick Beziehungen

7 Bei Interesse sind weitere Informationen bei den Autoren zu erhalten.

zwischen Planspiel und Realität sowie mögliche zentrale Erkenntnisse angegeben, die durch entsprechende Fragen im Debrief herausgearbeitet werden können. Es kann auch diskutiert werden, daß die auftretenden dysfunktionalen Prozesse typisch für eine Reihe von verschiedenen sozialen Systemen sind, in denen »Planer«, »Arbeiter« und »Kunden« zwar anders »benannt« sind, jedoch ähnliche systemische Beziehungsmuster wirksam werden (s. u.).

Beziehungen zwischen Spiel und Realität

- In Pentominoes gibt es nicht genug Zeit zum Planen. In der Realität gibt es selten genug Zeit, alles ausführlich zu planen, sondern Zeitdruck, mit dem konstruktiv und effizient umgegangen werden muß.
- In Pentominoes sind Planer und Arbeiter voneinander getrennt. In der Realität sind Kontakt und Kommunikation zwischen Berufsgruppen und Abteilungen in einer Organisation selten und schwierig (räumliche Trennung, andere Fachsprache, anderer Status usw.).
- In Pentominoes dürfen Arbeiter und Planer in der Arbeitsphase nicht mehr miteinander sprechen. In der Realität wenden sich die Planer meist neuen Projekten zu und stehen für die Arbeiter nicht oder kaum mehr zur Verfügung.
- In Pentominoes dürfen die Planer den Konstruktionsplan den Arbeitern nicht zeigen. Er repräsentiert die sog. mentalen Modelle (Ideen, Spezialwissen usw.) der Planer. In der Realität gibt es kein »Gedankenlesen«, mentale Modelle sind nicht oder schwer zu kommunizieren.
- In Pentominoes dürfen die Arbeiter das Material nicht vor der Arbeitsphase anfassen. In der Realität wird Material erst nach der Planungsphase für die Arbeiter zur Verfügung gestellt.
- In Pentominoes sind die Kunden sehr zurückhaltend. Sie geben von sich aus wenig Auskunft über Wünsche und Präferenzen. In der Realität gibt es oft nur wenige Information über Kunden, sie werden selten genau gefragt, häufig hört man ihnen nicht zu oder nimmt keine echten Konsequenzen oder Veränderungen z. B. nach Beschwerden vor.
- In Pentominoes vergeben die Kunden einen Punktescore für die Produkte der Arbeiter (und indirekt damit auch für die Arbeit der Planer). In der Realität hängt es von den Präferenzen der Kunden ab, welche Produkte gekauft werden.

Mögliche weitere Erkenntnisse

- Trotzdem Planer und Arbeiter eigentlich auf der gleichen Seite stehen (z. B. zu einer Organisation gehören), gibt es häufig eine unterschwellige Rivalität und Konkurrenz zwischen ihnen.

- In die Planungen nicht einbezogen zu werden, löst Ärger, Frustration, Angst oder Demotivation bei den Arbeitern aus. Die Arbeit selbst kann ebenfalls diese Gefühle auslösen (z. B. eintönige mechanische Abläufe).
- Planer beziehen die Arbeiter kaum in die Planungen mit ein.
- Planer tendieren manchmal, dazu Informationen zurückzuhalten.
- Planer und Arbeiter tendieren manchmal dazu, den Kunden und dessen Bedürfnisse zu ignorieren.
- Planer mögen es nicht, wenn die Arbeiter nicht nach ihren Plänen vorgehen.
- Planer versuchen, idiotensichere Lösungen zu entwickeln, sie trauen Arbeitern wenig zu, manchmal gehen sie bei der Planung zu stark in unnötige zeitraubende Details. Diese Zeit geht dann für andere wichtige Planungsschritte verloren.
- Wenn es Zeitmangel gibt, sind Menschen aktiv, ohne viel nachzudenken, Pläne werden ignoriert.
- Planer haben Angst, vor Arbeitern als inkompetent zu erscheinen.
- Arbeiter glauben, sie könnten besser planen als Planer; Planer glauben, sie könnten besser produzieren als Arbeiter.
- Planer und Arbeiter glauben, daß die Arbeit der jeweils anderen Gruppe einfacher sei als dies in Wirklichkeit ist. Die Fähigkeit, sich in die Lage des anderen hineinzuversetzen (Perspektivenwechsel) ist oft wenig aufgeprägt. Es werden falsche Schlußfolgerungen gezogen.
- Kunden glauben, sie könnten besser planen und arbeiten als Planer und Arbeiter.
- Wenn Fehler auftreten, tendieren viele Menschen dazu, die Schuld bei anderen Personen zu suchen als bei sich selbst oder insbesondere in mangelhaften gemeinsamen Prozessen.
- Zu viele Planer (Gruppengröße) wirken sich negativ auf die Effizienz des Planungsprozesses aus.
- In Teams entwickeln sich spezifische Rollen.
- Arbeiter bleiben oft passiv, sie warten ab, bis sie Instruktionen und Befehle bekommen, da sie ihre Rolle meist in dieser Weise interpretieren, anstatt selbstverantwortlich und aktiv ihre Arbeitsorganisation zu planen und mit Planern in Kommunikation zu treten.
- Wenn es mehrere Planungs- und zugeordnete Arbeiterteams gibt, entsteht häufig Konkurrenz statt Kooperation zwischen den Gruppen im Unternehmen, jede versucht schneller zu arbeiten, der Streß erhöht sich dadurch.
- Wenn es mehrere Planungs- und zugeordnete Arbeiterteams gibt, so entsteht häufig mehr Kooperation zwischen den Planern und Arbeitern der gleichen Gruppe (Unternehmen).

Andere beispielhafte »Dreiecksbeziehungen« mit ähnlichen strukturellen Problemen

Produkt	*Güter /Dienstleistungen*	*Kompetenzen*	*Haus*
Planer	Manager/F&E-Spezialisten	Lehrgangsplaner	Architekten
Arbeiter	Arbeiter/Angestellte	Trainer/Dozenten	Baufirma
Kunde	Kunden	Teilnehmer/Studenten	Bauträger
	Krankenhausessen	*Zeitungsartikel*	
Planer	Ernährungsfachleute	Chefredakteure	
Arbeiter	Köche	Redakteure	
Kunde	Patienten	Leser	

Handout für Planer

Instruktionen für Planer:
Sie sind Planer und haben die Aufgabe, die Konstruktion von Pentominoes-Produkten für Ihr Unternehmen zu planen und die Arbeiter möglichst gut zu instruieren, damit diese dann selbständig eine große Anzahl von Pentominoes herstellen können.

Was sind eigentlich Pentominoes?
Es gibt 12 unterschiedliche Grundfiguren, die alle aus je 5 Quadraten bestehen. Diese 12 Grundfiguren müssen zu großen Vorlage-Figuren (Produkte) richtig zusammengesetzt werden.

Sie bekommen:
- 8 Konstruktionspläne für die verschiedenen Pentominoes-Figuren (Produkte). Die Pläne zeigen detailliert, wie die Figuren gebildet werden können.
- Eine größere Anzahl an »Mega-Pentominoes« auf farbigem Papier. Die Linien zeigen an, wie aus der zusammengesetzten Mega-Pentominoes-Figur die 12 Grundfiguren ausgeschnitten werden müssen.
- Scheren, Klebstoffe, weißes Papier.

Pentominoes-Produkte: In der Planspielaktivität werden Pentominoes-Produkte hergestellt. Das Mega-Pentominoe wird in 12 kleine Pentominoes-Grundfiguren zerschnitten. Diese 12 kleinen Grundfiguren (s. o.) werden entsprechend den Konstruktionsplänen zu großen Produktfiguren (Tierfiguren) zusammengelegt und auf ein weißes Papier geklebt. Es müssen für jedes Pentominoes-Produkt genau diese 12 Grundfiguren verwendet werden (nicht mehr, nicht weniger, keine anderen Figuren).

Planspielablauf:
- *Briefing:* Einführung von der Planspielleitung, Lesen der Instruktionen (5 Minuten).
- *Planungsphase:* Planen Sie, wie Sie die Arbeiter so instruieren, daß diese dann später Pentominoes selbst herstellen können. Sie dürfen den Ar-

beitern die Konstruktionspläne nicht weitergeben oder abzeichnen. Instruieren Sie die Arbeiter (15 Minuten).
- *Arbeitsphase:* Beobachten Sie **still** (keine Kommunikation mehr erlaubt!) wie die Arbeiter Ihre Pläne in die Tat umsetzen (12 Minuten).
- *Bewertungsphase:* Die Arbeit der Arbeiter wird von den Kunden bewertet und ein Punktescore wird berechnet. Das Unternehmen mit dem größten Punktescore hat gewonnen.
- *Debriefing:* Gemeinsame Reflexion und Diskussion des Spiels in der Gruppe.

Sie sollen:
- einen genauen Plan ausarbeiten, damit die Arbeiter Pentominoes herstellen können, **ohne** (!) den Konstruktionsplan zu benutzen.
- die Arbeiter instruieren und motivieren, damit diese so viele Pentominoes wie möglich in der Arbeitsphase herstellen können.

Sie dürfen:
- bis zu 15 Minuten für das Planen und Instruieren der Arbeiter verbrauchen.
- ein Mega-Pentominoe zerschneiden und mit den 12 kleinen Grundfiguren die Herstellung von Pentominoes-Produkten üben, dabei dürfen Sie den Konstruktionsplan als Hilfe heranziehen (Anmerkung: Pentominoes-Grundfiguren dürfen gedreht und gewendet werden).
- einzelne oder alle der acht möglichen Pentominoes-Produkte für die spätere Produktion in der Arbeitsphase auswählen.
- in der Planungsphase mit den Arbeitern sprechen.
- in der Arbeitsphase die Arbeiter beobachten (ohne zu kommunizieren).

Sie dürfen *nicht*:
- den Arbeitern in der Planungsphase Material zum Anfassen geben.
- in der Arbeitsphase mit den Arbeitern kommunizieren und selbst arbeiten.
- den Arbeitern die Konstruktionspläne (oder Abzeichnungen derselben) zeigen!
- den Arbeitern vorgeschnittene Pentominoes-Grundfiguren geben und fertige Pentominoes-Produkte in die Arbeitsphase mitgeben

Handout für Arbeiter

Instruktionen für Arbeiter:
Sie sind Arbeiter in einem Unternehmen. Ihre Aufgabe ist es, Pentominoes-Produkte herzustellen. Sie werden dazu Arbeitsmaterial und genauere Anweisungen von den Planern erhalten.

Planspielablauf:
- ***Briefing:*** Einführung von der Planspielleitung, Lesen der Instruktionen (5 Minuten).
- ***Planungsphase:*** In dieser Phase wird von den Planern die Konstruktion der Pentominoes geplant. Nehmen Sie Arbeitsmaterial, Arbeitsinstruktionen und Arbeitsauftrag von den Planern entgegen (15 Minuten).
- ***Arbeitsphase:*** Arbeiten Sie entsprechend den in der Planungsphase gegebenen Anweisungen der Planer (12 Minuten). Sie erhalten erst am Beginn der Arbeitsphase alle notwendigen Materialien. In der Arbeitsphase selbst dürfen Sie mit den Planern nicht mehr kommunizieren.
- ***Bewertungsphase:*** Ihre Arbeit wird von den Kunden bewertet und ein Punktescore wird berechnet.
- ***Debriefing:*** Gemeinsame Reflexion und Diskussion des Spiels in der Gruppe.

Sie sollen:
- aufmerksam zuhören, wenn Ihnen die Planer erklären, was Sie tun sollen.
- die Pläne der Planer in der Arbeitsphase in die Tat umsetzen.
- so effektiv wie möglich arbeiten.
- die Arbeit (Herstellen von Pentominoes-Produkten) beginnen und damit anhalten, wenn Sie von der Spielleitung dazu aufgefordert werden.

Handout für Kunden

Instruktionen für Kunden:
Sie sind Kunde und entscheiden, welche Produkte beliebt/unbeliebt sind und über die Bewertung (Qualität und Marktpreis) der von den Unternehmen erzeugten Pentominoes-Produkten.

! Seien Sie während des ganzen Spiels möglichst still und zurückhaltend !

Was sind eigentlich Pentominoes?
Es gibt 12 unterschiedliche Grundfiguren, die alle aus je 5 Quadraten bestehen. Diese 12 Grundfiguren müssen zu großen Vorlage-Figuren (Produkte) richtig zusammengesetzt werden.

Planspielablauf:
- ***Briefing:*** Einführung von der Planspielleitung, Lesen der Instruktionen (5 Minuten).
- ***Planungsphase:*** In dieser Phase wird von den Planern die Konstruktion der Pentominoes geplant. Bewerten Sie die acht Pentominoes-Tierfiguren geheim (!) und bringen Sie die Figuren in eine Rangfolge. Sie erhalten dazu einen Bewertungsbogen auf dem die acht Figuren abgebildet sind und auf dem Sie weitere Instruktionen vorfinden. Nach erfolgter Bewertung beobachten Sie **still** das Geschehen (15 Minuten).
- ***Arbeitsphase:*** In dieser Phase stellen die Arbeiter Pentominoes-Produkte her. Sie beobachten weiter still das Geschehen (12 Minuten).
- ***Bewertungsphase:*** Sie bewerten die vollständig von den Unternehmen hergestellten und richtigen Figuren und vergeben einen Punktescore für die Qualität der Ausführung (exaktes Ausschneiden und Aufkleben von Figuren usw. von 0, 10 oder 20 Punkten je Figur; 0 = schlechte Qualität, 10 = mittlere Qualität und 20 = sehr gute Qualität). Zusätzlich wird für jede Figur ein Punktescore errechnet, je nach Ihrer am Beginn angegebenen Präferenz für die Bewertung (genaue Erklärung s. Bewertungsbogen). Die Bewertungen aller Kunden für alle fertiggestellten Produkte ergeben dann einen Gesamtscore pro Unternehmen. Das Unternehmen mit dem größten Gesamtscore hat gewonnen.

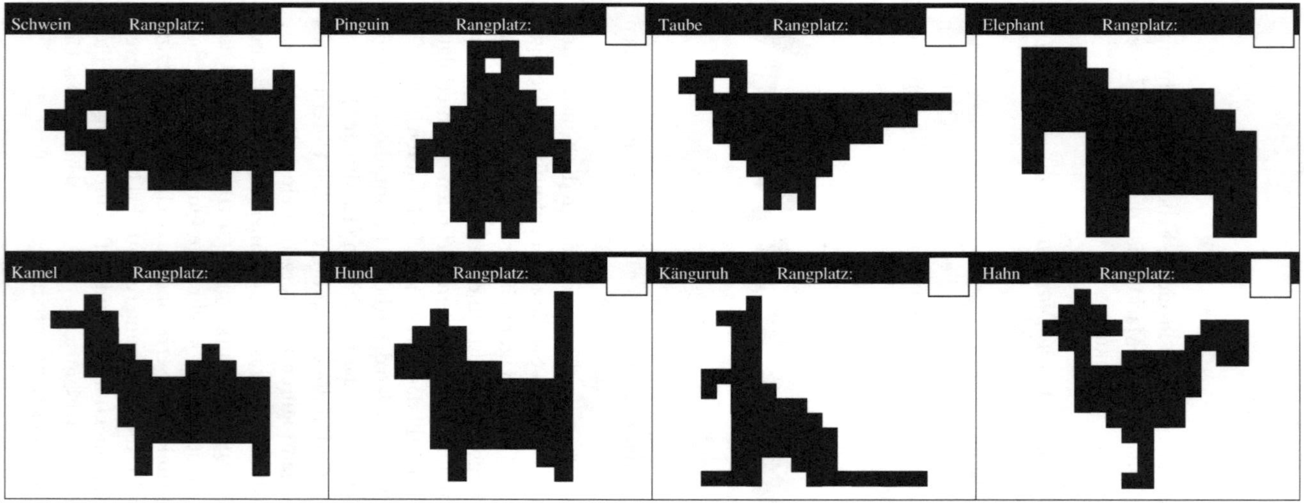

Kunden-Bewertungsbogen

Anweisung für Kunden: Bitte bewerten Sie die acht Figuren nach ihrer persönlichen Präferenz. Vergeben Sie die Bewertung allein, ohne sich mit anderen Kunden abzusprechen. Vergeben Sie dazu Rangplätze von 1 bis 8 (1 = die am meisten bevorzugte Tierfigur bis 8 = die am wenigsten bevorzugte Figur). Schreiben Sie Ihre Bewertungsziffer in die dafür vorgesehenen Kästchen. Am Spielende werden dann an die Unternehmen Punkte vergeben, je nachdem, welche und wieviele fertiggestellte Produkte (Figuren) sie ausliefern können (für eine 8. Platz-Figur je 1 Punkt, 7. Platz je 3 Punkte, 6. Platz je 5 Punkte, 5. Platz je 10 Punkte, 4. Platz je 25 Punkte, 3. Platz je 50 Punkte, 2. Platz je 75 Punkte und 1. Platz je 100 Punkte). Zeigen Sie niemandem Ihren Bewertungsbogen! Sprechen Sie mit niemandem über Ihre Bewertung, es sei denn, sie werden ausdrücklich danach gefragt. Beantworten Sie Fragen ehrlich, aber mit einem möglichen Minimum an Informationsweitergabe!

Mega-Pentominoe

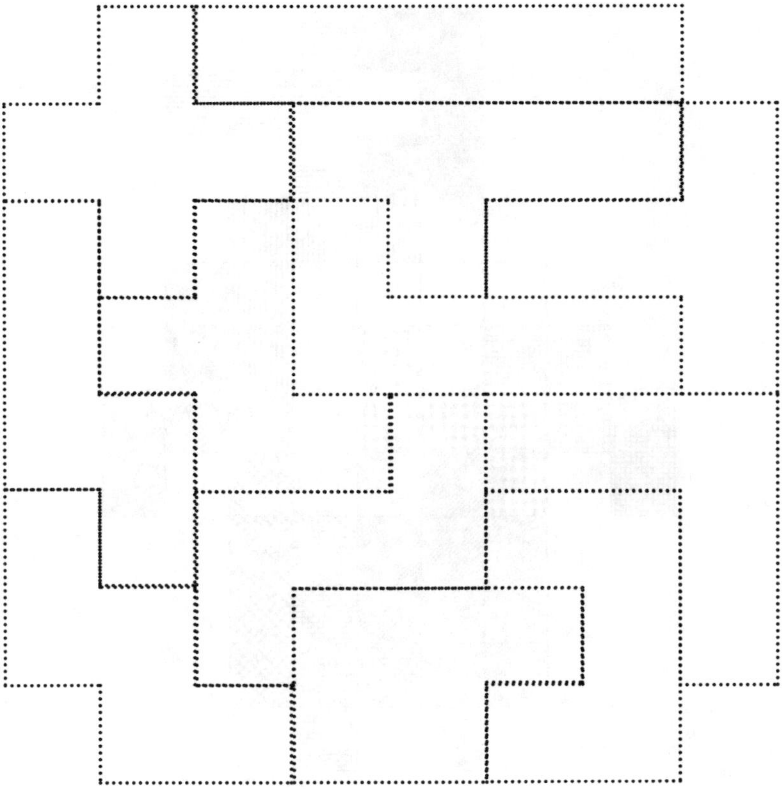

Konstruktionsplan Pinguin

Konstruktionsplan Kamel

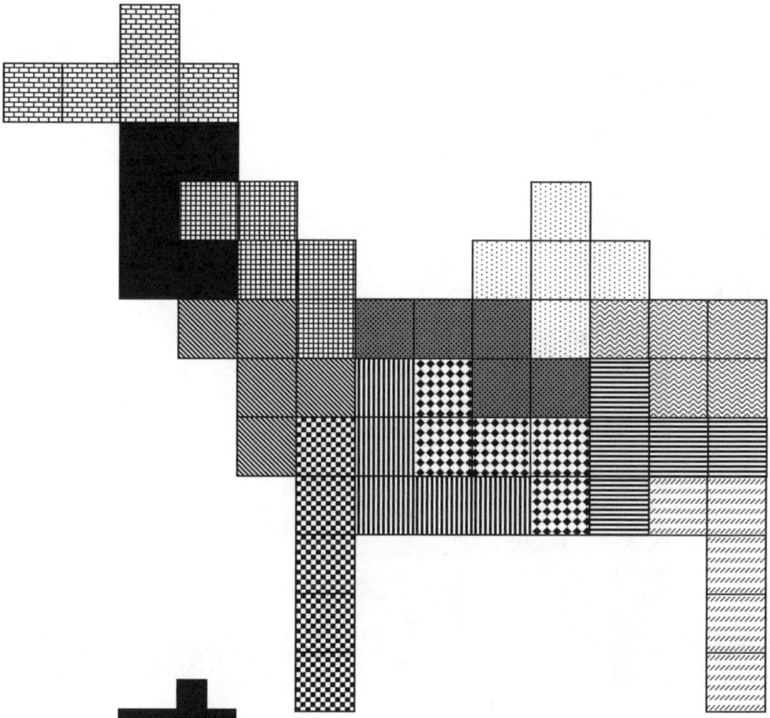

Konstruktionsplan Känguruh

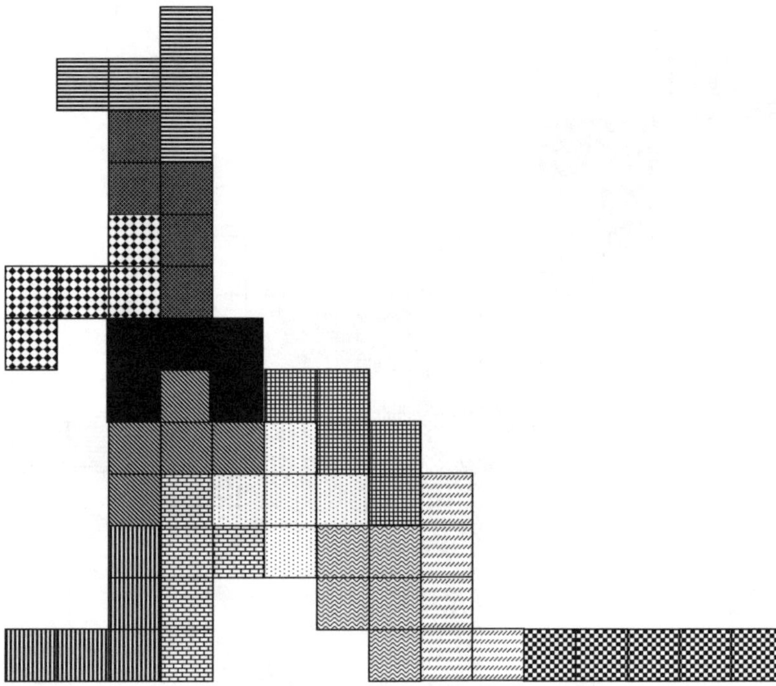

Konstruktionsplan Elefant

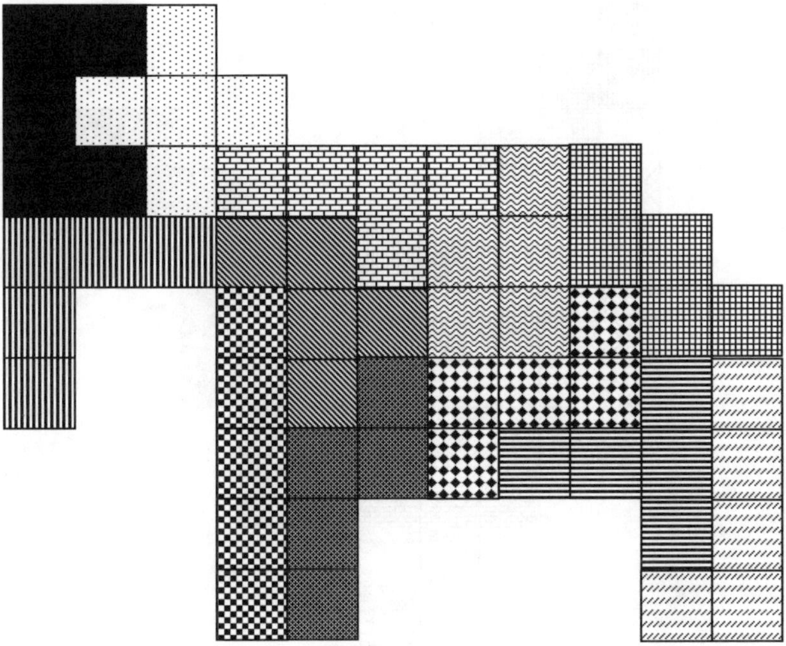

Konstruktionsplan Hahn

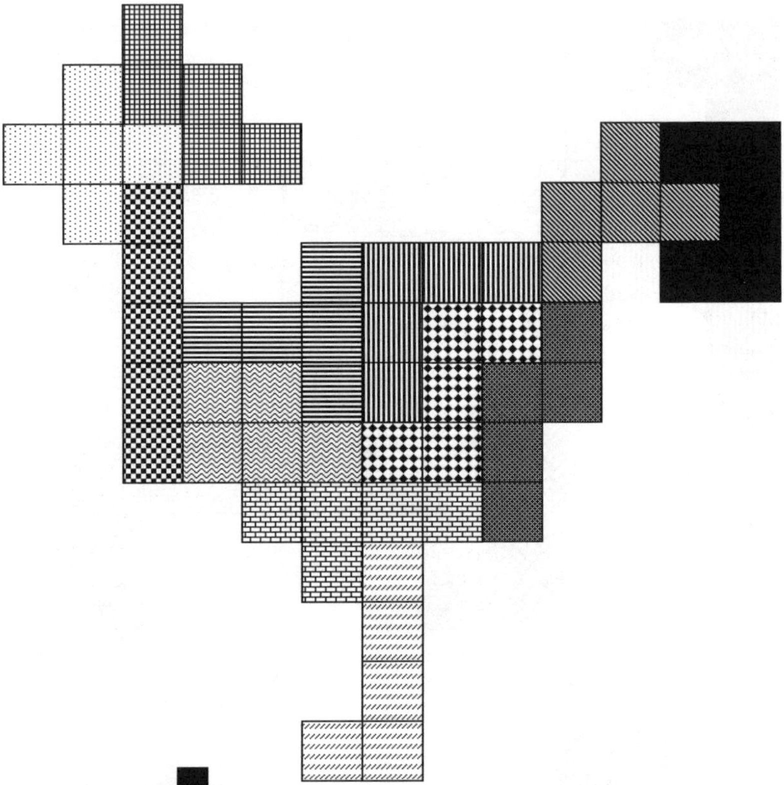

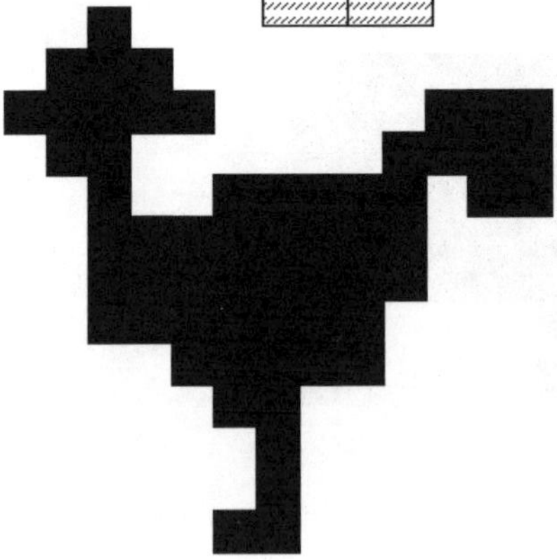

Konstruktionsplan Hund

Konstruktionsplan Taube

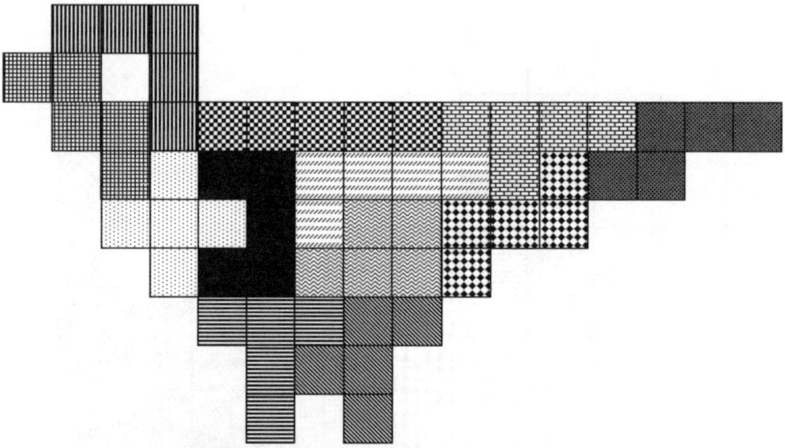

Konstruktionsplan Schwein

Framegame »Kategorien«

Kategorie: Lernspiel
Lernziele: Wissensaufbau, Wissensvertiefung und Wissensprüfung, Reflexion, Teamlernen und Kooperation
Teilnehmeranzahl: 2–40 Personen
Zeit: 30–60 Minuten
Ort: Raum mit Tischen und Stühlen
Material: Spielkärtchen (s. u.), Spielplan, Spielsteine und eventuell Würfel

Ablauf und Regeln

Das Konzept der Framegames wurde bereits im vierten Kapitel dargestellt. Framegames beinhalten eine bestimmte Spielstruktur, die prinzipiell mit verschiedenen Inhalten gefüllt werden kann. In diesem Fall geht es um Lerninhalte, das Framegame »Kategorien« eignet sich auch zur Wissensvermittlung.

Spielstruktur:

1. Die Teilnehmer erlernen einen Wissensinhalt. Dieser Wissensinhalt muß sich in mehrere Kategorien einordnen lassen (idealerweise 3–12 Kategorien).
2. Die Teilnehmer bilden Spielteams (mit 2–4 Personen).
3. Die Spielteams erhalten eine gleiche Anzahl an Kärtchen. Auf diesen Kärtchen stehen Aussagen, kurze Texte oder Fragen zum vorher vermittelten Wissen, die zu den Kategorien richtig zugeordnet werden sollen. Die Teilnehmer müssen sich in jedem Spielteam durch Diskussion darüber einig werden, in welche Kategorien sie ihre Kärtchen zuordnen (15–20 Minuten).
4. Die Teams kommen zusammen und erhalten pro Team einen verschiedenfarbigen Spielstein. Die Spielsteine werden auf dem in der Mitte liegenden Spielplan in das Startfeld gestellt. Spielziel ist es, als erstes Team den Spielstein in das Ziel zu bringen. Reihum wird dazu von den Teams jeweils eines ihrer Kärtchen präsentiert (Text vorgelesen) und auch die Kategorie angegeben, in die das Kärtchen eingeordnet wurde. Daraus ergeben sich drei weitere Möglichkeiten: a) Die anderen Teams sind der Meinung, daß das präsentierende Team eine richtige Zuordnung getroffen hat, es gibt keinen Widerspruch. In diesem Fall darf das präsentierende Spielteam mit ihrem Spielstein ein Feld vorrücken. b) Eines oder mehrere andere Teams sind mit der Zuordnung nicht einverstanden und meinen, daß eine andere Kategorie passender wäre. Dafür müssen Argumente angegeben werden, und die Teams die Widerspruch einlegen, müssen eine andere Kategorie nennen und ihre Wahl begründen. Kann nun für eine andere Kategorie Übereinstim-

mung erzielt werden, so dürfen jene Teams ein Feld vorrücken, die diese neue Kategorie vorgeschlagen und begründet haben. c) Es wird Widerspruch eingelegt, es bleiben aber verschiedenen Meinungen bestehen, über die Zuordnung kann keine Übereinstimmung erzielt werden. Dann wird der Trainer oder Spielleiter einbezogen, der die richtige Auflösung gibt und begründet. Es dürfen dann die Teams mit der richtigen Zuordnung zwei Felder vorrücken, Teams mit einer falschen Zuordnung müssen ein Feld zurückgehen (15–30 Minuten).

Beispiele:
Es können mit dieser Spielstruktur verschiedene Wissensinhalte vertieft werden. Beispielsweise könnte Wissen, das im Geographieunterricht in der Schule vermittelt wurde, damit spielerisch überprüft, vertieft und gemeinsam reflektiert (durch die notwendige Diskussion in den Spielteams und die Diskussion zwischen den Spielteams) werden. Auf den Kärtchen könnte stehen: Normandie, Po, London, Matterhorn. Als Kategorien sind verschiedene Länder angegeben (z. B. alle Staaten der Europäischen Union). Natürlich können auch ganz andere Inhalte für dieses Framegame gewählt werden, die etwa für die Wissensvermittlung zu Teamarbeit eingesetzt werden können. Denkbar sind hier die fünf Disziplinen einer lernenden Organisation als fünf Kategorien, zu denen kurze charakterisierende Texte zugeordnet werden sollen, oder vier Phasen der Teamentwicklung als vier Kategorien mit jeweils entsprechenden Kennzeichen für die Phasen auf den Kärtchen (z. B. eine Aussage wie »Machtkämpfe um die Führungsposition werden ausgetragen«, die in die Storming-Phase der Teamentwicklung richtig einzuordnen wäre usw.).

Besondere Hinweise

Der Trainer oder Lehrer muß die Spielkärtchen herstellen und eine Liste mit richtigen Zuordnungen vorbereiten und diese Zuordnungen auch selbst begründen können. Der Spielleiter muß auch einen Spielplan mit Feldern von Start bis Ziel vorbereiten.

Mögliche Variationen

Die Wissensvermittlung vor dem Spiel kann einerseits so durchgeführt werden, daß der Gesamtgruppe gemeinsam dasselbe Wissen vorgestellt wird (z. B. in einem Vortrag vom Spielleiter/Trainer/Lehrer). Im Rahmen kooperativen Lernens ist es aber auch sehr sinnvoll, den verschiedenen Spielern pro Spielteam unterschiedliches Wissen zu vermitteln. Auf das Beispiel bezogen (s. o.) könnten die Spieler zunächst Wissenstexte über verschiedene Länder lesen, wobei jeder Teilnehmer nur einen Text liest, in dem die späteren Inhalte der Kärtchen vorkommen. Es werden so im ersten Schritt »Experten« (hier Länderexperten) gebildet. Dann werden die Teams so zusammengesetzt, daß sie von jedem Spezialwissensfeld einen Experten dabei haben. Dies führt dazu, daß bei der Kategorisierung am Beginn des Spiels die Teilnehmer voneinander lernen, da die »Experten« hier ihr Spezialwissen in das jeweilige Spielteam einbringen. Dabei ist darauf zu achten, daß die Kärtchen dann auch Wissensinhalte in gleicher Anzahl zu allen Spezialwissensfeldern wiedergeben, damit sich alle Teammitglieder in gleicher Weise beteiligen können und müssen.

Es bleibt dem Spielleiter überlassen, ob er auch Inhalte zulassen möchte, auf die mehrere Kategorien zutreffen (Beispiel oben: die Donau fließt durch mehrere Länder, somit wären mehrere Länder-Kategorien richtig).

Durch die Gestaltung des Spielplans (viele oder wenige Felder) und die Anzahl der Kärtchen kann die Spieldauer bestimmt werden. Der Spielplan kann außerdem weitere kreative Elemente beinhalten, in dem etwa auf bestimmten Feldern von Teams schwierigere Bonusfragen beantwortet werden müssen (z. B. die verschiedene Wissenseinheiten verbinden wie: »Durch welche heutigen Länder führte Hannibal sein Heer, wer war Hannibal und wann lebte er, gegen wen wollte er kämpfen, welche Tiere hatte er dabei und welches Gebirge mußte er dabei überqueren?«), für die die Teams dann einige Bonusfelder vorrücken dürfen.

Statt auf einzelne Feldern vorzurücken kann durch einen Würfel noch ein Zufallselement einbezogen werden (z. B. mit Vorrücken oder Zurückgehen jener Anzahl von Feldern, die der Würfel anzeigt).

Je nach Größe der Teilnehmergruppe kann das Spiel umgestaltet werden. Bei zwei bis vier Spielern werden keine Spielteams gebildet, sondern die erste Zuordnung erfolgt von individuellen Spielern. Bei größeren Gruppen werden Spielteams gebildet. Bei sehr großen Gruppen können mehrere gleichartige Spiele parallel durchgeführt werden.

Es können auch leere Kärtchen vergeben werden. Auf diese Kärtchen dürfen die Spielteams eigene Wissensinhalte aufschreiben und zu einer Kategorie zuordnen. Eventuell darf für solche richtigen, selbst aktiv konstruierten Zuordnungen dann weiter vorgerückt werden.

Debrief

Bei dieser Art von Lernspiel findet normaler Weise kein Debrief im klassischen Sinne statt. Der Trainer/Spielleiter/Lehrer sollte jedoch falsche Zuordnungen nochmals aufgreifen, richtig stellen und begründen. Dies ist besonders dann wichtig, wenn sich alle Teams auf eine falsche Zuordnung geeinigt haben. Im Sinne des Spiels dürfen dann Teams trotzdem vorrücken und der Trainer greift zunächst nicht in das Spiel ein (dies tut er im Spiel nur dann, wenn keine Einigung zwischen den Teams erreicht wird!). Nach dem Spiel sollten falsche Wissensinhalte jedoch korrigiert werden.

Natürlich können bei Bedarf auch gruppendynamische Prozesse in den Spielteams angesprochen werden: »Wurde die Kategorisierung von allen gemeinsam diskutiert oder nur von einem ›Experten‹ vorgenommen?«, »Wurde einander zugehört und nach Begründungen gesucht, oder wurde nach Gefühl zugeordnet?«

Literatur

Aldag, R. J.; Fuller, S. R. (1993): Beyond fiasco: a reappraisal of the groupthink phenomenon. Psychological Bulletin 113: 533–552.

Alioth, A. (1995): Selbststeuerungskonzepte. In: Kieser, A.; Reber, G.; Wunderer, R. (Hg.), Handwörterbuch der Führung. Stuttgart, S. 1894–1902.

Altrichter, H.; Posch, P. (1998): Lehrer erforschen ihren Unterricht. Bad Heilbrunn.

Andersen, T. (Hg.) (1990): Das reflektierende Team. Dortmund.

Anderson, J. R. (1988): Kognitive Psychologie. Heidelberg.

Antoni, C. H. (Hg.) (1994): Gruppenarbeit im Unternehmen. Weinheim.

Antons, K. (1971): Übungen und Techniken zur Durchführung gruppendynamischer Seminarien. Ulm.

Antons, K. (1998): Praxis der Gruppendynamik. Göttingen.

Argyris, C.; Schön, D. (1999): Die Lernende Organisation. Stuttgart.

Argyris, C. (1997): Initiating Change That Perseveres. American Behavioral Scientist 40(3): 299–309.

Armitage, S. (1993): Guidelines for enhancing learning opportunities in computer-based management simulations. In: Percival, F.; Lodge, S.; Saunders, D. (Hg.), The Simulation and Gaming Yearbook 1993. London, S. 45–52.

Bandura, A. (1977): The Social Learning Theory. Englewood Cliffs.

Bay, R. (1998): Teams effizient führen. Würzburg.

Beaulieu, A.; Pernick, R. (1999): The Samoan Circle. In: Silbermann, M. (Hg.), The 1999 Team and Organization Development Sourcebook. New York, S. 71–76.

Beck, D.; Fisch, R.; Bergander, W.; Fischer, M. (1999): Zur Funktion unterschiedlicher Gruppenrollen für die Zusammenarbeit in Gruppen. Gruppendynamik 30: 175–190.

Berne, E. (1988): Spiele der Erwachsenen. Reinbek.

Blake, R.; Mouton, J. (1985): The Managerial Grid. Houston.

Blötz, U. (Hg.) (2001): Planspiele in der beruflichen Bildung (CD-Rom Publikation). Bielefeld.

Böhnisch, W.; Putz, P. (1993): Wertewandel im Personalmanagement: Individualisierung und Selbstbestimmung. Organisationsentwicklung 2: 51–55.

Boos, M. (1996): Die Effektivität der Moderation von Projektgruppen. Gruppendynamik 27(4): 353–369.

Born, M.; Eiselin, S. (1996): Teams – Chancen und Gefahren. Bern.

Bouas, K. S.; Komorita, S. S. (1996): Group Discussion and Cooperation in Social Dilemmas. Personality and Social Psychology Bulletin 22(11): 1144–1150.

Brandau, H.; Schüers, W. (1995): Spiel- und Übungsbuch zur Supervision. Salzburg.

Brown, A. (1997): Transforming Schools into Communities of Thinking and Learning about serious matters. American Psychologist 4: 399–413.

Bruner, J. (1966): Towards a Theory of Instruction. New York.

Bruner, J. (1990): Acts of Meaning. Cambridge.
Bruner, J. (1997): Sinn, Kultur und Ich-Identität. Heidelberg.
Buchinger, K. (1999): Teamarbeit in Organisationen. Zur unaufhaltsamen Karriere eines Instruments. Gruppendynamik 30: 7–23.
Burow, O.-A. (2000): Ich bin gut – wir sind besser. Erfolgsmodelle kreativer Gruppen. Stuttgart.
Campion, M. A. (1993): Relations between work team characteristics and effectiveness: Implications for designing effective workgroups. Personnel Psychology 46: 823–850.
Campion, M. A; Papper, E. M.; Medsker, G. J. (1996): Relations between work team characteristics and effectiveness. Personnel Psychology 49: 429–452.
Ceccini, A. (1988): Simulation is education. In: Crookall, D. (Hg.), Proceedings of the ISAGA 18th Conference 1987. New York, S. 213–228.
Clegg, C. (1994): Psychology and information technology. the study of cognitions in organizations. British Journal of Psychology 85: 449–477.
Clutterbuck, D. (1999): Raising the ante on team learning, Organisations & People 6: 2–23.
Crisand, E. (1992): Psychologie der Gesprächsführung. Heidelberg.
Crookall, D.; Arai, K. (1994): Global Interdependence. Proceedings of the 22nd ISAGA Conference in Kyoto. Tokyo.
Crookall, D. (1990): Editorial: Future Perfect? Simulation & Gaming 21(1): 3–11.
Crookall, D. (1992): Editorial: Debriefing. Simulation & Gaming 23(2): 141–142.
Crookall, D. (1997): Editorial: Evaluation. Simulation & Gaming 28(3): 261.
Cummings, T. (1978): Self-Regulating Work Groups. A Socio-technical Synthesis. Academy of Management Review, S. 625–634.
Czarniawska, B. (1998): A Narrative Approach to Organization Studies. London.
Decker, F. (1994): Team Working. Gruppen erfolgreich führen und moderieren. München.
Deitering, F. G. (1996a): Humanistische Bildungskonzepte und selbstgesteuertes Lernen. In: Greif, S.; Kurtz, H.-J. (Hg.), Handbuch Selbstorganisiertes Lernen. Göttingen, S. 45–52.
Deitering, F. G. (1996b): Selbstgesteuertes Lernen. In: Greif, S.; Kurtz, H.-J. (Hg.), Handbuch Selbstorganisiertes Lernen. Göttingen, S. 155–160.
Dewey, J. (1938): Experience and Education. New York.
Dörner, D. (1989): Die Logik des Mißlingens. Strategisches Denken in komplexen Situationen. Reinbek.
Duke, R. D. (1974): Gaming: The future's language. New York.
Edelmann, W. (1996): Lernpsychologie. Weinheim.
Elbing, E. (1998): Das Rollenkonzept in seinen begrifflichen und metatheoretischen Bezügen. Arbeitshefte zur Sozialpsychologie. Universität München.
Ellington, H.; Addinall, A.; Percival, F. (1982): A Handbook of Game Design. London.
Fassbender, P. (1997): Auf dem Weg zum lernenden Unternehmen. In: Wieselhuber & Partner (Hg.): Handbuch Lernende Organisationen.
Feire, P. (1973): Education for Critical Consciousness. New York.
Feire, P. (1974): Pedagogy of the Oppressed. New York.
Fengler, J. (1998): Feedback geben – Strategien und Übungen. Weinheim.
Fiedler, F. E. (1967): A Theory of Leadership Effectiveness. New York.
Forgas, J. P. (1995): Soziale Interaktion und Kommunikation. München.
Francis, D.; Young, D. (1982): Mehr erfolg im Team. Essen.
Frank, D.; Matuschek, M. (1997): DG Bank – Das Personalmanagement in der lernenden Organisation. In: Wieselhuber & Partner (Hg.): Handbuch Lernende Organisatio-

nen. Unternehmens- und Mitarbeiterpotentiale erfolgreich erschließen. Wiesbaden, S. 55–66.

Frech, M. (1998): Teams zwischen Wunsch und Wirklichkeit. http://www.hernstein.at/herns/archiv/1–98/frech.htm

Freimuth, J.; Hoets, A. (1996): Feedbackregeln. In: Greif, S.; Kurtz, H.-J. (Hg.), Handbuch Selbstorganisiertes Lernen. Göttingen, S. 223–230.

Furnham, A. (1997): The Psychology of Behavior at Work. Hove East Sussex.

Fürnkranz, W. (1998): Gruppen, Teams und ihre Bedeutung für die Entwicklung von Organisationen. Hernsteiner, 1/98: 10–13.

Garfinkel, H. (1967): Studies in ethnomethodology. Englewood.

Gebauer, G.; Wulf, C. (1998): Spiel, Ritual, Geste. Mimetisches Handeln in der sozialen Welt. Reinbek.

Gebert, D. (1978): Organisation und Umwelt. Stuttgart.

Geilhardt, T. (1995): Planspiel-Definition und Taxonomie. In: Geilhardt, T.; Mühlbradt, T. (Hg.), Planspiele im Personal- und Organisationsmanagement. Göttingen, S. 45–56.

Geissner, H. (1998): Vom Oberflächen- zum Tiefenfeedback. In: Slembek, E.; Geissner, H. (Hg.), Feedback. Das Selbstbild im Spiegel der Fremdbilder. St. Ingbert, S. 13–30.

Gerstenmaier, J.; Mandl, H. (1995): Wissenserwerb unter konstruktivistischer Perspektive. Zeitschrift für Pädagogik 41: 867–888.

Gibb, J. (1961): Defensive Communication. Journal of Communication 11: 141–148.

Giddens, A. (1993): New Rules of Sociological Method. Cambridge.

Girgensohn-Marchand, B. (1994): Ergebnisse der empirischen Kleingruppenforschung. In: Schäfers, B. (Hg.), Einführung in die Gruppensoziologie. Heidelberg, S. 54–79.

Goffman, E. (1959): The Presentation of Self in Everyday Life. New York.

Goodman, F. L. (1995): Theory in Practise. Simulation and Gaming: An International Journal 26(2): 178–189.

Graen, G. B.; Uhl-Bien, M. (1995): Von Dyaden zu Teams. In: Kieser, A.; Reber, G.; Wunderer, R. (Hg.), Handwörterbuch der Führung. Stuttgart, S. 1045–1058.

Grap, R.; Mühlbradt, T. (1995): Gruppenarbeit – und dann? Der nächste Schritt zur lernenden Organisation. Personalführung 4: 320–327.

Gräsel, C. (1997): Problemorientiertes Lernen. Göttingen.

Greenblat, C. S.; Duke, R. D. (1975): Gaming-Simulations: Rationale, Design and Applications. New York.

Greenblat, C. S. (1988): Designing games and simulations. Beverly Hills.

Greif, S.; Kurtz, H.-J. (Hg.) (1996): Handbuch Selbstorganisiertes Lernen. Göttingen.

Greif, S. (1996a): Aufgaben, Regeln und Selbstreflexionen. In: Greif, S.; Kurtz, H.-J. (Hg.), Handbuch Selbstorganisiertes Lernen. Göttingen, S. 69–76.

Greif, S. (1996b). Problemlösetechniken und kontinuierliche Verbesserungen. In: Greif, S.; Kurtz, H.-J. (Hg.), Handbuch Selbstorganisiertes Lernen. Göttingen, S. 267–182.

Greif, S. (1996c). Teamfähigkeiten und Selbstorganisationskompetenzen. In: Greif, S.; Kurtz, H.-J. (Hg.), Handbuch Selbstorganisiertes Lernen. Göttingen, S. 161–178.

Gruber, H.; Mandl, H.; Renkl, A. (2000): Was lernen wir in Schule und Hochschule: Träges Wissen? In: Mandl, H.; Gerstenmaier, J. (Hg.), Die Kluft zwischen Wissen und Handeln. Göttingen, S. 139–157.

Grunwald, W. (1996): Psychologische Gesetzmäßigkeiten der Gruppenarbeit. Über die Grundbedingungen erfolgreicher Zusammenarbeit. Personalführung 6: 740–750.

Hammel, H. (1986): How to design a debriefing session. Journal of Experiential Education 9(3): 20–25.

Hargens, J.; v. Schlippe, A. (1998): Das Spiel der Ideen. Reflektierendes Team und systemische Praxis. Dortmund.

Harramach, N. (1992): Das Management-Plan-Spiel-Buch. Wien.
Haug, C. (1994): Erfolgreich im Team. München.
Heinerth, K. (1978): Interaktions- und Kommunikationstraining. In: Minsel, B.; Roth, W. K. (Hg.), Soziale Interaktion in der Schule. München, S. 147–168.
Högsdal, B. (1996): Planspiele. Der Einsatz von Planspielen in Aus- und Weiterbildung. Bonn.
Horn, R. E.; Cleaves, A. (1980): The Guide to Simulation/Games for education and training. New York.
Huizinga, J. (1997): Homo ludens. Vom Ursprung der Kultur im Spiel. Hamburg.
Jago, A. (1995): Führungstheorien – Vroom/Yetton-Modell. In: Kieser, A. et al. (Hg.), Handwörterbuch der Führung. Stuttgart, S. 1058–1075.
Janis, I. L. (1982): Groupthink. Boston.
Johnson, D. W.; Johnson, F. P. (1996): Joining together. Group theory and group skills. Boston.
Jones, E. (1995): Systemische Familientherapie. Dortmund.
Kaiser, F.-J. (1983): Die Fallstudie. Bad Heilbrunn.
Kasper, H. (1991): Die Handhabung des Neuen in organisierten Sozialsystemen: Grundlegung einer Theorie des Managements von Neuerungen unter Berücksichtigung selbstorganisierender und organisationskultureller Prozesse auf der Basis der neueren Systemtheorie. Wien, Habilitationsschrift.
Katzenbach, J. R.; Smith, D. K. (1993): Teams. Der Schlüssel zur Hochleistungsorganisation. Wien.
Kerr, N. L.; Kaufman-Gilliland, C. M. (1994): Communication, commitment and cooperation in social dilemmas. Journal of Personality and Social Psychology 66: 513–529.
Kieser, A.; Kubicek, H. (1992): Organisation. Berlin.
Kinlaw, D. C. (1993): Spitzenteams. Spitzenleistungen durch effizientes Teamwork. Wiesbaden.
Klabbers, J.; Gust, M. (1995): Interkulturelle Management Simulation. In: Geilhardt, T.; Mühlbradt, T. (Hg.), Planspiele im Personal- und Organisationsmanagement. Göttingen, S. 141–153.
Klabbers, J. (1989): On the improvement of competence. In: Klabbers, J. (Hg.), Proceedings of the ISAGA 19th Conference 1988. New York, S. 3–8.
Klabbers, J. (1999): Three easy pieces: a taxonomy on gaming. In: Sounders, D. (Hg.), Simulation & Gaming Yearbook, Vol. 7. London, S. 16–33.
Knapp, C. E. (1984): Designing Processing Questions to Meet Specific Objectives, Journal of Experiential Education 7(2): 47–49.
Koeppe, G.; Grap, R. (2000): Gruppenarbeit: nicht immer das „Ei des Kolumbus"! Personal 2: 90–94.
Kolb, D. A. (1984): Experiential Learning: Experience as the source of learning and development. New York.
König, E.; Volmer, G. (1997): Systemische Organisationsberatung. Weinheim.
Königswieser, R. (2001): Das Feuer großer Gruppen. Konzepte, Designs, Praxisbeispiele für Großveranstaltungen. Stuttgart.
Korsgaard, M. A.; Diddams, M. (1996): The Effect of Process Feedback and Task Complexity on Personal Goals, Information Searching and Performance Improvement. Journal of Applied Social Psychology 26(21): 1889–1911.
Kostka, C. (1998): Coaching-Techniken: sieben Techniken zur Entwicklung von Führungsqualität. München.
Krainz, E. E. (1994): Steuern von Gruppen. In: Voss, B. (Hg.), Kommunikation- und Verhaltenstrainings, Göttingen, S. 206–220.
Kriz, J. (1989): Wissenschafts- und Erkenntnistheorie. Opladen.

Kriz, J. (1997): Systemtheorie. Eine Einführung für Psychologen, Psychotherapeuten und Mediziner. Wien.
Kriz, J. (2001): Grundkonzepte der Psychotherapie. Weinheim.
Kriz, W. C.; Rizzi, P. (1997): Planspiele für die Umwelterziehung. Psychologie in Österreich 2: 86–89.
Kriz, W. C.; Rizzi, P. (2000): Environmental Education and Training of Systems-Competence with Gaming/Simulation. In: Buchinger, E.; Maderthaner, R.; Schrefel, C.; Wagner, P. (Hg.), Proceedings of the EuroConference 'Quality of Life – Sustainability – Environmental Changes. Wien, S. 73–86.
Kriz, W. C. (1998): Training of Systems-Competence with Gaming/Simulation. In: Geurts, J.; Joldersma, C.; Roelofs, E. (Hg.), Gaming/Simulation for Policy Development and Organizational Change. Tilburg, S. 287–294.
Kriz, W. C. (2000a). „Gestalten" von/in Lernprozessen im Training von Systemkompetenz. Gestalt Theory 23: 185–207.
Kriz, W. C. (2000b). Lernziel: Systemkompetenz. Planspiele als Trainingsmethode. Göttingen.
Kriz, W. C. (2001a): Human-Resource Development with Gaming and Simulation: Structure, Contents and Evaluation of a Training Program. In: Villems, A. (Hg.), Bridging the Information and Knowledge Societies. Tartu, S. 143–153.
Kriz, W. C. (2001b): Systemkompetenz spielend erlernen – ein innovatives Trainingsprogramm in der universitären Lehre. In: Blötz, U.; Bundesinstitut für Berufsbildung BIBB Bonn (Hg.), Planspiele in der beruflichen Bildung (CD-ROM Publikation). Bielefeld
Kriz, W. C. (im Druck): Die Planspielmethode als Lernumgebung. In: Mandl, H.; Bundesinstitut für Berufsbildung (Hg.), Planspiele im Internet. Bielefeld.
Kriz, W. C.; Rizzi, P.; Nöbauer, B. (1999): Gaming Simulation as Learning Tool for the Training of Systems-Competence. Psychologische Arbeiten und Berichte (PAB) 1999/1. Ludwig-Maximilians Universität München, Psychologische Beratung und Intervention.
Kunz, H. U. (1994): Spitzenleistung im Team. Menschen erfolgreich führen, Aufgaben methodisch lösen. Heidelberg.
Lave, J. (1988): Cognition in Practice. Cambridge.
Lay, R. (1989): Didaktik für Manager. Reinbek.
Lederman, L. (1984): Debriefing. A Critical Reexamination of the Postexperience Analytic Process with Implications for its Effective Use. Simulation & Games 15(4): 415–431.
Lederman, L. C.; Kato, F. (1995): Debriefing the debriefing process. In: Crookall, D.; Arai, K. (Hg.), Simulation and gaming across disciplines and cultures. Thousand Oaks, S. 235–242.
Lederman, L. C. (1992): Debriefing: towards a systematic assessment of theory and practice. Simulation and Gaming 23(2): 145–160.
Leigh, E.; Kindler, J. (1999): Learning through Fun & Games. Sydney.
Lewin, K. (1935/1963): Feldtheorie in den Sozialwissenschaften. Bern.
Luft, J. (1971): Einführung in die Gruppendynamik. Stuttgart.
Maaß, E.; Ritschl, K. (1997): Teamgeist. Paderborn.
Maleh, C. (2000): Open Space: effektiv arbeiten mit großen Gruppen. Ein Handbuch für Anwender, Entscheider und Berater. Weinheim.
Mandl, H.; Fischer, F. (2000): Wissen sichtbar machen. Göttingen.
Mandl, H.; Gerstenmaier, J. (2000): Die Kluft zwischen Wissen und Handeln. Göttingen.
Manteufel, A.; Schiepek, G. (1998): Systeme spielen. Selbstorganisation und Kompetenzentwicklung in sozialen Systemen. Göttingen.

Manz, Ch.; Sims, H. (1995): Business without Bosses. New York.
McMahon, L.; Coote, A. (1988): Understanding organisational communication processes: The use of simulation techniques. In Crookall, D.; Saunders, D. (Hg.), Communication and simulation: From two fields to one theme, Clevedon, 257–269.
Mead, G. H. (1968): Geist, Identität und Gesellschaft. Frankfurt a. M.
Moran, L. (1997):Effektives Team-Coaching. München.
Moscovici, S. (1984): The phenomena of social representations. In: Farr, R. M.; Moscovici, S. (Hg.), Social representations. Cambridge, S. 3–69.
Nagl, L. (1998): Die Rolle des „feedback" in der T-Gruppe. In: Slembek, E.; Geissner, H. (Hg.), Feedback. Das Selbstbild im Spiegel der Fremdbilder. St. Ingbert, S. 31–42.
Neuberger, O. (1988): Spiele in Organisationen. Organisationen als Spiele. In: Küpper, W.; Ortmann, G. (Hg.), Mikropolitik. Rationalität, Macht und Spiele in Organisationen. Opladen, S. 53–86.
Neuberger, O. (1995): Mikropolitik,. Der alltägliche Aufbau und Einsatz von Macht in Organisationen. Stuttgart.
Nöbauer, B. (1999): Soziale Kompetenz aus einer Sozial-konstruktionistischen Perspektive. Dissertation, Universität Linz.
Nöbauer, B. (2001): Selbstverständnis und Arbeitssituation mittlerer Führungskräfte bei organisationalem Wandel. Wirtschafts- und sozialpolitische Zeitschrift des Instituts für Sozial- und Wirtschaftswissenschaften 4, 141–164.
Oerter, R.; Montada, L. (1995): Entwicklungspsychologie. Ein Lehrbuch. Weinheim.
Oesterreich, R.; Volpert, W. (1991): VERA Version 2: Arbeitsanalyseverfahren zur Ermittlung von Planungs- und Denkanforderungen im Rahmen der RHIA-Anwendung. Berlin.
Orban, P. (1996): Der multiple Mensch. Frankfurt a. M.
Ortiz, A.; Johnson, D. W.; Johnson, R. T. (1996): The effect of positive goal and ressource independence on individual performance, Journal of Social Psychology 136(2): 243–249.
Paschen, K. (1995): Duale Führung. In: Kieser, A.; Reber, G.; Wunderer, R. (Hg.), Handwörterbuch der Führung. Stuttgart, S. 250–256.
Percival, F.; Saunders, D. (1999): The International Simulation and Gaming Research Yearbook, Vol. 7. London.
Pesendorfer, B. (1995): Konflikt-Management als angewandte Dialektik. In: Voß, B. (Hg.), Kommunikations- und Verhaltenstrainings. Göttingen, S. 164–183.
Petzold, H. (1993): Das Psychodrama als Methode der psychologischen Gruppenarbeit. In: Petzold, H. (Hg.), Angewandtes Psychodrama. Düsseldorf, S. 62–100.
Piaget, J. (1969): Nachahmung, Spiel und Traum. Stuttgart.
Piaget, J. (1975): Der Aufbau der Wirklichkeit beim Kindc. Stuttgart.
Pieper, A. (1993): Teamentwicklung und Moderation als Führungsaufgaben. In: Wohlgemuth, A. C. (Hg.), Moderation in Organisationen. Bern, S. 111–128.
Pohl, M.; Witt, J. (2000): Innovative Teamarbeit zwischen Konflikt und Kooperation. Heidelberg.
Popper, K. R. (1973): Objektive Erkenntnis. Ein evolutionärer Entwurf. Hamburg.
Pörtner, P. (1993): Moreno und das moderne Theater. In: Petzold, H. (Hg.), Angewandtes Psychodrama. Düsseldorf, S. 45–61.
Rauh, H. (1995): Frühe Kindheit. In: Oerter, R.; Montada, L. (Hg.), Entwicklungspsychologie. Weinheim, S. 167–248.
Reinmann-Rothmeier, G.; Mandl, H. (1999): Instruktion. In: Perleth, C.; Ziegler, A. (Hg.), Pädagogische Psychologie. Bern, S. 207–215.
Reinmann-Rothmeier, G.; Mandl, H. (2000). Individuelles Wissensmanagement. Bern.

Renkl, A.; Mandl, H.; Gruber, H. (1996): Intert Knowledge: Analyses and remedies. Educational Psychologist 31: 115–121.

Rizzi, P. (1998): Coevolutive Games. In: Geurts, J.; Joldersma, C.; Roelofs, E. (Hg.), Gaming/Simulation for Policy Development and Organizational Change. Tilburg, S. 277–282.

Robbins, S. P. (1996): Essentials of Organizational Behaviour. London.

Rogers, C. R. (1974): Lernen in Freiheit. München.

Rogers, C. R. (1983): Die klientenzentrierte Gesprächspsychotherapie. Frankfurt a. M.

Rogoff, B. (1984): Introduction: Thinking and Learning in Social Context. In: Rogoff, B.; Lave, J. (Hg.), Everyday Cognition. Its Development in Social Context. Cambridge, S. 1–8.

Rohnke, C.; Butler, S. (1995): Quicksilver. Adventure Games, Initiative Problems, Trust Activities, and a Guide to Effective Leadership. Dubuque.

v. Rosenstiel, L. (1994): Teamentwicklung. Management Zeitschrift 63: 78–82.

v. Rosenstiel, L. (1995): Grundlagen der Organisationspsychologie. Stuttgart.

Ruohomäki, V.; Jaakola, M. (2000): Teamwork Game for Team Building – A Case Study in a Pharmaceutical Company. In: Vartiainen, M.; Avallone, F.; Anderson, N. (Hg.), Innovative Theories, Tools and Practices in Work and Organizational Psychology. Göttingen, S. 217–132.

Sader, M. (1996): Die unscheinbaren Normen. Gruppendynamik 27(4): 381–398.

Scherm, M. (1998): Synergie in Gruppen – mehr als eine Metapher? In: Ardelt-Gattinger, E.; Lechner, H.; Schlögl, W. (Hg.), Gruppendynamik. Anspruch und Wirklichkeit der Arbeit in Gruppen. Göttingen, S. 61–69.

v. Schlippe, A.; Schweitzer, J. (1996): Lehrbuch der systemischen Therapie und Beratung. Göttingen.

Schmidt, S. (1988): Rollenspiel, Fallstudie, Planspiel. München.

Schneider, H.; Knebel, H. (1995): Team und Teambeurteilung. Köln.

Schneider, H. (1995): Lexikon zu Team und Teamarbeit. Köln.

Schreyögg, G. (1998): Unternehmenstheater als Intervention. Organisationsentwicklung 1: 53–58.

Schuler, H. (Hg.) (1995): Organisationspsychologie. Bern.

Schulz v. Thun, F. (1999): Miteinander Reden 3. Reinbek.

Schuster, B. (1999): Zu brav oder zu böse? Mobbing-Opfer und Abgelehnte im Prisoners Dilemma-Paradigma. Zeitschrift für Sozialpsychologie 30(2): 179–193.

Senge, P. M. (1990): The Fifth Discipline. The Art & Practice of The Learning Organization. New York.

Senge, P. M.; Kleiner, A.; Roberts, Ch.; Ross, R.; Smith B. (1997): The Fifth Discipline Fieldbook. New York.

Siebert, H. (1994): Lernen als Konstruktion von Lebenswelten. Entwurf einer konstruktivistischen Didaktik. Frankfurt a. M.

Silbermann, M. (2000): The 2000 Team and Organization Development Sourcebook. New York.

Seligman, M. (1988): Boomer Blues. Psychology Today, 22, 50–55.

Spears, R.; Oakes, P.; Ellemers, N.; Haslam, S. A. (1997): The Social Psychology of Stereotyping and Group Life. Oxford.

Spieß, E. (1998): Formen der Kooperation. Göttingen.

Stamm, M. (1999): Probleme lösen im Team. Stuttgart.

Steinwachs, B. (1992): How to facilitate a debriefing. Simulation & Gaming 23(2): 186–195.

Stewart, G. L.; Manz, C. C.; Sims, H. P. (1999): Team Work and Group Dynamics. New York.

Stewart, L. P. (1992): Ethical Issues in Postexperimental and Postexperiential Debriefing, Simulation & Gaming 23(2): 196–211.
Street, M. D. (1997): Groupthink. Small Group Research 28(1): 72–93.
Stürzl, W. (1993): Lean production in der Praxis. Spitzenleistungen durch Gruppenarbeit. Paderborn.
Suits, B. (1967): What is a Game? American Philosophy of Science 34: 48–156.
Sundstrom, E. (1990): Work teams: Applications and effectiveness. American Psychologist, 45(2), 120–133.
Taylor, J. (1971): Instructional planning systems. A gaming-simulation approach to urban problems. Cambridge.
Teach, D. T.; Schwartz, R. G. (2001): Strategic Business Games: A New Approach. In: Villems, A. (Hg.), Bridging the Information and Knowledge Societies. Tartu, S. 154–169.
Terry, D. J.; Hogg, M. A. (1996): Group Norms and the Attitude-Behavior Relationship: A Role for Group Identification. Personality and Social Psychology Bulletin, 22(8), 776–793.
Thatcher, D. C. (1990): Promoting Learning Through Games and Simulations. Simulation & Games for Learning 16(4): 144–154.
Thiagarajan, S. (1993): How to maximize transfer from simulation games through systematic debriefing. In: Percival, F.; Lodge, S.; Saunders, D. (Hg.), The Simulation and Gaming Yearbook 1993. London, S. 45–52.
Thiagarajan, S. (1996): Framegames by Thiagi. Bloomington.
Thomas, A. (1992): Grundriß der Sozialpsychologie. Göttingen.
Titscher, S. (1992): Gruppenforschung. In: Handwörterbuch des Personals. Stuttgart.
Tuckmann, B. W. (1965): Developmental sequence in small groups. Psychological Bulletin 91: 384–399.
Ulich, E. (1991): Arbeitspsychologie. Stuttgart.
Ulrich, M. (1998): Links between Learning and Simulation & Gaming. In: Geurts, J.; Joldersma, C.; Roelofs, E. (Hg.), Gaming/Simulation for Policy Development and Organizational Change. Tilburg, S. 269–276.
Vester, F. (1995): Spielen hilft verstehen. In: Geilhardt, T.; Mühlbradt, T. (Hg.), Planspiele im Personal- und Organisationsmanagement. Göttingen, S. 19–26.
Vilsmeier, C. (2000): Feedback geben – mit Sprache handeln. Spielregeln für bessere Kommunikation. Düsseldorf.
Vroom, V. H.; Yetton, P. W. (1973): Leadership and Decision Making. Pittsburgh.
Wagemann, R. (1999): So haben sich selbst steuernde Teams Erfolg. Organisationsentwicklung 1: 44–55.
Wallner, F. (1990): Acht Vorlesungen über den Konstruktiven Realismus. Wien.
Walter-Busch, E. (1989): Das Auge der Firma. Stuttgart.
Warner, J.; Weil, S.; McGill, I. (1989): Making Sense of Experiential Learning. Diversity in Theory and Practice. Philadelphia.
Watson, D. R.; Sharrock, W. W. (1990): Realities in simulation/gaming. In: Crookall, D.; Oxford, R. R. (Hg.), Simulation, Gaming and Language Learning. New York, S. 231–238.
Weinert, F. E. (1982): Selbstgesteuertes Lernen als Voraussetzung, Methode und Ziel des Unterrichts. Unterrichtswissenschaft 2: 99–110.
v. Werder, L.; Schulte-Steinicke, B. (1998): Schreiben von Tag zu Tage. Zürich.
Wiswede, G. (1992): Gruppen und Gruppenstrukturen. In: Frese, E. (Hg.): Handwörterbuch der Organisation. Stuttgart, Sp. 735–754.
Wittenbrink, B.; Henly, J. R. (1996): Creating Social Reality: Informational Social Influence and the Content of Stereotypic Beliefs. Personality and Social Psychology Bulletin 22: 598–610.

Witthaus, U.; Wittwer, W. (2000): Open Space – eine Methode zur Selbststeuerung von Lernprozessen in Großgruppen. Bielefeld.

Zysno, P. V. (1998): Die Klassifikation von Gruppenaufgaben. In: Ardelt-Gattinger, E.; Lechner, H.; Schlögl, W. (Hg.), Gruppendynamik. Anspruch und Wirklichkeit der Arbeit in Gruppen. Göttingen, S. 10–24.

Wenn Sie weiterlesen möchten...

Willy Christian Kriz

Lernziel: Systemkompetenz

Planspiele als Trainingsmethode

Unsere Welt wird zunehmend komplexer. Dies zeigt sich nicht nur in Politik, Wirtschaft und Wissenschaft, sondern auch in vielen Bereichen des Alltagslebens. Kompetenz im Umgang mit komplexen, dynamischen Systemen (Systemkompetenz) ist daher in vielen Bildungs- und Trainingszusammenhängen gefragt. Eine effektive und erfahrungsorientierte Lernmethode zur Förderung von Systemkompetenz stellt die Vorgabe komplexer Probleme in Planspielen dar, die in einer Gruppe von Personen gemeinsam gelöst werden.

Mit Planspielen können die Teilnehmer praktisch erfahren, welche Faktoren und Dynamiken in verschiedenen Lebenswelten wirksam sind. Damit wird systemisches Denken und Handeln spielend erlernt. Gleichzeitig werden soziale Kompetenzen erweitert, da die Entwicklung von effizienteren Kommunikations- und Organisationsstrategien in der Teamarbeit erprobt werden kann.

Willy Christian Kriz führt auf breiter Basis in Inhalte, Struktur und Lernziele seines Trainingsprogramms zur Systemkompetenz ein, dessen Effizienz er auch überprüft hat. In die Beschreibung des Trainingsmodells fließen dabei eine Vielzahl an Beispielen zu konkreten praxisorientierten Techniken, Übungen und Planspielen ein.

„Ich habe dieses Buch gern gelesen und kann es für diejenigen LeserInnen uneingeschränkt empfehlen, die sich einen umfassenden Überblick über den Stand systemwissenschaftlicher Diskussion verschaffen wollen. Darüber hinaus empfiehlt es sich für jede/n, der/die in irgendeiner Form lehrend tätig ist – das Buch ist eine Fundgrube voller Anregungen für die inhaltliche und dikatische Gestaltung der Vermittlung von systemischen Inhalten."
Arist von Schlippe in: Systhema

Andreas Manteufel / Günter Schiepek

Systeme spielen

Selbstorganisation und Kompetenzentwicklung in sozialen Systemen

Systeme spielen ist eine semantische Kippfigur: Zum einen illustrieren konkrete Beispiele aus der Praxis, wie komplexe soziale Systeme mit ihren Glasperlenspielen der Kommunikation ihre eigene Struktur und Ordnung hervorbringen. Zum anderen ist ein neues Spiel gemeint: Systemspielen. Aufgrund systemtheoretischer Überlegungen wurde die klassische Planspielmethode variiert – das Systemspiel war geboren. Diese Spielmethode dient Forschung und Praxis; so werden beide Seiten beleuchtet. Mit vielen Analogien, Praxisbeispielen und Bildern bereiten die Autoren die grundlegenden systemtheoretischen Konzepte schmackhaft zu. Ausführlich wird die Entwicklung und Durchführung des psychosozialen Spiel-szenarios vorgestellt; was zwischen „Klienten“ und „professionellen Helfern“ in einem Systemspiel abläuft, wird anhand der Auswertungsergebnisse erläutert.

Ralf Mehlmann / Oliver Röse

Das LOT-Prinzip

Lösungsorientierte Kommunikation im Coaching, mit Teams und in Organisationen

Wenn Unternehmen bei der innerbetrieblichen Kommunikation an Grenzen stoßen, brauchen sie für die Lösung ihrer Probleme neue Ansätze und Vorgehensweisen.
Ralf Mehlmann und Oliver Röse stellen mit „LOT-Prinzip“ den in ihrer Arbeit im Bereich der Personal- und Organisationsentwicklung bewährten Ansatz einer effizienten Gestaltung von Problemlösungen vor. Vorrangig geht es dabei um die Anwendung spezifischer Fragetechniken, die darauf abzielen, in verschiedenen Zusammenhängen, sei es beim Einzelcoaching, der Teamarbeit oder der Organisationsentwicklung, rasch zu Lösungsansätzen zu kommen, ohne sich lange mit Problemanalysen aufzuhalten. Die Darstellung der Autoren ist stringent auf die praxisbezogene Umsetzung ihres Konzepts ausgerichtet, wobei sie wie in den modernen Kurzzeittherapien auch auf die vorhandenen Ressourcen der Beteiligten bauen.